# 高校学生资助工作政策与实践

倪闽景 陈勇 丁良 等 编著

上海大学出版社
·上海·

## 图书在版编目(CIP)数据

高校学生资助工作政策与实践 / 倪闽景等编著. ——上海:上海大学出版社,2022.12
ISBN 978-7-5671-4657-0

Ⅰ.①高… Ⅱ.①倪… Ⅲ.①高等学校—助学金—教育政策—研究—中国 Ⅳ.①G649.20

中国版本图书馆 CIP 数据核字(2022)第 247799 号

责任编辑　盛国营
封面设计　柯国富
技术编辑　金　鑫　钱宇坤

### 高校学生资助工作政策与实践

倪闽景　陈　勇　丁　良　等　编著
上海大学出版社出版发行
(上海市上大路 99 号　邮政编码 200444)
(https://www.shupress.cn　发行热线 021-66135112)
出版人　戴骏豪

\*

南京展望文化发展有限公司排版
上海颛辉印刷厂有限公司印刷　各地新华书店经销
开本 710mm×1000mm　1/16　印张 17　字数 286 千字
2023 年 1 月第 1 版　2023 年 1 月第 1 次印刷
ISBN 978-7-5671-4657-0/G·3484　定价　68.00 元

版权所有　侵权必究
如发现本书有印装质量问题请与印刷厂质量科联系
联系电话: 021-57602918

# 本书编委会

**主　任：** 倪闽景

**副主任：** 陈　勇　丁　良

**成　员：** 赵靖茹　赵　猛　陈　华　王　涛　韩燕岑
　　　　　杨龙波　葛　民　查筱红　王怡炯　窦　俊
　　　　　华　莺　吕　强　李帅南　郑　欢　许凯凯
　　　　　于爱涛　程　茵　胡飞宇　郑慧婧　孙　励
　　　　　傅　瑾　关　睿　陆　祺　于腾云

# 序 _Preface_

2007年5月,国务院印发《国务院关于建立健全普通本科高校高等职业学校和中等职业学校家庭经济困难学生资助政策体系的意见》,标志着我国高校学生资助事业进入新的发展阶段。特别是党的十八大以来,高校学生资助项目从少到多,资助面从窄到宽,形成较为完善的政策体系,不仅实现了"不让一个学生因家庭经济困难而失学",更庄严宣告"努力让每个孩子都有人生出彩的机会"。

党的十九大提出"健全学生资助制度",党的二十大进一步强调"完善覆盖全学段学生资助体系",在新的历史时期,如何更好地落实立德树人的根本任务,实施精准资助,都需要从新的事业、新的观念、新的高度去认识和探索。这本《高校学生资助工作政策与实践》立足新时期、新任务、新特点,着重反映高等教育学生资助的发展变化,探索高等学校学生资助培养人才的规律。

上海市学生事务中心本着丰富高校学生资助政策理论基础、推进新时代学生资助高质量发展的理念,遴选了一批对高校学生资助政策有一定研究的学者骨干和学生资助的一线工作者,理论与实践相结合,经过精心地探讨、筛选、组织和编撰,终成本书。

本书共分为十二章,内容涵盖了我国高校学生资助政策的发展历史、国际借鉴、理论逻辑及特点;我国高校学生资助政策体系的架构、组成及其各组成部分的适用范围、具体内容和操作流程;我国高校学生资助工作的研究与发展、资助育人的探索及实践、高校学生资助法治化建设等。

本书可供关心和从事高校学生资助工作的高等教育管理工作者、一线辅导员、高等教育研究人员、社会各界相关人士阅读，也可为全国各地各高校的资助工作者提供实践参考，更力争与学生资助领域的研究者产生共鸣，共同点燃中国高校学生资助事业高质量发展的星星之火，助力新时期大学生的成长成才，为党育人，为国育才。

2022 年 10 月

# 目录 Contents

**第一章 我国高校学生资助政策历史沿革及特点** ⋯⋯⋯⋯ *1*
  第一节 我国高校学生资助政策历史沿革 ⋯⋯⋯⋯⋯⋯ *1*
  第二节 新时代高校学生资助政策的特点 ⋯⋯⋯⋯⋯⋯ *22*

**第二章 国外高校学生资助政策** ⋯⋯⋯⋯⋯⋯⋯⋯⋯⋯⋯ *26*
  第一节 英国高校助学金政策的发展与构成 ⋯⋯⋯⋯⋯ *28*
  第二节 日本高校收费加贷学金模式 ⋯⋯⋯⋯⋯⋯⋯⋯ *31*
  第三节 美国高校混合资助模式 ⋯⋯⋯⋯⋯⋯⋯⋯⋯⋯ *36*
  第四节 新加坡高校资助体系 ⋯⋯⋯⋯⋯⋯⋯⋯⋯⋯⋯ *43*

**第三章 我国高校资助政策理论逻辑及其特点** ⋯⋯⋯⋯⋯ *49*
  第一节 高校大学生教育理念及其特点 ⋯⋯⋯⋯⋯⋯⋯ *49*
  第二节 高校大学生资助工作的理论依据 ⋯⋯⋯⋯⋯⋯ *52*
  第三节 高校大学生资助工作的管理体系 ⋯⋯⋯⋯⋯⋯ *56*
  第四节 高校学生资助工作遵循的原则 ⋯⋯⋯⋯⋯⋯⋯ *59*

**第四章 家庭经济困难大学生精准认定及其实践** ⋯⋯⋯⋯ *69*
  第一节 家庭经济困难学生认定范围与标准 ⋯⋯⋯⋯⋯ *69*
  第二节 家庭经济困难学生认定的原则 ⋯⋯⋯⋯⋯⋯⋯ *74*
  第三节 家庭经济困难学生精准认定规范 ⋯⋯⋯⋯⋯⋯ *79*
  第四节 家庭经济困难学生精准认定的思考与实践 ⋯⋯ *82*

## 第五章　本专科学生奖助政策及其实践 … 88
- 第一节　本专科学生奖助政策内容 … 88
- 第二节　本专科学生奖助政策特点 … 96
- 第三节　不同区域的大学生奖助政策 … 97
- 第四节　不同类型高校的大学生奖助政策特点 … 103

## 第六章　研究生奖助政策及其实践 … 107
- 第一节　研究生奖助政策的内容 … 107
- 第二节　研究生奖助政策的特点 … 116
- 第三节　研究生"三助"工作实践 … 117
- 第四节　研究生奖助政策的思考 … 122

## 第七章　国家助学贷款政策及其实践 … 128
- 第一节　我国国家助学贷款政策的概述 … 128
- 第二节　我国国家助学贷款政策的内容 … 132
- 第三节　我国国家助学贷款政策的特点 … 138
- 第四节　我国国家助学贷款政策的思考 … 140

## 第八章　学费补偿和国家助学贷款代偿政策及其实践 … 148
- 第一节　学费补偿和国家助学贷款代偿政策的溯源 … 148
- 第二节　学费补偿和国家助学贷款代偿政策的内容 … 150
- 第三节　不同区域学费补偿和国家助学贷款代偿的地方政策介绍 … 154
- 第四节　学费补偿和国家助学贷款代偿政策的思考 … 161

## 第九章　高校学生的其他奖助政策 … 164
- 第一节　勤工助学政策 … 164
- 第二节　师范生免费教育政策 … 169
- 第三节　"绿色通道"政策 … 171
- 第四节　高校学生服兵役国家教育资助政策 … 175

## 第十章　民办高校资助工作研究与实践 ... 186
- 第一节　民办高校学生资助工作的意义 ... 186
- 第二节　民办高校资助政策的特点 ... 189
- 第三节　各类因素影响下的民办高校资助特色 ... 191
- 第四节　民办高校资助工作的案例分析 ... 204

## 第十一章　立德树人,发挥资助育人实效 ... 210
- 第一节　高校资助育人工作的现状分析 ... 211
- 第二节　各类奖助学金育人功能分析 ... 216
- 第三节　提升资助育人模式的有效性 ... 223

## 第十二章　高校学生资助法治化研究 ... 230
- 第一节　我国高校学生资助法律制度体系 ... 230
- 第二节　高校学生资助中几类主要问题的相关规定释义 ... 248
- 第三节　构建高校学生资助法治化的实现路径展望 ... 254

**后记** ... 260

# 第一章
# 我国高校学生资助政策历史沿革及特点

## 第一节 我国高校学生资助政策历史沿革

我国的学生资助政策历史悠久。追本溯源,早在春秋战国时期,就有"有教无类"之说,意在吸收平民入学。"自行束脩以上,吾未尝无诲焉",即学生只要稍行尊师之礼,孔子便愿意为之授业、解惑。据史料记载,我国唐代,从中央到地方政府都有对困难学子的资助措施,如四门学中"庶人之俊异者"多达八百人,他们大多由国家供养,学费由政府补贴;元和年间(806—820年),部分地方政府免除举子的渡船费,减少寒门学子赶考费用。清朝时期,清政府对士子赴考给予一定的资助,该项支出属于财政岁出部分的"科场之款",主要包含路费、旅费、驿马等。可见,我国的学生资助政策由来已久。

中华人民共和国成立以来,党和人民政府一直高度重视高等教育事业的发展,制定了一系列有助于高等教育发展的重大举措,高校的办学体制、行政管理体制、考试制度、投资体制及学位制度等都逐步得到改革与完善,形成了较为合理的高等教育布局与高等教育教学管理体系。作为我国高等教育教学管理子系统之一的高校学生资助体系也逐渐建立起来,并不断发展与完善。它既是中国高等教育事业发展的助力器,也是中国社会进步与发展的必然要求。然而,中国高校学生资助制度的变迁过程也必然是曲折的,其资助政策大致经历了三个阶段:

### 一、形成期(1949—1982年):"免费+人民助学金"模式

中华人民共和国成立后,我国的高等教育贫困生资助制度得到了快速发展。

根据人民助学金制度的历史变迁,可将资助政策形成期进一步细分为三个阶段。

(一)人民助学金制度的起源(1949—1954年)

中国共产党自成立起就非常重视文化教育工作。1931年11月发布的《中华苏维埃共和国第一次全国工农兵代表大会宣言》指出:"一切工农劳苦群众及其子弟,都享有国家免费教育之权,教育事业之权归苏维埃享受"①。因此,在抗日战争和解放战争时期,中国共产党曾在根据地内一度实行了大范围的学生生活供给制或公费制,帮助大部分贫困学生摆脱了困境,维系了革命根据地高等教育事业的持续与发展,具有地方性、临时性、革命性和共产性的特点。

随着各根据地社会生产力的发展和经济水平的提高,多数人民群众已能够负担高等教育费用。此外,在社会发展且资金总量仍有限的情况下,考虑社会的公平公正性以及资金统筹等因素,边区政府发布条令决定取消高等学校学生实行的供给制或公费制。在具体实施上,各个根据地依据各自的实际情况做法不一,如晋察冀辖区委员会于1941年6月发布了《关于边区中学学生在校费用的决定》,规定从当年7月开始,学生在校所需伙食、文具、书籍及服装等,均恢复自费,归学生自备②;而东北解放区则在1949年取消供给制或公费制,其他解放区或没有废除或只是部分取消。

中华人民共和国成立后,党和人民政府大力发展高等教育事业。1950年6月,"第一次全国高等教育会议"在北京召开,会议讨论了改造高等教育的方针和新中国高等教育的建设方向,明确了三项基本任务:一是高等教育"必须密切配合国家经济、政治、文化、国防建设的需要"开展教育活动;二是高等教育必须要"为工农开门,以便及时地为我们的国家培养大批工农出身的知识分子";三是"高等教育应该随着国家的建设逐渐走上轨道,逐步走向计划化"③。会后,随着高校的院系调整,高校学生资助工作也开始走向正轨。但当时全国大多地区的资助政策仍然沿袭公费制或供给制。

随着社会主义改造的基本完成,经过三年的恢复、酝酿和实行,政府开始对全国范围内的高等教育免费制度进行改革,1952年7月印发的《政务院关于调整全国高等学校及中等学校学生人民助学金的通知》,在高等学校学生资助方面,明确规定:"为积极改进青年学生健康状况,并逐步统一学生待遇标准,决定

---

① 谭克绳.中国革命根据地史 上[M].福州:福建人民出版社,2007:374.
② 于述胜.中国教育制度通史(第七卷)[M].济南:山东教育出版社,2004:644.
③ 马叙伦.第一次全国高等教育会议开幕词[J].人民教育,1950(03):11-14.

将全国高等学校及中等学校学生的公费制一律改为人民助学金制,并对原有人民助学金的标准作适当的调整。"①通知还进一步规定了人民助学金等级的评定,各地区、同类学校均享受一致待遇,不允许有特殊情况。人民助学金的标准则是由教育部统一颁布执行的。同年 7 月 23 日,教育部发出《关于调整各级各类学校教职工工资及学生人民助学金标准的通知》,通知中规定了高中、初中学生人民助学金按总人数的享受比例和标准;高等学校、高等师范院校、中等专业学校、工农速成中学、工农初等学校的学生全部享受人民助学金,并对发放标准进行了说明②。以上两个通知的发布,标志着在中国实行了较长时间的供给制或公费制彻底结束,人民助学金制度在全国范围内真正确立。

(二)人民助学金制度的实施与调整(1955—1976 年)

人民助学金制度自 1952 年确立后,延续了 30 余年。在实行过程中曾做过三次重大调整,涉及学生资助标准、资助范围、资助学生比例、资助对象等方面,最终形成了较为系统全面的人民助学金制度。

1. 第一次调整

1955 年,国家对人民助学金制度做了第一次调整,调整的主要内容是人民助学金的发放地区、学生资助范围与标准。在资助范围方面,由原先资助全部学生改为资助 70% 的学生,同时取消对有能力自费的学生的资助;在发放标准方面,将全国分为 10 类地区,按照不同地区的经济生活水平进行发放,同时明确农村、老少边贫地区、城镇困难家庭的资助标准和实施办法。

1955 年 2 月,高等教育部与教育部联合发出《关于制发高等学校一般人民助学金分地区标准的通知》。该通知根据全国各地生活费水平和物价水平,将高校一般人民助学金分为 10 个类区,并做了具体规定。此外,在通知中,还就高等院校(包括高师)体育系科学生另增加伙食补助费(40%)补助标准做了规定。为更加合理地使用人民助学金,同年 8 月,高等教育部制定《关于执行全国高等学校(不包括高等师范院校)一般学生人民助学金实施办法的指示》。该实施办法一直实行到 1970 年,它肯定了人民助学金制度的重要作用,进一步缩小了补助范围,明确补助对象,规范补助标准,"对保证完成国家培养建设人才的任务,特

---

① 周恩来.政务院关于调整全国高等学校及中等学校学生人民助学金的通知[J].新华月报,1952,7(11).
② 《中国教育年鉴》编辑部.中国教育年鉴(1949~1981)[M].北京:中国大百科全书出版社,1984:99.

别是对培养工农家庭出身的学生,起到了一定的物质保证作用"①。

第一,缩小补助范围。从1955年10月起,全国高等学校(除高等师范院校学生外),人民助学金的范围从全体学生缩小到部分学生。实施办法明确规定:"凡家庭富裕能自费者,不发给助学金,凡能自费半数或三分之一伙食费者,发给所缺部分;完全无力负担者,发给全部伙食费。经济特殊困难的学生的其他费用,许可另外申请补助。"②

第二,明确补助对象。该实施办法对人民助学金的补助对象做了明确限定:"一般学生在学习期内,因家庭经济困难无力担负伙食费、学习费用的一部分或全部时,均可向学校申请一般人民助学金的补助。""对革命烈士子女学生、少数民族学生(另有规定者除外)、归国华侨学生,均根据在和一般学生同等经济条件下优先予以照顾的原则审批。"③

第三,规范补助标准。当时人民助学金分为定期补助费和临时补助费。定期补助费又分为伙食补助费和日常学习用品、生活用品补助费两项。在伙食补助费内分为补助全部伙食费、补助三分之二伙食费和补助二分之一伙食费三个等级。临时补助费包括学习补助费(教科书等)、被服补助费和其他补助费(患病营养补助、住院伙食差额补助、因病休学回家的路费补助等)三个方面。学校应根据学生的家庭经济情况和经济来源核定其补助等级和补助款数④。

2. 第二次调整

1960年,国家对人民助学金制度做了第二次调整。调整的主要内容是改革工人、农民、干部学生人民助学金的标准。1958年教育事业管理权力下放后,不少省、市、自治区根据当时的形势和本地区的情况,自行制定了人民助学金办法和开支标准。由于缺乏统一的原则,各地差异较大,为此,1960年1月,国务院转发了教育部《关于改进工人、农民、干部、学生和研究生人民助学金标准问题的报告》和《关于工人、农民、干部学生人民助学金标准的暂行规定》。《关于工人、

---

① 高等教育部.关于执行全国高等学校(不包括高等师范学校)一般学生人民助学金实施办法的指示[J].中华人民共和国国务院公报,1955(16):802-804.
② 高等教育部.关于执行全国高等学校(不包括高等师范学校)一般学生人民助学金实施办法的指示[J].中华人民共和国国务院公报,1955(16):802-804.
③ 高等教育部.关于执行全国高等学校(不包括高等师范学校)一般学生人民助学金实施办法的指示[J].中华人民共和国国务院公报,1955(16):802-804.
④ 高等教育部.关于执行全国高等学校(不包括高等师范学校)一般学生人民助学金实施办法的指示[J].中华人民共和国国务院公报,1955(16):802-804.

农民、干部学生人民助学金标准的暂行规定》中提出，自1960年2月起，全日制高等学校工人、农民、干部学生人民助学金的标准，各省、市、自治区可在下列原则规定范围内，根据本地区的情况作出具体规定：首先，享受工人、干部人民助学金的学生，可按五个标准进行发放。其次，家庭成分为农民（不包括土改时划为地、富成分的），本人从事农业生产3年以上，并经人民公社选送的农民（包括复员、退伍回乡生产的军人）学生，各地可在每月16—20元的范围内规定标准发给人民助学金。对于农业劳动模范或军龄较长的复员、退伍回乡生产的军人，各地应规定给予适当照顾。最后，为适当解决工人、农民、干部学生的特殊困难，各地可在每人每月2—4元范围内，编列预算，拟定补助办法，由学校统一掌握使用。这次调整主要是围绕适当限定地方权力，缩小各地差异进行的。由这次调整可以看出，地方政府已经拥有了一定的设置人民助学金的享受名额及发放标准的权力。①

3. 第三次调整

1964年，国家对人民助学金资助制度进行了第三次调整，调整的主要内容是提高助学金标准，扩大受助学生比例，将非师范生的资助比例从原来的70%提升到75%，同时提高学生伙食补助标准。

1959—1961年正逢中国三年困难时期，全国性的粮食短缺致使学生伙食质量有所下降。1964年，国民经济状况有所好转，人民生活水平有所提高，高等教育部建议中央提高助学金标准，扩大受资助学生的比例，这一建议得到中共中央批准。教育部、财政部联合通知各地从当年4月起，凡全部享受人民助学金的和半自费的高等学校学生，由国家增加每人每月伙食补助费3元（自费生、研究生以及按原工资领取调干生的学生，伙食费增加部分由本人自理）；从5月起，学生助学金享受比例从70%提高到75%②。

历经三次调整，我国已基本形成了一种比较系统、整体框架较为完善的人民助学金制度，它涉及范围较为全面，几乎涵盖了高校学生资助的各个领域，对资助标准、对象、范围、方法等做了较为明确的规定，为后期高校学生资助体系的发展提供了理论基础和实践指南。

---

① 《中国教育年鉴》编辑部. 中国教育年鉴(1949～1981)[M]. 北京：中国大百科全书出版社，1984：100-101.

② 《中国教育年鉴》编辑部. 中国教育年鉴(1949～1981)[M]. 北京：中国大百科全书出版社，1984：101.

### (三)人民助学金制度的恢复与改革(1977—1982年)

1966年,我国进入了"文化大革命"的"十年动荡"期,我国高等教育事业发展停滞。1966—1970年,高等学校和中等专业学校停止招生,对于原在校学生,在没有分配工作之前仍执行原定的人民助学金制度。1970—1976年,高等学校恢复招生,从"具有3年以上实践经验"的相当于初中以上文化程度的工人、贫下中农、解放军战士和青年干部中选拔学生入学。学生入学后按照工龄年限分类补助:10年工龄(1971年8月起改为5年)以上的国家职工,由原单位照发工资;不满年限的学员按照生源地区标准,补助伙食费和津贴费;解放军学员由部队负责供给。① 从一定意义上讲,这一时期的学生资助工作整体延续了之前逐步改革发展起来的学生资助政策,是实行计划管理体制历史时期的产物,与当时"教育为国家建设服务,教育为工农兵开门"的方针政策相适应,符合当时全国人民整体生活水平,对国家教育事业的发展和建设人才的培养起到了巨大作用。

1977年,我国高等院校开始恢复高考和大学招生工作。同年,教育部、财政部根据国务院批转教育部《关于1977年高等学校招生工作的意见》,12月17日又制定了"文革"后的第一个高校学生资助办法,即《关于普通高等学校、中等专业学校和技工学校实行人民助学金制度的办法》,其中规定工龄满5年的国家职工考入普通高等学校中等专业学校和技工学校的,在校学习期间,工资由原单位照发,一切学杂等费用自理;其他学生一律享受人民助学金资助,高等师范、体育(含体育专业)和民族学院的学生,以及中等专业学校的师范、护士、助产、艺术、体育和采煤等专业的全部学生享受人民助学金,其他学生的人民助学金享受面按75%计算。1979年8月,教育部、财政部、国家劳动总局制定颁发了《关于工龄五年以上的国家职工考入普通高等学校后实行职工助学金制度规定》,其主要内容为:从新生起,连续工龄满5年的国家职工考入普通高校的本专科学习,其在校期间不再享受原单位工资、待遇,将一律实行职工助学金制度,由学校按月发给职工助学金;凡由省、市、自治区授予的劳动模范和由中央军委、各大军区、各军兵种授予人民解放军荣誉称号并已退出现役的国家职工,考入普通高等学校的,学校可凭原单位工资供给证明和有关证明发给原工资(标准工资加地区生活补贴);对于连续工龄满5年的集体所有制企业、事业单位职工,考入普通高等

---

① 《中国教育年鉴》编辑部.中国教育年鉴(1949~1981)[M].北京:中国大百科全书出版社,1984:101.

学校本专科学习,是否实行职工助学金制度,全国不做统一规定,由学校所在省、市、自治区有关部门根据实际情况,自行制订办法。① 就其内涵和基本精神而言,此时期的人民助学金制度与"文革"前的制度差别不大,一直延续到1982年。

## 二、改革期(1983—1998年):"奖、贷、勤、补、减"混合资助模式

1977年,我国恢复高考。1978年底党的十一届三中全会召开,中国进入改革开放的历史新时期。这两大历史事件对我国高校学生资助政策的发展有着积极的推动作用。在改革开放初期,由于计划经济的惯性,大学生资助沿袭了之前的普惠式人民助学金制度。直至1983年,随着经济体制的改革和高等教育的转型等宏观背景的深刻变化,学生资助领域的制度设计也发生了较大的变化,逐步形成以政府资助为主体、社会资助为补充的政策格局。高校学生资助向更加公平、公正、有效的方向转变。这一时期我国资助制度改革可概括为以下三个阶段。

(一)人民助学金与奖学金并存阶段(1983—1986年)

随着党和国家将工作重点转移到经济建设上来,社会主义计划经济向社会主义有计划商品经济逐步转型,教育文化领域也开始了自身的改革与突破。对高校学生资助制度的改革与完善也成为我国教育改革的一个重要环节。变革持续了30年之久的高校学生资助制度是高等教育发展所面临的一个重大难题。当时的"免费+助学金"的资助模式虽能体现社会主义制度的优越性,但由于缺乏竞争机制、激励机制,容易使学生滋生不思进取的思想。学生资助并没有与学生实际表现相结合考虑,资助效能非但没有发挥,反而带来了社会深层次的不公平问题。打破资助的绝对平均,提高资助资金的使用效能,成了改革的出发点和突破口。因此,从1983年开始,我国开始了新一轮的高校学生资助制度改革,其重要内容是把我国高校学生资助制度从原来的以单一人民助学金制度为主转向人民助学金制度与人民奖学金制度并存。

1955年8月22日教育部颁发的文件中第一次涉及人民奖学金制度,其中有这样一句:"准备在第二个五年计划期间逐步改行奖学金制度"②,意即在第二

---

① 《中国教育年鉴》编辑部. 中国教育年鉴(1949~1981)[M]. 北京:中国大百科全书出版社,1984:102.
② 高等教育部. 关于执行全国高等学校(不包括高等师范学校)一般学生人民助学金实施办法的指示[J]. 中华人民共和国国务院公报,1955(16):802-804.

个五年计划期间把人民助学金制度逐步改为奖学金制度。而后由于形势的变化,这一制度并没有被提上日程。直至1983年7月,奖学金制度才得以真正的试行。当时教育部和财政部联合发布了两个文件,即《普通高等学校本、专科学生人民助学金暂行办法》和《普通高等学校本、专科学生人民奖学金试行办法》。文件规定从1983年秋季入学的新生开始实行人民助学金和人民奖学金并存的办法,非师范生人民助学金的发放范围由75%降低到60%,同时设置"人民奖学金"奖励优秀学生。其中《普通高等学校本、专科学生人民助学金暂行办法》规定:人民助学金分为职工学生人民助学金和一般学生人民助学金。连续工龄满5年的国家职工被录取为普通学校本、专科学生后,全部享受职工学生人民助学金。煤炭、矿业、地质、石油院校(含单设专业)按学生人数的80%比例享受人民助学金。其他各类院校按学生人数的60%比例享受人民助学金,对于高等学校中的体育、航海、舞蹈、戏曲、管乐专业,水产院校中的海洋捕捞、轮机业和刑警院校的学生,不论是否享受人民助学金,加发40%以内的专业伙食补助,由学校集中掌握并保证用于这些专业学生的伙食之中。[①] 在《普通高等学校本、专科学生人民奖学金试行办法》中,设立了"人民奖学金",规定"享受人民奖学金学生的人数近一两年暂按本专科学生总人数的10%—15%掌握,可分为几个等级,每个等级的金额有高低之别,最高金额以每年不超过150元为宜"[②]。至此基本形成了人民助学金制度与奖学金制度并存的局面。

从这两个文件来看,这一阶段的高校学生资助制度,尽管在某种程度上还是沿袭了人民助学金制度,但其缩小了人民助学金的资助范围,打破了国家"一刀切"的资助惯例,突破了我国高校学生资助制度的单一模式,增加了人民奖学金制度。尽管人民奖学金在当时的条件下所占比例还非常小,但这一举措却是我国高校学生资助制度改革中的重大一步,对于转变人们的传统思想观念,推进我国高等教育资助体系发展具有非常重要的意义。

(二)奖学金与助学贷款并存阶段(1987—1992年)

中华人民共和国成立30年来,我国普通高等学校招收学生实施的资助制度,均为"免费+人民助学金"的模式。随着我国经济社会的发展与改革,这种

---

[①] 教育部,财政部. 普通高等学校本、专科学生人民助学金暂行办法[J]. 中华人民共和国国务院公报,1983(16):764-767.

[②] 教育部,财政部. 普通高等学校本、专科学生人民奖学金试行办法[J]. 中华人民共和国国务院公报,1983(16):767-768.

高校学生资助制度越来越不适应时代的要求,弊端也日渐显露出来。继续实行不仅国家财政难以承担,而且也不利于高等教育进一步发展和提高。在这种历史背景下,国家决定继续深化高等教育收费制度和人民助学金制度的改革,开始了试行招生和收费"双轨制"①,即除计划招生外,对一部分高考分数略低于录取分数线、家庭有经济能力的考生实行收费上学,让学生及家庭适当分担部分教育成本。

1980年召开的全国高校招生工作会议提出,一些地区和高校在完成国家下达的招生计划之外,可以扩大招收一部分自费生。就此,我国拉开了高等教育收费制度改革的序幕。1983年3月,国务院批转教育部印发《关于一九八三年全国全日制高等学校招生工作会议的报告》和《一九八三年全日制高等学校招考新生的规定》,提出要对人才的培养进行预测,"定向招生,定向分配",提倡推广合同制委托培养人才的办法,作为国家培养人才计划的补充。② 1984年,《高等学校接受委托培养学生的试行办法》由教育部、国家计委、财政部联合颁布,委培生的录取标准比国家任务计划招收的公费生要低,但是学生自己或其委培单位要缴纳部分培养费和学杂费,自费生毕业后可以由学校推荐就业,也可以自谋职业,委培生则回其委培单位就业。1985年5月27日,中共中央颁布的教育改革文件《中共中央关于教育体制改革的决定》(中发〔1985〕12号),肯定了高校招收自费生和委培生的政策,明确指出高校在执行国家政策、政策、法令、计划的前提下,有权招收计划外委托培养学生和自费生,实行国家计划招生、用人单位委托招生、招收少数自费生三种招生办法,并明确提出"要改革人民助学金制度";师范和一些毕业后工作环境特别艰苦的专业的学生,国家供给膳宿并免收学杂费;对学习成绩优异的学生实行奖学金制度,对确有经济困难的学生给以必要的补助;现已在校的学生仍按原来的规定办理③。1986年7月8日,在《国务院批转国家教育委员会、财政部关于改革现行普通高等学校人民助学金制度报告的通

---

① 一种招生形式是通过全国统一考试,并根据国家统一招生计划划定的录取分数线,从高分到低分统一录取的普通考生。另一种是通过全国统一考试,以提高收费标准而适当降低考生分数录取的共建协议计划形式的考生和扩招计划录取的考生。共建协议招生计划是地市与外省高校签订共建协议而形成的高校单独向地市招生的计划。按照协议应由考生向高校缴纳一定数额的培养费,由省、市招生办适当降分录取的考生称为"协议生",入校后的待遇与普通生一样。协议生收费标准根据学校和专业情况来确定。
② 教育部. 教育部印发《关于一九八三年全国全日制高等学校招生工作会议的报告》和《一九八三年全日制高等学校招考新生的规定》的通知[J]. 中华人民共和国国务院公报,1983(07):240-252.
③ 中共中央关于教育体制改革的决定[J]. 中华人民共和国国务院公报,1985(15):467-477.

知》(国发〔1986〕72号)中,决定以奖学金和学生贷款制度代替人民助学金制度,"除考入师范和一些毕业后工作环境特别艰苦的专业的学生,由国家供给膳宿并免收学杂费外,其他学生在学习期间的生活费用原则上都应自理"[①]。同年,国家教委选出了85所普通高校在招收的新生中进行奖学金和学生贷款的试点工作,取得了较为显著的效果。1987年,根据国务院精神,《国家教育委员会、财政部关于重新印发〈普通高等学校本、专科学生实行奖学金制度的办法〉和〈普通高等学校本、专科学生实行贷款制度的办法〉的通知》(教计字〔1987〕139号)发布,文件规定学校可建立奖学金和助学贷款基金,对1987年入学的本科普通高校新生实行奖学金制度和助学贷款制度;奖学金和助学贷款基金是从主管部门核给高等院校的经费奖中,按原助学金标准计算总额的80%—85%转入。奖学金一共有三种,分别是优秀学生奖学金、专业奖学金和定向奖学金。国家设立优秀学生奖学金鼓励学生刻苦学习、奋发向上、全面发展;对录取为师范、农林、体育、民族、航海专业的学生设立专业奖学金;对立志毕业后到边疆地区、经济贫困地区和自愿从事艰苦行业工作的学生设置定向奖学金[②]。部分学生家庭经济确有困难,无力解决在校学习期间的生活费用,由国家向学生提供无息贷款,学校负责发放和催还等全部管理工作[③]。至此,人民助学金制度彻底废止,形成了以奖学金和学生贷款制度并存的高校学生资助模式。该模式将学生资助的"济困"与"奖优"功能分开了,在当时具有一定的进步性和发展性。

(三) 辅助混合资助阶段(1993—1998年)

1989年,国家教委、国家物价局、财政部联合颁布了《关于普通高等学校收取学杂费和住宿费的规定》(教财字〔1989〕032号),决定从1989学年度开始对新入学的本、专科学生收取学杂费,一般地区每学年以100元为宜,经济发达地区可适当高些,但不能超过有关规定,相当于生均事业费的3%—8%,同时还开始收取住宿费。对师范院校享受专业奖学金的学生免收学杂费和住宿费。其他享受专业奖学金和定向奖学金的学生免收学杂费,只收取住宿费。家庭经济确有困难的学生,可以酌情减免学杂费,住宿费不予减免。学杂费减免的比例和办

---

① 国务院批转国家教育委员会、财政部关于改革现行普通高等学校人民助学金制度报告的通知[J]. 中华人民共和国国务院公报,1986(19):583-586.
② 教育部,财政部. 普通高等学校本、专科学生人民奖学金试行办法[J]. 中华人民共和国国务院公报,1983(16):767-768.
③ 国家教育委员会,财政部. 关于重新印发〈普通高等学校本、专科学生实行奖学金制度的办法〉和《普通高等学校本、专科学生实行贷款制度的办法》的通知(教计字〔1987〕139号)[Z]. 1987-07-31.

法,由各省、自治区、直辖市教育和财政部门制定①。这是我国迈出高等教育收费的关键性一步,标志着我国免费上大学的政策开始改革,高等教育进入收费阶段。国家开始对计划外招收的学生进行收费,也是高校收费制度上的一大突破。1990年7月,国家教委、人事部、国家发改委、公安部联合颁发了《普通高等学校招收自费生暂行规定》,对自费生的招生办法与缴费标准加以明确,加强和改善普通高等学校招收自费生工作的管理②。实践证明,高等教育收费制度对于发展我国高等教育事业,鼓励学生学习起到了积极的作用。我国地域辽阔,各个地区的经济发展水平不均衡,而全国统一制定的普通高等学校收费标准和办法,逐渐显现出其不适应性,亟待进一步改革和完善。

1992年6月,《国家教育委员会 财政部 国家物价局关于进一步改革和完善普通高等学校收费制度的通知》(教财〔1992〕42号)发布,文件规定普通高等学校可根据全国和本地区的经济发展水平、大多数群众的经济收入水平和经济承受能力,实事求是,统筹考虑,制定合理的收费标准③。1992年,我国高等教育形成了双轨制招生收费制度:一方面对于普招学生按照属地化原则收取学杂费和住宿费;另一方面,允许高等学校根据社会需求和办学条件,招收一定比例的委托培养生和完全收费的自费生。1993年2月,中共中央、国务院印发的《中国教育改革和发展纲要》(中发〔1993〕03号)提出要改革高等学校的招生和毕业生就业制度④。1994年,出于教育公平的考虑,部分高校招生不再区分这两种计划形式,即国家任务招生计划和调节性招生计划(含委托培养生和自费生)形式,而是按总的招生计划实行同一标准录取新生,相同专业或相同学校的所有学生都按同一标准缴费上学,由学生分担部分培养成本,实行招生收费"并轨"。"并轨"之后,大多数毕业生在国家政策指导下,施行自主择业制度。国家教委批准一部分高校在1994年招生时开始进行有关招生、收费和毕业生就业制度改革的试点,并基本取得了成功。1995年"并轨"改革试点迅速扩大到100多所高校。1996年12月,国家教委、国家计委、财政部联合下发的《高等学校收费管理暂行办法》

---

① 国家教育委员会,财政部,国家物价局.关于普通高等学校收取学杂费和住宿费的规定(教财字〔1989〕032号)[Z].1989-08-22.
② 冯克诚,申昊华.学校管理制度方法操作规范[M].北京:开明出版社,1996:204-205.
③ 国家教育委员会,财政部,国家物价局.关于进一步改革和完善普通高等学校收费制度的通知(教财〔1992〕42号)[Z].1992-06-23.
④ 中共中央,国务院.关于印发《中国教育改革和发展纲要》的通知[J].中华人民共和国国务院公报,1993(04):143-160.

(教财〔1996〕101号)指出,当前阶段高等学校学费占年生均培养成本的比例必须根据经济发展状况和群众承受能力分步调整到位①。这一系列的举措从政策上肯定了高等教育应当实施成本分担和成本补偿制度,启动了将国家负担全部高等教育成本转变为由国家与个人分担高等教育成本的改革进程。这一时期所收取的学费金额较少,只是象征意义的,同时学生每个月还有一定数量的伙食补贴,因此此收费并没有给人民的生活带来多大的影响,社会影响也很小。

经过"并轨"实践,1997年国家开始取消双轨制,即将国家指定性计划与调节性计划的录取分数合一,统一缴费上学。到1999年,全国所有高校基本完成了招生"并轨"和学生缴费上学的改革。至此,新中国高等教育经过近50年的发展,受教育者由完全免费发展到缴费上学承担部分高等教育成本,成本回收制度在高等院校中全面推行。

在其后的几年里,高校学杂费不断上涨,学生承担高等教育成本的比重不断增加。如1997年实行招生"并轨"以来,各年全国普通高校学生生均学费2 500—3 000元,1999年全国普通高校学生均学费为2 769元,2000年有的高校普通专业学费超过5 000元。对于家庭经济困难无力支付学费和生活费而无法维持或完成学业的学生,国家采取了一系列资助措施。我国高校学生资助制度逐渐显现出多样化的趋势,如对收费标准、学生贷款、特困生补助、勤工助学、困难学生学杂费减免等都进行了规定。

1993年7月,针对粮油等价格的放开和物价上涨,国家教委、财政部发布了《关于对高等学校生活特别困难学生进行资助的通知》(教财〔1993〕51号),以解决一些生活特别困难的学生(简称"特困生")的学习和生活问题。他们大部分来自农村和边远贫困地区,家庭经济困难,在校的月收入(包括奖学金和各种补贴)已低于学校所在地区居民的平均最低生活水准线。"特困生"资助是深化教育体制改革,保持学校稳定的重要一环。该通知要求各高校将困难补助经费首先集中用于补助"特困生",首先考虑"特困生"的贷款需要,可根据困难程度减免其学杂费等②。1993年8月,国家教委、财政部发布了《关于修改〈普通高等学校本、专科学生实行贷款制度的办法〉部分条款的通知》(教财〔1993〕59号),决定对生

---

① 国家教育委员会,国家计划委员会,财政部. 高等学校收费管理暂行办法[J]. 黑龙江政报,1997(10):35-36.
② 国家教育委员会,财政部. 关于对高等学校生活特别困难学生进行资助的通知(教财〔1993〕51号)[Z].1993-07-26.

活特别困难的学生给予特别困难补助和学杂费减免,提高民族专业奖学金的标准和学生贷款的额度。将关于享受贷款的学生比例,改为由学校根据本校本、专科学生中经济特别困难的学生数,在规定的贷款经费总额内确定。

　　1993年8月27日,国家教委、财政部又发布了《关于进一步做好高等学校勤工助学工作意见的通知》(教财〔1993〕62号),强调高等学校组织学生开展勤工助学活动,是高等学校收费制度改革的一项重要配套措施。这项活动不仅有利于学生德、智、体全面发展,而且可以使学生通过参加劳动取得相应报酬。要求各高等学校指定必要的人员和机构专门负责勤工助学工作,学校组织开展勤工助学活动时,要首先安排家庭经济特别困难的学生,然后再考虑其他学生,以体现国家和学校对这部分学生的关心和照顾[①]。为了保证落实通知要求,确保高等学校能够有力有效、顺利开展勤工助学工作,国家教委、财政部在1994年发布了《关于在普通高等学校设立勤工助学基金的通知》(教财〔1994〕35号),决定在高校设立勤工助学基金,并对勤工助学基金的目的、经费来源和使用等做了详细说明[②]。与此同时,中央财政向国家教委主管的36所高校拨专款作为勤工助学基金的启动经费,中央各部委与各省市自治区也相应拨专款给下属高校作为这一资助行为的启动经费。1995年,各地区都增加了这一投入,各高校也为贫困生提供了相应的勤工助学岗位。国家教委、财政部又于1995年4月下达了《关于对普通高等学校经济困难学生减免学杂费有关事项的通知》(教财〔1995〕30号),明确规定从1995年9月1日起,"在收取学杂费的普通高等院校中,对困难学生实行减免学杂费政策",要求各个高等学校"认真贯彻减免学杂费政策,保证困难学生不因经济困难而辍学";"要特别注意解决好经济困难学生中的孤残学生、少数民族学生以及烈士子女、优抚家庭子女的问题"[③]。

　　随着我国高等教育事业的不断发展,我国的高校学生资助体系也在不断完善,各项资助政策进行相应调整,其中对贷款制度的调整最大。为了减少政府和高校的负担并保证学生资助资金有稳定的来源,同时使资助受益者能够承担必要的经济责任,国家开始实行由银行提供资金的助学贷款制度。国家于1999年

---

　　① 国家教育委员会,财政部.关于进一步做好高等学校勤工助学工作意见的通知(教财〔1993〕62号)[Z].1993-08-27.
　　② 国家教育委员会,财政部.关于在普通高等学校设立勤工助学基金的通知(教财〔1994〕35号)[Z].1994-05-10.
　　③ 国家教育委员会.关于对普通高等学校经济困难学生减免学杂费有关事项的通知[EB/OL].http://www.xszz.cee.edu.cn/index.php/shows/10/4099.html.

5月颁发了《关于国家助学贷款的管理规定(试行)》,对国家助学贷款的管理申请、发放和回收进行了明确的规定。① 同年9月,国家助学贷款的试点工作在北京、上海等8个城市的高校启动。国家助学贷款的对象是普通高校中经济确实困难的全日制本、专科学生,经办银行是中国工商银行,学生所借贷款利息的50%由财政贴息,50%由学生个人负担,贷款金额每生每年最高不超过所在学校收取的学费和规定的基本生活费减去学生个人可得收入,贷款本息须在毕业后4年内还清。国家助学贷款制度正式全面启动,标志着我国的"奖、贷、勤、补、减"五位一体的高等学校学生混合资助制度已基本形成。

### 三、成熟期(1999—2020年):"奖、贷、助、勤、补、减"现代资助体系

随着经济的发展和改革的深入,我国国民收入水平不断提高,社会发展出现多元化趋势,社会贫富差距加大。20世纪90年代末,国家政府开始更多地关注公平问题,原来的大学生资助制度已出现不适应性,需要建立更加成熟更为多元化的资助体系。我国资助制度的成熟期(1999—2020年)可分为以下两个阶段。

(一)现代多元资助政策体系的初步发展(1999—2006年)

1999年5月,中国人民银行、教育部、财政部颁布的《关于国家助学贷款的管理规定(试行)》,标志着国家助学贷款政策正式出台并实施。但是由于时间紧、实践经验不足,再加上担保难等问题,此政策试行半年效果并不明显。在认真总结试点经验的基础上,国家对助学贷款政策进行了部分调整。2000年2月,《国务院办公厅转发中国人民银行 教育部 财政部关于助学贷款管理若干意见的通知》(国办发〔2000〕6号)明确规定,对年满18岁的在校大学生一般发放信用助学贷款;考虑到防范风险的需要,文件要求学生所在学校必须提供贷款介绍人和见证人。② 2000年8月,中国人民银行会同教育部、财政部,对国家助学贷款政策再次做了大幅度调整。8月26日发布的《国务院办公厅转发中国人民银行 教育部 财政部关于助学贷款管理的补充意见的通知》(国发办〔2000〕27号)中规定"把中央财政贴息的国家助学贷款,由8个试点城市扩大到全国范围,

---

① 国务院办公厅转发中国人民银行等部门关于国家助学贷款管理规定(试行)的通知[J].中华人民共和国国务院公报,1999(22):927-931.

② 国务院办公厅转发《中国人民银行 教育部 财政部关于助学贷款管理若干意见》的通知[J].中华人民共和国国务院公报,2000(08):23-25.

其经办银行由中国工商银行扩大到中国农业银行、中国银行和中国建设银行"[1]。由各级财政贴息的国家助学贷款对象由全日制本、专科学生扩大至还包括研究生,并将担保贷款改为信用贷款。该"补充意见"对推进国家助学贷款的开展具有重要意义,标志着我国助学贷款政策走上正轨。

2001年6月,全国国家助学贷款工作会议在北京召开,国家科教领导小组办公室、中国人民银行、财政部、教育部等部委有关领导从各自角度探讨、研究了进一步落实和推动国家助学贷款政策的具体工作。8月7日,中国人民银行、财政部、教育部、国家税务总局联合发出通知,要求进一步落实国务院关于国家助学贷款有关政策措施,推进国家助学贷款业务发展。2002年2月,国家科教领导小组第十次会议提出:要大力推进国家助学贷款工作,研究完善有关政策和办法,加大工作力度,积极向符合条件的经济困难学生发放贷款[2]。

随着助学贷款实践进程的不断加快,国家助学贷款政策的可操作性也在不断增强,高等学校学生助学贷款数额增幅明显。但由于国家助学贷款的申请和审批程序过于严格,坏账的责任没有明确,特别是银行的小额贷款成本太高,导致银行放贷的积极性不高,国家助学贷款工作进展不够顺利。2003年下半年,国家助学贷款出现了下滑现象,面临停顿的危险。为了进一步理顺国家、高校、学生、银行之间的经济关系,强化普通高校和银行的管理职责,基本满足普通高校家庭经济困难学生的需要,确保国家助学贷款工作持续、健康发展。教育部、财政部、中国人民银行、银监会四部门对国家助学贷款政策和机制进行了重大调整,建立了以风险补偿机制为核心的新政策、新机制。国务院办公厅于2004年6月12日转发了《教育部 财政部 人民银行 银监会关于进一步完善国家助学贷款工作的若干意见》。2004年6月28日,《教育部 财政部 人民银行 银监会关于印发〈国家助学贷款风险补偿专项资金管理办法〉等有关文件的通知》(教财〔2004〕15号)发布,宣布国家助学贷款按新机制运行[3]。新机制颁布实施后,实行贷款学生在校学习期间的贷款利息全部由财政补贴,借款学生毕业后自付利息;经办银行由国家指定改为通过招投标方式确定;建立学生还款约束机制和国

---

[1] 国务院办公厅转发《中国人民银行 教育部 财政部关于助学贷款管理补充意见》的通知[J]. 黑龙江政报,2000(17):11-12.
[2] 中国人民银行,教育部,财政部. 关于切实推进国家助学贷款工作有关问题的通知[J]. 教育部政报,2002(3):116-119.
[3] 教育部,财政部,人民银行,银监会. 关于印发国家助学贷款风险补偿专项资金管理办法等有关文件的通知[J]. 中华人民共和国教育部公报,2004(9):28-31.

家助学贷款风险补偿机制,最大限度地降低国家助学贷款风险。2006年9月1日,《财政部 教育部关于印发〈高等学校毕业生国家助学贷款代偿资助暂行办法〉的通知》(财教〔2006〕133号)发布,初步启动了国家助学贷款代偿机制,为完善以国家助学贷款为主体的高校家庭经济困难学生资助体系奠定了良好基础。截至2006年12月底,全国累计审批国家助学贷款学生292万人,审批金额253亿元,取得了突破性的进展。

这一阶段,国家对高校其他资助方式也在不断完善。2002年,《财政部、教育部关于印发〈国家奖学金管理办法〉的通知》(财教〔2002〕33号)出台,加大了对品学兼优的高校贫困学生资助力度[①]。教育部规定各公办普通高等学校从2003年新生入学起都必须建立"绿色通道"制度,目的是确保普通高校家庭困难新生顺利入学,即对被录取入学、经济困难的新生,一律先办理入学手续,然后再根据核实后的情况,分别采取不同的办法予以资助。2005年7月,教育部向各地、各有关部门、各高校发出《关于切实做好2005年高等学校新生入学"绿色通道"工作的紧急通知》,要求各公办普通高等学校必须全面落实对贫困家庭学生的各项资助政策,必须继续执行好"绿色通道"政策,确保新考入公办普通高等学校的贫困家庭学生均能顺利入学。2006年,全国公办全日制普通高校通过"绿色通道"入学的学生约33万人,占贫困家庭学生总数的44%。

在中央与各级地方政府的监督与指导下,各级教育主管部门狠抓落实,至2006年秋季高校开学时,高等学校资助体系,即"奖(奖学金)、贷(国家助学贷款)、助(国家助学金)、勤(勤工俭学)、补(特困补助)、减(减免学费)"的现代意义上的大学生资助政策基本成型。贫困学生可以按需选择并得到多重保障性资助,形成了良好的社会效应与社会环境。

(二) 多元混合资助政策体系建立健全(2007—2020年)

进入21世纪,我国高等教育学生资助立法水平越来越高、资助政策体系越来越完备,资助工作更加注重公平性导向,使越来越多的家庭经济困难学生从中受益。2007年5月,《国务院关于建立健全普通本科高校、高等职业学校和中等职业学校家庭经济困难学生资助政策体系的意见》(国发〔2007〕13号,以下简称《意见》)发布,首次对我国学生资助制度做出了全面系统的规划设计,开启了我

---

① 财政部,教育部. 关于印发《国家奖学金管理办法》的通知[J]. 中华人民共和国财政部文告,2002(9):3-6.

国学生资助事业发展的新篇章。该文决定建立健全普通本科高校、高等职业学校和中等职业学校家庭经济困难学生资助政策体系，主要内容包括：完善国家奖学金制度、国家助学金制度，进一步落实和完善国家助学贷款政策；从2007年起，对教育部直属师范大学新招收的师范生实行免费教育；学校要按照国家有关规定从事业收入中足额提取一定比例的经费，用于特殊困难补助、勤工助学、学费减免、国家助学贷款风险补偿、校内无息借款、校内奖助学金等；进一步落实、完善鼓励捐资助学的相关优惠政策措施，充分发挥中国教育发展基金会等非营利组织的作用，积极引导和鼓励地方政府、企业和社会团体等面向各级各类学校设立奖学金、助学金[①]。

为贯彻落实该《意见》精神，推进家庭经济困难学生资助的各项工作，2007年6月起，教育部、财政部连续下发了《高等学校学生勤工助学管理办法》《普通本科高校、高等职业学校国家奖学金管理暂行办法》《普通本科高校、高等职业学校国家助学金管理暂行办法》《普通本科高校、高等职业学校国家励志奖学金管理暂行办法》等多个文件，对国家奖学金、国家助学金、国家励志奖学金和勤工助学的管理做了具体规定。

同年8月，《教育部 财政部关于要求县级教育行政部门成立学生资助管理中心的紧急通知》（教财〔2007〕14号）发布，文件要求各县（市、区）教育行政部门尽快成立学生资助管理中心，配备相应的专职工作人员，人员编制从各县（市、区）教育行政部门现有教育事业编制中调剂落实；提供相应的办公场所，配备必要的办公设备，以确保学生资助管理中心正常开展工作。并且规定，学生资助管理中心的主要职责是做好生源地信用助学贷款的管理工作、生源地信用助学贷款等相关贷后管理工作、中等职业学校的国家助学金管理等资助工作、资助政策宣传工作等[②]。该"通知"的发布为做好新时期学生资助工作提供了组织保障与实践探索。8月13日，《财政部 教育部 国家开发银行关于在部分地区开展生源地信用助学贷款试点的通知》（财教〔2007〕135号）发布，宣布在江苏、湖北、重庆、陕西、甘肃5省市开展生源地信用助学贷款试点[③]。经过中央和地方政府及

---

① 国务院.关于建立健全普通本科高校、高等职业学校和中等职业学校家庭经济困难学生资助政策体系的意见[J].山东省人民政府公报,2007(12):6-8.
② 教育部,财政部.关于要求县级教育行政部门成立学生资助管理中心的紧急通知[J].中华人民共和国教育部公报,2007(9):24-25.
③ 财政部,教育部,国家开发银行.关于在部分地区开展生源地信用助学贷款试点的通知[J].云南教育(视界时政版),2007(9):27-28.

各方教育行政主管部门的共同努力,生源地信用助学贷款试点工作进展顺利,取得了良好的效果,得到了来自试点省份的家长、学生及社会的普遍好评。

2008年9月9日,《财政部、教育部、银监会关于大力开展生源地信用助学贷款的通知》(财教〔2008〕196号)发布,继续开展生源地信用助学贷款工作。其他各省(区、市)按照自愿原则,综合考虑当地高校家庭经济困难学生贷款需求和高校国家助学贷款工作开展情况,经报财政部、教育部备案,可开展生源地信用助学贷款。[①] 该"通知"扩大了生源地信用助学贷款覆盖范围,同时也进一步推动了生源地信用助学贷款工作。经过近六十年的发展与完善,我国现已基本形成了"奖、贷、助、勤、补、减"全方位经济困难学生资助体系。

2009年3月11日,《财政部 教育部关于印发〈高等学校毕业生学费和国家助学贷款代偿暂行办法〉的通知》(财教〔2009〕15号)发布,将原高校毕业生基层就业国家助学贷款代偿政策扩大到学费补偿贷款代偿,将政策覆盖范围扩大到中西部地区。[②] 为鼓励在校学生积极应征入伍服义务兵役,提高兵员征集质量,推进国防和军队现代化建设,同年4月20日,《财政部 教育部 总参谋部关于印发〈应征入伍服义务兵役高等学校毕业生学费补偿国家助学贷款代偿暂行办法〉的通知》(财教〔2009〕35号),决定从2009年起对应征入伍服义务兵役的普通高校应届毕业生实施学费补偿和助学贷款代偿政策[③]。实施这一政策,有利于完善公平合理的政策制度,从而形成一套较为合理完善的学费补偿和激励制度。

2010年7月29日,根据党的十七大关于"优先发展教育,建设人力资源强国"[④]的战略部署,为全面提高国民素质,促进教育事业科学发展,加快社会主义现代化进程,中共中央、国务院正式颁布《国家中长期教育改革和发展规划纲要(2010—2020年)》(以下简称《教育规划纲要》),这是中国进入21世纪之后的第一个教育规划,是今后一个时期指导全国教育改革和发展的纲领性文件。《教育规划纲要》把"促进公平"作为今后一段时期我国教育改革发展的一项重大工作方针,将"家庭经济困难学生资助"列入教育领域十个重大项目之一。《教育规划

---

① 财政部,教育部,银监会.关于大力开展生源地信用助学贷款的通知[EB/OL]. http://www.moe.gov.cn/jyb_xwfb/xw_zt/s3639/moe_2871/moe_2872/tnull_49872.html.
② 财政部,教育部.关于印发高等学校毕业生学费和国家助学贷款代偿暂行办法的通知[EB/OL]. http://www.moe.gov.cn/jyb_xxgk/moe_1777/moe_1779/tnull_46550.html.
③ 财政部,教育部,总参谋部.关于印发〈应征入伍服义务兵役高等学校毕业生学费补偿国家助学贷款代偿暂行办法〉的通知[J].中华人民共和国国务院公报,2009(34):17-20.
④ 党的十七大报告中关于教育工作的论述[J].安徽教育,2007(11):7.

纲要》明确提出,要"健全国家资助政策体系。各地根据学前教育普及程度和发展情况,逐步对农村家庭经济困难和城镇低保家庭子女接受学前教育予以资助。提高农村义务教育家庭经济困难寄宿生生活补助标准,改善中小学学生营养状况。建立普通高中家庭经济困难学生国家资助制度。完善普通本科高校、高等职业学校和中等职业学校家庭经济困难学生资助政策体系。完善助学贷款体制机制。推进生源地信用助学贷款。建立健全研究生教育收费制度,完善资助政策,设立研究生国家奖学金。根据经济发展水平和财力状况,建立国家奖助学金标准动态调整机制"[①]。

  为贯彻落实《教育规划纲要》的有关要求,解决研究生培养经费供需矛盾突出、成本分担机制不健全、奖助政策体系不完善等问题,进一步提高研究生培养质量,促进研究生教育持续健康发展,2013年3月4日,经国务院同意,《财政部 国家发展改革委 教育部关于完善研究生教育投入机制的意见》(财教〔2013〕19号)发布,明确从2014年秋季学期起,按照"新生新办法、老生老办法"的原则,向所有纳入全国研究生招生计划的新入学研究生收取学费[②]。同时,在全面实行研究生教育收费制度情况下,为了奖励和支持研究生更好地完成学业,激励他们勤奋学习、勇于创新、积极进取,2013年7月29日,《财政部 教育部关于印发〈研究生学业奖学金管理暂行办法〉的通知》(财教〔2013〕219号)发布,决定从2014年秋季学期起,设立研究生学业奖学金,并对学业奖学金的资金来源、奖励比例、标准与申请条件、评审组织与程序、资金管理等做出规定[③]。2014年2月21日,《教育部 财政部关于印发〈普通高等学校研究生国家奖学金评审办法〉的通知》(教财〔2014〕1号)发布,进一步规范普通高等学校研究生国家奖学金评审工作[④]。新的研究生奖助学金制度体系点面结合、奖助结合,既有普遍享受的国家助学金,又有鼓励优异、照顾困难者的学业奖学金和困难补助,是由国家奖学金、学业奖学金、"三助"津贴、困难补助以及学费减免等构成的有机体系,较以往的研究生奖助体系更加错落有致,结构上更加合理。

---

  ① 中共中央国务院.国家中长期教育改革和发展规划纲要(2010—2020年)[J].人民教育,2010(17):2-15.
  ② 财政部,国家发展改革委,教育部.关于完善研究生教育投入机制的意见[EB/OL].http://www.moe.gov.cn/jyb_xxgk/moe_1777/moe_1779/201303/t20130302_148129.html.
  ③ 财政部,教育部.关于印发《研究生学业奖学金管理暂行办法》的通知[EB/OL].http://www.moe.gov.cn/jyb_xxgk/moe_1777/moe_1779/201308/t20130812_155562.html.
  ④ 教育部,财政部.关于印发《普通高等学校研究生国家奖学金评审办法》的通知[EB/OL].http://www.moe.gov.cn/srcsite/A05/s7505/201402/t20140227_164956.html.

2014年秋季学期研究生教育全面执行收费制度后,为了更好地体现教育的公平公正,解决目前我国助学贷款的贷款上限已经无法满足家庭经济贫困学生的需求和全国助学贷款资助比例一刀切无区域和院校之间的分布需求差异等诸多问题,国家有针对性地出台了相关政策来调整助学贷款资助标准,进一步细化国家助学贷款资助比例。2014年7月,《财政部 教育部 中国人民银行 银监会关于调整完善国家助学贷款相关政策措施的通知》(财教〔2014〕180号)发布,提高国家助学贷款额度并调整学费补偿贷款代偿、退役士兵学费资助标准,相应标准提高到本专科生8 000元、研究生12 000元[①]。2015年7月13日,《教育部 财政部 中国人民银行 银监会关于完善国家助学贷款政策的若干意见》(教财〔2015〕7号)发布,决定延长还款年限,实施还款救助机制等措施,进一步减轻借款学生经济负担[②]。2017年3月,《财政部 教育部 中国人民银行 银监会关于进一步落实高等教育学生资助政策的通知》(财科教〔2017〕21号)发布,进一步完善高等教育学生资助政策,实现无缝衔接,确保研究生奖助政策不留死角;将预科生纳入高等教育资助范围;推动国家助学贷款全覆盖;落实民办高校同等资助政策[③]。2018年,在财政部、教育部等中央有关部门和各级地方政府,以及各级各类学校的共同努力下,国家学生资助政策体系更加完善,资金投入力度不断加大,资助管理水平进一步提档升级。8月,《教育部 财政部关于印发〈高等学校勤工助学管理办法(2018年修订)〉的通知》(教财〔2018〕12号),提高了勤工助学酬金标准,进一步明确勤工助学管理责任,强调要通过勤工助学培养学生自立自强、创新创业精神,增强学生社会实践能力[④]。10月,教育部、财政部、民政部、人力资源和社会保障部、国务院扶贫开发领导小组办公室、中国残疾人联合会联合印发《教育部等六部门关于做好家庭经济困难学生认定工作的指导意见》(教财〔2018〕16号),对学前至研究生教育阶段家庭经济困难学生认定的工作对象、基本原则、工作程序等做出了明确规定,有效地促进了家庭经济困难学生精准认定工作开展[⑤]。2019年6月,

---

[①] 财政部,教育部,中国人民银行,银监会. 关于调整完善国家助学贷款相关政策措施的通知[EB/OL]. http://www.moe.gov.cn/jyb_xxgk/moe_1777/moe_1779/201407/t20140725_172275.html.

[②] 教育部,财政部,中国人民银行,银监会. 关于完善国家助学贷款政策的若干意见[EB/OL]. http://www.moe.gov.cn/srcsite/A05/s7505/201507/t20150715_193947.html.

[③] 财政部,教育部,中国人民银行,银监会. 关于进一步落实高等教育学生资助政策的通知[EB/OL]. http://www.moe.gov.cn/jyb_xxgk/moe_1777/moe_1779/201704/t20170413_302466.html.

[④] 教育部,财政部. 关于印发高等学校勤工助学管理办法(2018年修订)的通知[EB/OL]. http://www.moe.gov.cn/srcsite/A05/s7505/201809/t20180903_347076.html.

[⑤] 教育部等六部门关于做好家庭经济困难学生认定工作的指导意见[EB/OL]. http://www.moe.gov.cn/srcsite/A05/s7505/201811/t20181106_353764.html.

财政部、教育部印发《关于调整职业院校奖助学金政策的通知》(财教〔2019〕25号),明确扩大高职院校奖助学金覆盖面、提高补助标准。为加大对家庭经济困难学生的支持力度,进一步减轻贷款学生经济负担,2020年7月,《教育部 财政部 中国人民银行 银保监会关于调整完善国家助学贷款有关政策的通知》(教财〔2020〕4号)发布,助学贷款还本宽限期从3年延长至5年;助学贷款期限从学制加13年、最长不超过20年调整为学制加15年、最长不超过22年;2020年1月1日起,新签订合同的助学贷款利率按照同期同档次贷款市场报价利率(LPR)减30个基点执行。2021年9月16日,全国学生资助管理中心发布的《2020年中国学生资助发展报告》显示,2020年学生资助政策全面落实,全年资助资金2 408.20亿元,资助学生14 617.50万人次,其中资助普通高校学生3 678.22万人次,资助金额1 243.79亿元。资助人数、资助资金持续增长,精准资助稳步推进,为抗击疫情和应对汛情影响作出了积极贡献,在助力打赢脱贫攻坚战中发挥了重要作用。①

从2007年至2020年,特别是党的十八大以来,在党中央、国务院的高度重视和领导下,在财政部、教育部等有关部门共同努力下,坚持以人民为中心,紧紧围绕立德树人根本任务,学生资助政策体系不断完善,我国已经建立起从学前教育至研究生教育、具有中国特色的学生资助政策体系。根据统计,自党的十八大以来,全国共资助学生6.2亿人次,资助总金额累计突破1万亿元②。我国累计出台学生资助政策文件40余份,新增资助项目17项,国家学生资助项目从少到多,资助面从窄到宽,实现了"三个全覆盖",即所有学段(从学前教育到研究生教育)全覆盖、所有学校(包括公办与民办)全覆盖、所有家庭经济困难学生全覆盖。特别是在高等教育阶段,实现了"三不愁",即:入学前不用愁、入学时不用愁、入学后不用愁。十三年奋进,从制度上确保了"不让一个学生因家庭经济困难而失学",切实减轻了经济困难家庭的经济负担,杜绝了"因学致贫、因学返贫"现象的发生,增强了人民群众的获得感,为家庭经济困难学生实现人生梦想提供了强有力的保障。十三年资助取得的重大成就,既是我国教育公平的重大成就、教育脱贫攻坚的重大成就,也是我国社会公平的重大成就、民生事业的重大成就③。

---

① 全国学生资助管理中心.2020年中国学生资助发展报告[EB/OL]. http://www.moe.gov.cn/s78/A01/s4561/jgfwzx_zcwj/202109/t20210916_563598.html.
② 全国学生资助管理中心.2018年中国学生资助发展报告[N].中国教育报,2019-03-11(6).
③ 全国学生资助管理中心.国家资助 成就梦想——国家新的学生资助政策体系建立十周年[EB/OL]. http://www.xszz.edu.cn/n44/c7380/content.html.

经过七十多年的发展,具有中国特色的学生资助制度与体系已经形成,表现出以下三个特点:以政府为主、学校和社会广泛参与的"三位一体"资助格局;形成了"普惠、助困、奖优、引导"的复合型资助模式;实现了从保障型资助逐步走向发展型资助的重大拓展。这是贯彻落实共享新发展理念、以教育公平促进社会公平的重大举措,是我国社会主义制度优越性的切实体现。

## 第二节 新时代高校学生资助政策的特点

教育是我国实现强国兴邦、社会进步的根本途径。为了能够提高国民的素质,任何一个国家的政府都有责任通过制定相关的公共政策,保障公民的受教育机会均等。而学生资助工作就是这样一项事关民生、事关民心,事关脱贫攻坚,事关社会公平的大事。

进入新时代,学生资助工作面临新形势、新发展。习近平总书记指出:保障贫困地区办学经费,健全家庭困难学生资助体系。要推进教育精准脱贫,重点帮助贫困人口子女接受教育,阻断贫困代际传递,让每一个孩子都对自己有信心、对未来有希望。站在新的历史起点上,我们必须进一步深入贯彻习近平总书记系列重要讲话精神,深刻认识新时代高校学生资助工作的重要意义。

新时代高校学生资助工作的实践路径需要各级教育、财政等部门和各级各类学校,在习近平新时代中国特色社会主义思想指引下,坚持以人民为中心的发展思想,加强学生资助规范管理,全面推进精准资助和资助育人,确保"不让一个学生因家庭经济困难而失学"。[①] 新时代赋予了高校学生资助工作新的内涵,提出了新的要求,高校学生资助政策呈现出精准化和差异性、信息化和创新性、国际化和开放性等特征。

### 一、资助政策的精准化和差异性

教育公平是社会公平的重要基础,教育更是决定一个国家的未来。为改变当前高校扶贫制度中存在的不足,进一步提高教育公平,精准资助成了关键。党的十九大报告强调要"健全学生资助制度",为学生资助工作进一步指明了方向,

---

① 陈宝生.进一步加强学生资助工作[J].中国高等教育,2018(6):4-5.

提出了更新更高的要求。精准化是我国新时代的高校资助工作的基本特征之一,是资助工作的内在诉求和基本逻辑路径。高校学生资助精准化就是要瞄准资助需求侧,不断优化资助供给侧,实现学生资助工作供给侧与需求侧的动态平衡。①

实现学生资助工作供给侧与需求侧的动态平衡,必须做到以下几点:

一是资助对象认定要精准。从制度上全面规范各教育阶段家庭经济困难学生认定工作的工作原则、工作依据和工作程序等,为精准认定提供制度保障。在实际工作中,各学校可以通过系统比对、调查走访、大数据分析、同学评议等多种手段,建立完善认定机制,多措并举精准认定家庭经济困难学生。使每个家庭经济困难学生能上学、上好学、学好业、就好业,确保不漏掉任何一位真正需要帮助的困难学生,兑现"不让一个学生因家庭经济困难而失学"的庄严承诺。

二是资助标准要精准。这就要求各学校资助部门根据不同学生的受助需求,分档资助,将建档立卡的家庭经济特别困难学生作为重点资助对象,在落实国家助学金等相关资助政策时按照最高档次或标准给予相应资助,确保其顺利就学。

三是资金分配要精准。要不断优化资助名额和资金分配机制,向相对困难的地区倾斜,向民族院校以及以农林水地矿油核等学科专业为主、家庭经济困难学生较多的学校倾斜,向建档立卡的家庭经济困难学生倾斜,坚决杜绝"一刀切"。

四是发放时间要精准。在资助具体工作中,各地各校要严格按照规定时间发放资助资金,要在学生最需要资助的时候,将资助资金及时足额发放到学生手中,不断推进精准资助工作,不断提高资助工作效益。

精准资助也需要结合当地的发展水平,制定合适的资助标准,保障学生内部基本的要求和费用支出;要做到资助内容精准,从而精准设计经济资助、成长发展提升计划等多元化资助内容体系;要做到精准供给,根据学生的成长规律为学生提供更加精准的发展帮扶,使学生不仅可以完成基本的学业内容,同时还可以促进学生全面成长;②要做到精准保障,通过建立与完善一系列资助后续引导保

---

① 张骞文.新时代高校学生资助工作的理论诠释、基本特征与实践路径探析[J].思想教育研究,2018(5):123-126.
② 白华,徐英.扶贫攻坚视角下高校建档立卡生精准资助探析[J].国家教育行政学院学报,2017(3):16-21.

障层面的配套管理制度与措施,确保资助工作目标的达成,提高精准资助和资助育人的实效性。

在做好精准资助工作的同时,也要注意到家庭经济困难学生的个体差异,为满足不同的个体需求,需要准确分析受资助对象需求的个性化与差异性,从而实行更具有针对性的资助政策和资助方式,使每个家庭经济困难学生得到个性化发展。

### 二、资助政策的信息化和创新性

20世纪90年代以来,随着信息革命的兴起和信息时代的到来,全球掀起了一场迅猛的信息化浪潮,信息化成为推动世界经济建设和社会发展的强大动力。党的十九大提出要建设创新型国家,建设数字中国、智慧社会。推动互联网时代的数字中国建设是加快实现我国现代化的重要手段。在此背景下,新时代高校学生资助的信息化必将为高校资助工作的有效开展提供新引擎。信息技术在学生资助工作中的应用引发了资助理念、资助方式、家庭经济困难学生认定等一系列变化和影响。传统的资助对象的认定方式主要依靠高校家庭情况调查表,而现阶段管理部门可以通过全国学生资助管理信息系统等直接开展家庭经济困难学生认定,不需要经由家庭所在地民政部门、班级民主评议等环节,改变了以往相对烦琐的方式,彰显了学生资助工作的人文关怀[①]。目前国内众多高校纷纷利用大数据技术建立家庭经济困难学生数据库,利用大数据综合分析受助学生各类信息,多元化地评价学生,从而实现精准资助,做到对口帮扶、人性化资助。

在党的十九大报告中,"创新"一词出现50余次,习近平总书记强调"创新是引领发展的第一动力",要把创新摆在国家发展全局的核心位置。学生资助工作也必须不断创新,才能扎实推进学生资助工作,才能适应新时代、新形势的新任务、新要求。推进学生资助工作创新,就是要做到资助理论创新、制度创新、技术方法创新、认定方式创新等,不断调整资助政策体系以适应不同时期高等教育发展对资助工作的要求,满足不同时期家庭经济困难学生的实际需求。特别是信息技术的快速发展和应用,也为高校学生资助工作创新提供了便利条件。综上

---

① 张骞文.新时代高校学生资助工作的理论诠释、基本特征与实践路径探析[J].思想教育研究,2018(5):123-126.

所述,要以改革的精神推进高校学生资助工作理念、工作方式创新,从而更好地发挥资助政策体系的保障、公平、激励的积极作用。

### 三、资助政策的国际化和开放性

当今世界各国联系日益密切,全球化趋势加速。建设一流的学生资助体系,是实现资助教育现代化的必经之路,需要相关工作者具备时代特征、中国情怀和世界眼光,三位一体,不可或缺。

要求树立国际化和开放性的资助理念,所谓国际化,就是用世界眼光考量资助工作,采用一种国际比较的视野:只有比较,才有鉴别;只有鉴别,才有认识。资助政策的国际化既要找准中国特色,发扬中国优势,也要走向世界,吸取国际经验。学习并借鉴国外先进的学生资助模式,走出一条具有中国特色的学生资助之路。高校学生资助工作国际化和开放性主要表现在国际间学生资助人员交流、高校及资助管理机构的国际合作和跨国的资助教育活动、信息交换,培养具有国际视野、了解和关心国际资助形式和发展的人才等方面[①]。

所谓开放性,是强调要从开放视野,全球的视角观察和思考问题,只有坚持开放,才能了解世界其他国家的先进资助政策及其主要做法,吸收发达国家资助工作的先进经验,以更宽广的视角、更科学的方法来做好我国高校资助工作,为我国高校资助体系的不断优化和完善提供借鉴和参考。

值得注意的是,坚持资助政策的国际化和开放性,并不意味着要照抄照搬其他国家先进资助工作的理论创新、经验积累和工作做法,要坚持我国高校资助工作本土化与国际化相结合的原则,立足前沿领域,站稳立场,开放心态,勇于面对挑战、解决问题,在开放的环境下形成中国自己的高校学生资助特色和成果。

当前,我国正处在实现"第二个一百年"奋斗目标、实现中华民族伟大复兴的征程中,我们相信在以习近平同志为核心的党中央的坚强领导下,我国的学生资助工作一定会取得更加辉煌的成就,为落实共享发展理念、促进社会公平正义作出更大的贡献。

---

① 张骞文.新时代高校学生资助工作的理论诠释、基本特征与实践路径探析[J].思想教育研究,2018(5):123-126.

# 第二章
# 国外高校学生资助政策

纵观世界各国的高等教育发展,为使学生顺利接受高等教育各国皆采取了相应的资助政策。国外对高校学生实施资助较早,在不同历史时期,资助政策因资助理念的变化而变化。

早期的资助理念来自欧洲的"慈善"和"宗教"。中世纪,欧洲的大学里就已经出现了对贫困学生的经济资助。中世纪的欧洲大学大多是由教会掌控的,国家福利制度尚未建立。当时的罗马教会以其遍布欧洲大陆的严密组织与较高的社会公信力,几乎统揽了一切大规模的慈善活动,其中也包括了学生资助。"慈善"和"宗教"的资助理念是"服务于教会",所以当时的资助是为了让受益者能够用其所学知识服务于教会[①]。直到1601年,英国女王伊丽莎白一世颁布了《慈善使用法》,慈善基金会的管辖权收归政府,其管理完全转向世俗化,慈善活动在扶危济困之外有了更多的社会目标,同时高校资助的理念也开始慢慢随之转变。18世纪,美国《独立宣言》的起草人杰斐逊从"人生而平等"出发,探讨了用公共资金资助贫困学生上大学的可能性和合理性,从而形成了基本的高等教育学生资助理念。这一理念最开始被法国采纳并广泛推广,并对英国的高等教育资助政策产生了巨大影响。20世纪50年代末,著名经济学家舒尔茨、贝克等人通过测算证实了教育对国民经济增长所发挥的重大作用,提出教育是一种人力资本投资的观点,教育可以提高劳动者的生产技能,从而提高劳动生产率,所产生的效能比其他物质资本投资回报更大[②]。20世纪70年代,美国经济学家约翰斯通通过对英国、联邦德国、法国和美国等地高等学校的经济运行情况的考察,提出

---

① 张民选.理想与抉择 大学生资助政策的国际比较[M].北京:人民教育出版社,1998:25.
② 胡妍.英国高等教育学生资助政策研究[D].重庆:西南大学硕士学位论文,2015:13

了高等教育资金应该由政府、学校、家长、学生等多方面的力量来分担,即"谁受益,谁付费"的高等教育成本分担原则,高等教育的成本不仅由家长、纳税人和大学来承担,学生自己也应当承担一部分。①

自 20 世纪 70 年代以来,世界范围内爆发了一场高等教育学生资助政策的大改革。它吸引了国际组织、各国政府、学术团体和众多的高等教育家、经济学家和社会学家的研究兴趣。最早研究高校学生资助问题的国际组织专家是英国学者伍德霍尔,他对英国、美国、日本、加拿大、德国、法国和澳大利亚等十个国家的高等教育学生资助政策进行了深入研究,并对各国的高等教育学生资助方法进行了归纳总结,于 1978 年撰写了《经济合作与发展组织成员国学生资助方案述评》,对各国采用的大学生资助方法进行了分类概括,提出通过短期贷款满足贫困学生在校期间的经济需求,毕业后学生根据自己的能力进行还款,从而使有限的财政投入能够循环使用的学生资助模式。这种模式的提出使得当时各国普遍开始反思自身的资助政策,并在总结亚洲和非洲国家的经验教训后,提出学生贷款有效管理的条件是管理结构、法律保障、选择资助目标的有效机制、有效的贷款回收机制。此外,1989 年伍德霍尔等编著的《大学生财政资助:是助学金、贷款还是毕业生税》,针对当时英国大学生资助的实际情况以及存在的弊端,提出了发达国家大学生资助政策的发展取向。②

从国外高校学生资助的研究中我们可以发现,国外高校学生资助政策在经历了不同阶段的发展后,根据自身情况形成了各具特色的模式,其中英国、日本、美国以及新加坡等国家的模式具有一定的代表性。英国目前实行的是高等教育学费成本分担加助学贷款模式;日本坚持成本分担,主要采取的是以贷学金为主的资助制度;美国注重资金来源、投向、资助方案的多元化,采取的是混合资助模式;新加坡虽然国小人少,其出色的多元化资助模式取得了卓有成效的成绩。本章从这四个国家的高校学生资助政策的发展历程、体系构成以及特点三方面进行梳理。

---

① DB Johnstone. Sharing the costs of higher education: student financial assistance in the United Kingdom, the Federal Republic of Germany, France, Sweden, and the United States [M]. New York: Collage Board,1986:89-98.
② 郝志强.高校学生资助问题研究现状与评析[J].赤峰学院学报(汉文哲学社会科学版),2014(12):63.

## 第一节　英国高校助学金政策的发展与构成

英国是全球最早推行高等教育的国家之一,对全球的高等教育有着深远的影响。早期受国家干预理论影响,英国政府承担了大部分的社会福利责任,其中免收学费是标志之一。英国大学的经费主要是依靠政府财政支出,家庭和个人所承担的比例极为有限。随着社会经济的不断发展,英国高校的资助理念与做法也在不断发展与变革。

### 一、英国高校助学政策发展历程

英国高校经历了从无偿资助到有偿资助的改变,可分为"免费加助学金""补偿性贷款""成本分担加助学贷款""经济危机下高等教育市场化"四个政策阶段的发展,这种历程符合当今世界大学生资助政策的发展趋势。

(一)"免费加助学金"政策阶段

英国政府对其教育发展非常重视,为保证家庭经济困难学生平等的受教育机会,英国高等教育采取免学费政策。1902年,英国政府通过了具有划时代意义的《1902年教育法》,其核心内容是增加对教育的补助,扩大教育机会。该法案规定:"地方政府有权从地方税中提取他们认为合适的数量的资金,以支持或资助初等教育以外的教育。"[①]据此,英国各地方政府便开始根据自己的财力和各自制定的标准,向贫困学生提供助学金。从20世纪初至20世纪70年代末,英国政府在大学实行的是"免费加助学金"政策。直至20世纪80年代,这一政策由于高等教育经费不足而有所改变[②]。

(二)"补偿性贷款"政策阶段

伴随着高校入学人数的增加,高等教育经费日益紧张。尤其是到了20世纪80年代,英国社会经历了经济萧条,其高等教育方面的政府支出日益紧缩,政府陷入了高等教育资金紧张的困境。为缓解高校资金紧张,英国政府出台相关政策及新的资助制度,同时逐步增加个人捐款和与工业公司订立合同等其他来源的收入。

---

① M Sanderson. The Universities in the Nineteenth Century[M]. London: Routledge & Kogan, 1975: 221.
② 杨国洪. 大学生资助体系的国际比较与借鉴[M]. 广州:中山大学出版社,2013:200-201.

英国从1990年开始实施缴费上学,实施允许贫困生贷款的资助方式。1990年《教育(学生贷款)法》规定学生贷款的目的是帮助学生支付生活费。实施"补偿性贷款"计划。在"无息、以收入还贷、无需担保"等优惠条件下,以助学贷款的形式取代生活维持辅助政策。采用政府补贴利息、学生分期付款的形式,要求毕业后年收入达到1 000英镑的学生开始偿还贷款。《1988年教育改革法案》宣布废除公费教育[①]。

(三)"成本分担加助学贷款"政策阶段

补偿性贷款并没有解决英国高等教育的诸多问题,其政府也在寻求新的政策来解决这一难题。20世纪末,英国教育与技能部(DFES)指出英国的高等教育等公共事业经费已低于经济合作与发展组织国家的平均水平。当时英国每年都有部分高校处于经营亏损状态,这也使得高校迫切要求政府同意其收取差额费用。在此背景下,英国政府出台了新的高等教育政策,规定高校学生必须分担部分学费。

(四)"经济危机下高等教育市场化"政策阶段

在经济危机的背景下,2009年《确保英国竞争教育可持续发展的未来》(《布朗尼报告》)提出削减高等教育经费、提高大学学费上限的必要性,确定了高等教育市场化的理念。与此同时,英国议会通过议案,大学学费最高上限由3 000英镑上升至9 000英镑,计划从2012年开始实施。议案中增加了对学生的资助,主要体现在生活费贷款、学费贷款、生活拨款等补助。为示教育公平,英国政府要求大学在向学生收取高额学费的同时,必须确保不因此将经济困难的学生拒之门外,大学生可以继续向政府申请助学贷款,政府还将为这些学生设立总额为1.5亿英镑的国家奖学金[②]。

## 二、英国高校助学体系构成

英国现行的"助学贷款加助学金"的资助模式主要包括以下几种资助方式。

(一)延期缴纳学费

学生可以在毕业参加工作且年收入达到一定数额后才开始偿还学费。延长

---

[①] 苏旋.从英国高等教育学费政策演变看我国全日制研究生收费的合理性[J].中国科教创新导刊,2003(3):95.
[②] 苏旋.从英国高等教育学费政策演变看我国全日制研究生收费的合理性[J].中国科教创新导刊,2003(3):95.

缴费时限既减轻了学生上学期间的经济压力又减轻了学生的心理压力。①

（二）奖学金

奖学金通常是政府、高等院校及资助机构为表彰、奖励一些优秀学生设立的奖金，属于无偿给予。奖学金主要有三类：政府奖学金、高校自设的研究奖学金和企业赞助奖学金。在给本国学生提供奖学金的同时，英国政府还增设留学生高额奖学金，吸引海外留学生来英国学习深造。

（三）助学金

英国最重要的、覆盖学生比例最大的政府资助方式就是助学金，它是一种公益性的资助资金。英国政府每年为高等教育提供3亿英镑的专项资金，为家庭经济困难学生按照其家庭收入水平而提供数额不同的专项资助。英国高校助学金分为生活补助、特殊补助、民间资助三类。

生活补助主要用于学生的日常生活和住宿费等必要开支。特殊补助旨在帮扶单亲家庭、60岁以上或存在家庭经济困难、身体残疾、病休回读、已生育孩子并且配偶也在上学等特殊情况的学生，最高金额为2 835英镑。生活补助和特殊补助只能获得一种，不能兼得。英国政府规定，如果大学或学院希望每年收取最高限额学费，就必须从学费中抽取至少310英镑，用于为获得全额生活补助或特殊补助的学生提供额外的财政津贴，包括以现金形式发放的奖学金和免除住宿费等②。

此外，英国政府还设立了一些面向特殊群体的助学金及津贴，如面向已婚或已育学生的"儿童抚养助学金""父母学习津贴""家人抚养助学金""学生子女税收减免"，面向有学习障碍学生的"学习障碍津贴"，面向特殊专业学生的"专业津贴"，面向教育专业的"教师培训津贴"，面向出国留学的学生的"旅行助学金"等。

英国具有优良的民间资助传统，除政府提供的助学金外，各高校还可获得社会捐助的助学金。来自慈善机构及教会等民间机构、企业，以及大学校友、雇主、家庭富裕的学生家长等个人的社会捐赠构成了英国高校学生资助体系的重要组成部分。21世纪初，随着政府缩减对高校的经费投入，以企业、个人、教会为代表的民间资助主体开始逐年增加对助学资金的投入。

（四）助学贷款

助学贷款分为学费贷款和生活费贷款两种。学费贷款主要用于支付学生当

---

① 杨国洪.大学生资助体系的国际比较与借鉴[M].广州：中山大学出版社，2013：208-209.
② A Guide to Financial Support for Higher Education Students(2008-2009)[M]. London：Student financial direct，2008.

年的学费,其金额取决于大学收费标准,每个全日制注册学生都有权借贷学费贷款。学费贷款由助学贷款公司直接转给学生所在大学,从而实现了如同我国的"先上学,后付费"和"保证不让贫困生无法入学"的资助政策目标。

生活费贷款主要用于学生的住宿和其他生活开销,是一项按家庭贫困程度提供的贷款,即学生贷款额度有限制,需要按学生家庭收入、大学所在地生活费标准和住校与否三大指标来具体评定,同时还需考虑学生居住地、其他政府资助获得情况等多种因素。

(五)助学岗位

英国高校帮助在校学生寻找勤工助学的机会,勤工助学事务主要是由学校的人事部、学生会、学生处负责,助学岗位分为校内和校外两种。在不影响正常生活、学习的前提下,学生可在校内外开展有偿的科技开发、助研、助管、劳务等服务,获取一定的报酬[①]。

### 三、英国高校助学体系特色

英国高校助学体系呈现出多元化特点。一是责任主体的多元化,即政府、社会、高校、学生共同构成助学体系的责任主体。二是助学资金来源的多元化,即除了英国政府财政拨款外,还有来自非政府基金等私有资本以及大学校友、雇主、家庭富裕的学生家长等的社会捐赠。三是操作方式多元化,即政府把提供给学生的各种资助:学生学费贷款、生活费贷款、生活补助、特殊补助、津贴等多元化资助形式混合打包,根据学生家庭经济状况合理配置各类资助资源。家庭经济越困难的学生能够获得的资助越多,以此减少其生活费贷款的贷款金额。英国高校助学体系的多元化既能合理配置资助资源,为学生解决经济困难,同时也能减轻政府的财政负担。

## 第二节 日本高校收费加贷学金模式

日本对高等教育事业很重视,其高等教育事业起步早,发展历史悠久,覆盖范围较广的高校学生助学政策具有完整性和严谨性,受到了国际社会的关注与肯定。

---

① 杨国洪.大学生资助体系的国际比较与借鉴[M].广州:中山大学出版社,2013:208-212.

## 一、日本高校助学政策发展历程

日本在二战期间就开始为大学生提供经济资助。1943年,日本创办"大日本育英会",并于1953年改名为日本育英会,专门为经济困难的学生提供经济帮助。该机构不区分国立学校、公立学校、私立学校,适合于所有的高中、高专、大学、专修学校,它以"奖贷"的形式贷款给那些成绩优良但家庭经济状况不佳的学生。2004年以前,日本育英会主管的奖学金主要有两种类型:一是毕业后不必偿还利息,是来自政府的贷款;二是毕业后需要偿还利息,是通过政府从市场筹资的贷款。日本育英会是具有"特殊法人"地位的专门从事资助大学生的组织,其管理超越了单纯的银行和高校;它的存在使学校与学生之间不存在债务关系,政府教育部门也不用插手和干预具体业务,实现了助学贷款业务的专业化和社会化。育英奖学金制度是由政府部门进行主导与管理的,其发展规模以及应用范围相当广泛。设立之初,日本育英会提供的奖学金只有无息贷款一种。1984年,为满足日益增长的贷款需求,日本政府增设了有息贷款;1999年,为缓解供求矛盾再次扩充有息贷款,如今有息贷款总额已达到无息贷款的两倍。受资金所限,无息贷款对申请者的学习成绩及家庭经济状况等都有严格限制。日本育英于2003年10月正式结束运营。

随着独立法人化改革的进行,2004年,日本政府将日本育英会与其他几个负责国际交流或留学生奖学金业务的机构进行重新整合,新设了独立行政法人日本学生支援机构(JASSO),该机构隶属于日本文部科学省,主要负责助学贷款的发放与回收、留学生支援以及其他学生生活支援机构事务,并颁布施行《独立行政法人日本学生支援机构法》,开始由新成立的行政法人形式的日本学生支援机构继续担负育英会职能,负责奖学金的发放、管理、回收等相关工作。该机构的助学辐射范围覆盖了全国,且机构的奖学金发放总体人数呈逐年上升趋势。2016年,独立行政法人日本学生支援机构的奖学金总金额在整个日本奖学金发放总额中的占比约为88%,而其他组织发放的奖学金仅占5%左右。由获得奖学金人数、奖学金的发放金额总变化趋势和占比可知,独立行政法人日本学生支援机构为整个日本的人才培养以及促进教育公平和实现教育机会均等作出了巨大贡献[①]。独立行政法人日本学生支援机构2017年发放的奖学金金额达

---

① 黄丽阳. 日本私立大学学生资助体系政策研究[J]. 黑龙江科学,2020(21):100-101.

10 465亿日元,虽逐年增加,但增加趋势渐缓。回顾日本的高校学生助学历史,其助学政策虽然经历改革,但始终不变的是大学生缴费加政府资助奖学金的方式,可称之为"收费加奖学金"模式。与其他国家奖学金不太相同的是,日本的奖学金并非无偿提供给学生,而是需要偿还的一种借贷。

日本的学生资助体系包括各类奖学金和教育贷款。奖学金主要包括四类:独立行政法人日本学生支援机构提供的奖学金,各都道府县等地方自治体提供的奖学金,企业、民间团体设立的奖学金和大学自身提供的奖学金,其中规模最大、覆盖范围最广的要数独立行政法人日本学生支援机构提供的奖学金。除奖学金外,资助体系中还包括教育贷款,日本大多数金融机构都开设教育贷款业务,其中具有政府背景的日本国民生活金融公库所占市场份额最大。[①]

## 二、日本高校助学体系构成

日本大学分为三种类型:国立大学、公立大学、私立大学。私立大学因其高昂的大学学费,使得大学生经济负担很重。国立大学与公立大学的收费远低于私立大学。基于此,为了缓解经济负担,日本奖学金募集多样,可分为四类:政府奖学金、地方自治体为本地生源提供的奖学金、企业及民间团体设立的奖学金、高校设立的校内奖学金。

(一)政府奖学金

日本政府奖学金中最重要、影响最广泛当数独立行政法人日本学生支援机构奖学金,负责全日本奖学金的资金筹集、发放及回收的一体化管理。

独立行政法人日本学生支援机构奖学金属于借贷性质,分为两种:一种是无利息的,一种是有利息的。无息奖学金是独立行政法人日本学生支援机构奖学金的主要部分,主要供出身贫寒、经济困难和最需要资助的学生贷款,学生无需归还利息。贷款根据学生就读学校的性质(私立或公立),以及住校还是居住在校外等情况分别对待。有息奖学金是计算利息的贷款,供其他有需要的学生借贷,一般申请条件比无息奖学金宽松,具体贷款金额也有所不同。

紧急资助奖学金也属于政府奖学金的一部分,属于无利息性质。该奖学金为家庭遭遇突发变故(如家长失业、家庭破产、遭受灾难等)的、有学习意愿的学生提供不计利息的紧急援助。资助对象包括大学、短期大学、研究生院、高等专

---

① 马晶.日本高校学生资助体系研究[J].世界教育信息,2007(9):68-71.

门学校、专修学校专门课程的学生。主要根据该生家庭遭遇突发变故之后的年收入进行经济状况评估。与其他奖学金有固定申请办理时间不同,该奖学金可整年随时申请,其月贷款额度与无息奖学金相同。①

此外,为增强国家的国际竞争力,培养全球化人才,日本政府向在海外大学及研究生院攻读学位的留学生或短期海外留学生提供有息奖学金。就读于国内高校并获得校长推荐的学生可申请此奖学金,毕业不满两年且获得校长推荐的长期留学生也可申请。该奖学金月贷款额度与有息奖学金相同。

(二)地方公共团体、企业、社会团体提供的奖学金

很多地方自治体都设有奖学金制度,如日本都道府县等地方自治体、地方公共团体等,成绩优异的学生均可申请。这些奖学金大致有两种形式,一种是学生领取之后无需偿还的奖学金,另一种是学生领取奖学金后需要偿还的低息贷款。

很多企业、社会团体等民间机构对日本的高等教育事业作出了卓越贡献。奖学金种类较多,资助的金额也较大,无偿赠与的奖学金对学生来说具有非常大的吸引力。2016 年,共有 5 028 个团体参与了奖学金提供活动,实施团体分为地方公共团体、学校、公益团体、医疗机构、营利法人等,其中学校团体最多,约占 52.1%,地方公共团体和公益团体共占比 37.1%。与 2013 年相比,医疗机构和营利法人的占比增幅显著。②

(三)大学的校内奖学金

日本大多数高等院校都为本校经济困难或学业优异的学生提供校内奖学金,为期一年,每年需要重新申请、评定,金额不等,但额度一般都不大,一般为无息贷款。日本大学校内的奖学金制度分为"奖学"和"育英"两种,"奖学"是针对经济困难的学生,为保证其学习机会而提供的;"育英"是对学习有成果和能力强者的褒奖与奖励。近年来,随着日本人口年龄结构的变化和全民高等教育时代的到来,日本大学校内的奖学金制度正在不断修改与完善。以立命馆大学为例,除贷款奖学金外,不需要返还的奖学金制度在大学逐步增多,还设置新生奖学金、经济援助奖学金、学生创业家支援奖学金、文体奖学金、海外留学奖学金等等,其获得条件是申请者须为经济困难或学习成绩优秀者。

---

① 杨国洪.大学生资助体系的国际比较与借鉴[M].广州:中山大学出版社,2013:222-223.
② 黄丽阳.日本私立大学学生资助体系政策研究[J].黑龙江科学,2020(21):100-101.

（四）金融机构提供的教育贷款

尽管奖学金的类型多种多样,但是仍然难以满足所有的学生。因此,许多银行、信用合作社和其他金融机构都提高了教育贷款额度,其中占市场份额最大的是日本国民生活金融公库开办的"国家教育贷款",这种贷款属于商业贷款,利率高于日本学生支援机构的有息奖学金,固定年利率为1.78%,相对低于一般商业贷款。其贷款对象为学生家长,银行根据学生家长的工资水平决定每年的贷款额度,这种低息的教育贷款能对奖学金起到了很好的补充作用[1]。

（五）勤工助学制度

各个高校为了最大限度减轻学费为学生及家庭带来的压力,学校为学生制定了完善的勤工助学制度,如校内的学务部、社会上的职业介绍所以及日本文部科学省在各大城市设立的学生中心等。值得一提的是,这些机构都免费向学生提供勤工助学的机会。勤工助学制度一方面可以减轻学生以及家庭的学费压力,另一方面也能够锻炼学生在社会上的适应能力。

### 三、日本高校助学体系特色

日本高校资助体系以政府为主导,由独立法人日本学生支援机构全权负责,设立多项奖贷渠道,并且辅之以民间育英团体及各种奖学金制度,资助形式具有多样化的特点[2]。日本高校助学体系以"贷"作为主要内容,由国家专门机构直接经营,为实现教育机会均等、促进高等教育事业的发展提供了有力的支撑和保障。

日本的助学贷款回收率很高,平均达到95%[3],申请贷款的学生必须在规定的还款期限内还清贷款,并且还要提交《还款誓约书》。除此之外还要有保证人并且提供担保资金,最后还要编订还贷计划书。与此同时,政府可以根据学校的类别分别设定学生的还款期限,对于短期院校的学生还款期限设定为10年,私立院校为15年,公立院校为11年,医科、研究生等贷款较多者最长可达20年,对于严重伤残或死亡的学生可以相应减免。除此之外,日本政府鼓励学生提前还贷,如果学生提前偿还贷款会给予一定的折扣。另外,毕业后到中小学、公立大学和科研机构工作的大学生可以申请减免贷款。如果学生不按期偿还贷款,

---

[1] 杨国洪.大学生资助体系的国际比较与借鉴[M].广州:中山大学出版社,2013:228-229.
[2] 覃锐钧.中日高校学生资助模式的比较与启示[J].高教论坛,2015(12):127-129.
[3] 王翠兰.日本育英奖学金政策及其启示[J].日本问题研究,2005(4):37-40.

除了要加收利息之外,还将面临相应的罚款①。长达20年的还款期限,有条件的免还和缓还制度,都充分体现了政策设计的人性化与严谨性,这有助于降低坏账率,确保贷款资金的顺利周转。在日本的国家助学贷款——独立法人日本学生支援机构提供的奖学金制度中,从目标设定、资金筹措到回收管理、风险分摊等各个环节,政府始终担当了责任主体。这就避免了多职能部门参与的边界不清与职责推诿,充分发挥政府的公共管理职能,有效地弥补市场失灵,保证教育公平。这也是日本高校助学体系成功的关键所在②。对于其他形式的助学贷款,政府也发挥了积极的引导作用和监督作用。

## 第三节　美国高校混合资助模式

### 一、美国高校混合资助模式发展历程

根据美国资助制度中资助主体和资助方式的变化,可将美国高校资助制度分为三个阶段。

(一)探索起步阶段

以1643年莫尔松女士在哈佛学院用100英镑设立美国第一笔奖学金作为开端,直至1862年《莫里尔法案》(Morrill Act)颁布之前,美国高校的资助主要来自宗教团体和零散的社会力量,学生资助理念带有宗教色彩,资助主体单一,资助范围和资助力度也不够,总体来说,这一阶段的资助尚处于摸索之中,还不成体系。直到1862年林肯总统签署《莫里尔法案》之后,联邦政府才开始参与高校学生的资助,自此获得了法律上的依据。总体上,这一阶段的资助不论在资助主体上还是在资助方式上都处于萌芽和探寻阶段,资助理念不清晰,资助管理不健全,资助主体较少,资助制度还不成体系。

(二)初步发展阶段

第二次世界大战结束至20世纪90年代是美国资助制度的初步发展阶段。这一阶段的高校学生教育得到国家的高度重视,政府资助开始超越社会捐赠成为高校学生资助的主要方式。资助管理、资助主体和资助方式均获得了很大的

---

① 章云峰,束燕.日本高校助学贷款模式分析[J].赤峰学院学报(自然科学版),2014(10):89-90.
② 马晶.日本高校学生资助体系研究[J].世界教育信息,2007(9):68-91.

发展。首先，资助管理逐渐制度化。1944年罗斯福总统签署了一项促使民众积极参与高等教育资助特别是研究生资助的法案，该法案规定向有资助行为的人提供升职、减税、免税等方面的优惠。这项法案为二战后美国以制度的形式激励民众参与教育资助创设了便利条件。该法案还设立了专门的资助管理部门，创建资助评估体系并培养相应的资助工作人员。资助管理部门的创建，表明美国高等教育资助体系进入了科学化与规范化的发展阶段。

（三）走向成熟阶段

20世纪90年代以来，在资助渠道方面，美国高校教育汇集了来自联邦政府、州政府、高校和企业、基金会等社会力量方面的捐助。在资助方式上，形成了完善的无偿资助（奖助学金和学费减免）和有偿资助（助教、助研、贷款和工读计划）相结合的资助体系。多种资助理念并存、多种资助方式相结合的资助体系日益丰富和完善。进入21世纪以来，随着高校学生数量的增加，政府资助开销加大，为了缓解财政压力，美国开始逐步提高学生学费，此阶段的高校资助制度开始出现资助市场化的发展特点[①]。现如今，美国政府实施的资助政策采用多种资助理念并存、多种渠道资金并用、多种资助方案同时实施的混合资助模式。

## 二、美国混合资助模式

美国宪法并没有赋予联邦政府在教育上的特定责任，高等教育的发展由各州自行负责。但是联邦政府仍然积极主动地支持高等教育，并且极力通过财政支出手段参与高等教育的管理，在多元理念的引导下，联邦政府学生资助体系呈多样性发展态势。美国联邦学生资助种类丰富，形式多样，共包含了十多个具体的助学项目，主要有以下几种形式：

（一）联邦政府的资助

从形式上看，美国学生得到的联邦政府资助项目主要是各种奖学金、助学金、贷款及工读计划。

奖学金是择优发放的，通常是奖励给在某方面有特殊才能或者学习成绩特别优秀的学生，以鼓励他们充分发挥自身优势并取得成功。因此奖学金的申请因素只在于申请者的学识才能而不考虑学生的经济状况。联邦政府大学生资助

---

① 冯永刚，高斐. 美国研究生资助制度及启示[J]. 学位与研究生教育，2017(3)：65-72.

体系中设立多种奖学金,这其中包括:罗伯特·伯德荣誉奖学金,用于资助有才能的高中生,这些高中生必须保证继续参加高等教育以便有优秀的发展前景;全国科学奖学金,用于发放给那些中学期间在物理学、生命科学、计算科学、数学、工程等领域表现优异的学生,用来鼓励他们在大学继续修读这些专业;保尔·道格拉斯教师奖学金,美国教育部向各州提供该奖学金的目的是为那些对学前、基础或中等教育水平教师职业感兴趣的优秀中学毕业生提供奖励,以鼓励其在高等教育中继续攻读教育类专业,助力教师行业的发展;总统学者计划,该计划始于 1964 年,由美国总统行政任命,以表彰和纪念一些美国最杰出的高中毕业生。

助学金是联邦政府为大学生提供的主要资助方式之一,这种资助根据学生的经济情况按需发放,且不用偿还。助学金旨在为家庭经济困难学生提供经济资助,帮助他们获得用以支付高等教育的部分经费。其目的主要在于保障学生不会因为经济原因失去接受高等教育的机会,促进受教育机会均等,因此在发放过程中优先考虑经济困难的学生。

美国从联邦政府相关政府预算基金内给予经济困难学生助学金,从学生角度看,这有助于解决他们的经济问题和财务困难。

一是佩尔助学金,该助学金面向中等及以下家庭经济状况的大学生。学生获得的佩尔助学金可用于支付学费、食宿费等各种费用。其中较为有名的是学术竞争助学金 ACG(Academic Competitiveness Grant)和国家科学与数学英才助学金 SMART(National Science and Mathematics Access to Retain Talent Grant Programs)项目。

二是补充教育机会助学金,该助学金是面向有特殊财务需求的、正在攻读第一个学士学位或职业证书项目的学生,是一种为特别困难学生提供的额外补助。这种助学金与佩尔助学金不同,资金有限且并非面向每一位学生,只是从联邦教育部获得一定数量的资助金,当年一旦发放完就不会再有。因此该助学金的发放会经过严格的审核,将助学金发放给财务需求最为迫切的学生。

三是大学教师教育援助助学金,主要为那些计划在需求高但收入低的领域从事教学工作的学生支付学费。此项目类似于我国的免费师范生政策,获得者必须于八年内在经济相对落后地区的中小学任教至少四年。

资助贷款是由政府或商业银行向在读大学生提供的、旨在帮助低收入家庭学生以自己将来的收入解决大学期间学费和生活费用问题的资助金,要求受助者按时偿还。从设立之初,资助贷款就是美国联邦政府资助体系的重要组成部分,随着体系的完善和发展,其重要性逐步加强,进而成为联邦资助的最主要形式。联邦政府为学生提供了五大贷款项目:帕金斯贷款、斯坦福贷款、联邦父母贷款、联邦直接贷款和学生补充贷款。

帕金斯贷款是联邦政府为有特殊经济需要的本科生或研究生提供的低利息贷款,贷款的发放和还款均由学校管理,并由学校决定学生是否符合该贷款的获得条件,学校一般将帕金斯贷款提供给最需要财政援助的学生。

斯坦福贷款充分调动了银行和社会资金,是综合运用财政政策和金融政策的成功典范。斯坦福贷款由联邦政府提供担保,由商业银行出资借贷,按照学生年级不同,年贷款额及可获贷款总额有所不同。

联邦父母贷款由政府提供担保,由商业银行出资设立并管理,是一种供大学本科生父母用于支付其子女教育费用的贷款形式。父母必须以自己的名义申请贷款,如果学校是直接借出方,那么贷方就是联邦政府;如果父母通过联邦家庭教育贷款项目申请贷款,则需要选择一个教育机构作为贷方。

联邦直接贷款由联邦教育部于1994年出资设立。联邦直接贷款包括直接贴息贷款、直接不贴息贷款以及联邦家庭教育贷款项目,采取独特的联邦教育部还贷方式。作为借贷人的联邦教育部每年根据条例规定将一定比例的贷款拨至参加直接贷款计划的高校,学校向符合条件的学生发放贷款。学生毕业后按照约定直接向教育部还款,利率浮动。因学生不必像斯坦福贷款的相关项目那样向商业银行贷款,省去了银行、担保机制等中间环节,可大大降低学生贷款的成本。

学生补充贷款主要面向经济独立的学生群体,年最高贷款额度为"教育成本"减去借贷人所获资助额之差额,贷款利率为浮动利率,最高年利率不超过11%[①]。

联邦工读计划由政府作为出资者,学校则提供过程管理。从某种意义来说,政府的资金根据学生的自身财务需求状况为之提供相应的劳动工作机会,通过劳动和自身知识能力的产学研收益分担自身的教育成本。当然,在法律允许的框架内,学生可以选择工读的地点。一般校外的工作地点和雇主通常是私人的非营利机构或公共机构,对其要求一般应与公共事务有直接联系。同时,也允许学生从事符合其职业生涯规划的工作。支付标准则是根据工作岗位所创造的实

---

① 杨国洪.大学生资助体系的国际比较与借鉴[M].广州:中山大学出版社,2013:179-186.

际价值和学生的技能水准,学校和雇主以一定的比例分担支付学生报酬,一般不低于社会最低工资标准,联邦政府所支付的报酬比例一般与岗位的社会性质有着紧密联系①。

教育税收优惠是除了以上直接资助以外,联邦政府所提供的一种间接资助方式,即税收优惠项目。税收优惠可以用来返还学生花在学费上的钱或贷款利息或者用来最大化大学储蓄。作为一种具有预见性的资助方式,教育税收优惠其实是通过税务刺激的方式鼓励家长将子女就读大学的成本提前储蓄起来。联邦政府通过税务优惠或者减免,引导公民为子女提前准备大学成本,不至于在需要的时候遇到经济困难,不仅可为学生储蓄就学资金,也为家庭的理财提供了理性指导。

(二) 州政府的资助

教育管理权属于州而非联邦政府的现实,导致了高等教育管理具有地方性和多样性的特点。各州人文环境、历史文化及经济发展水平差距较大,州内高等教育立足于本州实际情况的经费援助也形成了各具特色的模式,这也决定了美国各州的学生资助无论在数量上还是比例上都没有固定的规律。20 世纪 70 年代,美国联邦政府开始提供州学生激励资助,为州政府助学金项目提供配套资金,促进州内教育发展。州政府的各种奖学金项目在此推动下快速发展起来。1969 年,美国有 19 个州设立了州政府奖学金;1979 年,美国各州至少有一种州政府助学金②。本文选择经济与教育比较发达的纽约州为案例,具体阐述州内具有代表性的学生资助形式,明确州政府在高等教育学生资助方面区别于联邦政府的职能和作用。

除了多元化的助学金,纽约州为该州学生提供了多种多样的无偿资助项目,包括奖学金、奖励及贷款免除。从宏观上看,纽约州资助项目体现了两个特点:一是补偿性资助。通常意义上的奖学金是择优发放,需要申请学生具备一定的学术成绩或运动才能及其他方面的优势才能获得。而纽约州的奖学金中,有一部分项目,如 3407 航班纪念奖学金、世贸中心纪念奖学金、为国家武装服役伤亡成员的子女奖励等,即便被称作奖学金也不是传统意义上的"择优"发放,而是根

---

① 任翔. 基于教育成本分担与补偿理论的中美高校资助体系比较研究[C]//应对全球化和提高质量的挑战国际学术会议. 湖北高校学生工作研究会;中国地质大学,2011.

② Heller, D. E. The policy Shift in State Financial Aid Programs. Higher Education: Hand book of Theory and Research[M]. New York: Agathon Press, 2002.

据社会背景对具备特定条件,当然一般都是劣势条件下的学生的补偿,体现了其教育资助的公平。二是导向性资助。最明显的就是对区域律师、护理专业学生的奖励及贷款免除项目。纽约政府通过这些奖励项目不仅在于资助学生,也对社会人力资源的分配起到了一定的引导作用,从某种程度上发挥了学生资助的延伸作用[1]。

（三）院校的资助

为吸引优秀生源,提高教育竞争力,美国许多院校根据自己的经济实力为学生提供不同特色的资助项目。大多数院校设有专门的财政援助办公室和学生就业办公室,帮助学生解决实际困难。院校层面的资助项目主要根据学生的学术成就、领导能力、艺术成就以及财政需要授予奖金资助。

此外,美国各院校还根据具体情况提供了一些灵活性的资助方式,比如为了降低学生的学习费用,多数大学都采用富有弹性的学制。如果学生能在比常规更短的时间里完成规定的学分,便可以提前获得学位,可节约学生的培养成本和个人开支；在课程的开设上,一些学校采用弹性的收费方式,比如在非高峰时间开设的课程(晚上、双休日或暑假),学费只收半价等。

（四）社会的资助

美国各州对于高等教育的社会捐赠规模越来越大,且具有捐赠方式多样化、组织健全与管理规范、募捐范围广泛、政府政策导向效果良好、募捐与投资有机结合等特点。社会捐赠不仅促进美国高校的发展、提升高校实力、健全筹资管理制度、培养学生对学校的感情,而且有利于建立社会捐赠的长效激励机制。所以在美国,作为一个高校资助申请者,不但可以从州政府和所在大学获得资助,也可以向外部组织如国家组织、地方民间组织和基金会申请奖学金和助学金[2]。

## 三、美国高校助学体系特色——"资助包"管理制度

来自联邦政府、州政府及高等院校内部的多种学生资助模式构成了纷繁复杂的美国高校学生资助体系。然而,这样的资助体系却繁而不乱,能够有条不紊地实现高效资助,这主要归功于其科学规范的管理运行程序。为了保证让最困难的学生获得最多的资助,合理分配助学金、贷学金,美国政府采用了"资助包"

---

[1] 柏小静.美国大学生资助体系的支出责任层级结构研究[D].南京师范大学,2016:33-34.
[2] 杨国洪.大学生资助体系的国际比较与借鉴[M].广州:中山大学出版社,2013:179-186.

管理制度。"资助包"就是:"把提供给学生的全部资助,即所有的联邦政府的、非联邦政府的各种资助,如辅助金、助学金、贷学金、半工半读混合成一个包,以便协同帮助学生解决困难。"[①]"根据可能的资金向每一个学生提供最佳组合的资助包是资助管理者的一项主要职责。"[②]其核心是通过规范合理的配置,让每个学生都能获得与其困难程度相对应的经济资助。"资助包"最初由美国大学入学考试委员会设计开发,之后美国国会在大学委员会的基础上,制定了更具权威的配置"资助包"的计算方法,包括以下五个核心步骤。

(一)计算"上学成本"

学生的"上学成本"包括五项指标,其计算公式是:

$$上学成本=学杂费+书费文具+食宿费+交通费+其他费用$$

大学委员会每年公布全国六大地区和四类院校的平均上学成本。

(二)计算"预期家庭贡献"

"预期家庭贡献"是根据家庭收入、家庭财产积蓄、家庭人口、家庭成员健康状况等因素综合计算的,其计算公式是:

$$预期家庭贡献=(家庭收入+财产+学生个人积蓄)-(平均生活开支×人口)$$

由于计算"预期家庭贡献"比较复杂,大学委员会也会核算出美国各地区的参考标准,高等院校和学生家庭都可以根据这个标准来估算。

(三)计算学生"经济资助需要"

"经济资助需要"即应得资助金额,其计算公式是:

$$经济资助需要=上学成本-预期家庭贡献$$

(四)学校按学生的经济状况向学生提供混合资助

学校根据教育部提供的学生经济需求信息以及国会制定的一揽子资助配比标准,将来自联邦政府和其他渠道(高校、银行、私人捐赠等)的资助资金加以分配,向学生提供混合资助。

(五)报告其他资助,及时做出调整

学生如果获得其他资助,如竞争性奖学金等,必须主动报告。学校根据学生

---

① 张民选. 美国大学生资助政策研究[J]. 高等教育研究,1997(6):91.
② State Council Academic Degree Office. About Educational Settings and Master's Degree Pilot Report[R]. 1996-04-30.

和授予单位的报告及时调整"以经济为基础的资助"金额①。

在各个层级资助体系中,多样化的资助标准体现在成百上千种资助项目中。美国大学生资助体系不仅多样化而且对于学生的经济困难程度进行了精准划分,其运行的科学则最后体现在"资助包"的管理制度上。由于美国家庭收入和财政的透明度比较高,通过上述的需求分析计算出来的结果比较可观、准确,从而使真正需要的学生获得了相应的资助。这种科学核算、灵活组合的资助方式,能够保证资助资源流向困难学生的同时,也省去了不必要的中间程序,使得每个学生都能通过量身定制的"资助包"满足各自的财务需求②。

## 第四节 新加坡高校资助体系

新加坡的高等教育发展历史仅50多年,2000年前还只有两所大学,到今天增加到6所,其中5所为公立大学,1所私立大学:公立大学分别是新加坡国立大学(1905)、南洋理工大学(1991)、新加坡管理大学(2000)、新加坡科技设计大学(2009)、新加坡理工大学(2009);私立大学为新跃大学(2005)。新加坡土地面积非常小,自然资源严重匮乏,这使得新加坡一直以来颇具强烈的忧患意识,尤其重视人力资源的作用,对教育相当重视,对教育投入资金更是毫不吝啬:教育预算占到国内生产总值的3.5%,占国家总预算的20%(即五分之一的预算用于教育),如此大的投资力度为新加坡教育的发展提供了坚实的经济基础。强大的经济支撑以及极具前瞻性的规划和发展,使得新加坡高校实现了跨越式发展,最具标志性的发展成效即是新加坡国立大学及南洋理工大学在三大世界大学排行榜中的名次持续且大幅提升。③ 当然,高校的迅速发展与新加坡强有力且完善的资助政策是分不开的。

### 一、新加坡高校资助模式的发展历程

20世纪80年代后期,新加坡政府扩大高等教育规模,增加高等学校招生数,进入了大众化教育发展时期。20世纪90年代初期,新加坡新建了淡马锡工学院、

---

① 张民选.美国大学生资助政策研究[J].高等教育研究,1997(6):92.
② 柏小静.美国大学生资助体系的支出责任层级结构研究[D].南京师范大学,2016:50.
③ 孙红.新加坡高校办学特色及启示[J].中国成人教育,2017(12):113.

南洋理工学院、开放大学,并把私立新加坡管理学院升格为新加坡管理大学。

20世纪80年代以来,新加坡政府颁布的经济报告一再强调高等教育对于新加坡在全球经济中的竞争力至关重要。在这一发展战略影响下,新加坡政府的高等教育投资不断增加,并大力发展直接影响劳动力素质的高等职业教育和终身教育,形成了与经济发展方向相适应的高等教育投资政策。由于新加坡是一级政府管理,因此高等教育投资政策的整体性、持续性很强。尽管金融危机使新加坡经济出现了1985年以来最严重的衰退,但新加坡政府对教育的投资不仅没有减少,反而大幅度增加。1980年以来,新加坡大学的学生数每年增加,强大的政府投资保证了新加坡平稳进入高等教育大众化的发展时期。新加坡一边规定向所有学生收取学费,一边又在各级学校推行学费资助政策,以保证教育的价值,保证学生不会因为经济困难失学。新加坡的大学生资助政策实施的是贷学金资助模式,其贷学金资助方案被认为符合"大多数效率原则",是世界上成功的范例之一[①]。

## 二、新加坡高校资助体系的构成

新加坡高校资助体系中除却政府资助,各高校也为学生提供了多种多样的财政资助计划,不过资助计划的补助金只能用于支付学费,学生可以申请一项以上的资助计划,累计补助金额不得超过学费。

### (一)学费拨款计划

新加坡政府视教育为吸引人才的途径,为此不惜投入60亿新加坡元资助教育,并推出"学费资助计划",被政府学院录取的学生可以获得新加坡政府多达80%的学费资助。以新加坡理工学院学生为例,每名学生接受理工学院教育所需的费用是1.18万新加坡元;为了帮助学生支付一部分费用,新加坡政府通过教育部对新加坡理工学院所有全日制学历课程班学生提供学费拨款。接受政府此项助学金的非新加坡国籍学生毕业后须留在新加坡工作三年。

没有扣除政府资助之前的学费通常称为培训成本,培训成本与学生实际所交学费之间的差额就是学费拨款数额。新加坡不仅为本国学生提供学费拨款,还为国际留学生提供此项拨款,但是在拨款数额上略有差异(详见表2-1)。除了个别特殊情况外,所有学生都能申请学费拨款。

---

① 满丽斯. 中外高校学生资助体系比较研究[D]. 四川师范大学,2009:34.

表 2-1　新加坡学生学费拨款数额差异　　　　单位：新加坡元

| 项　目 | 新加坡公民/新加坡永久居民 | 国际留学生 |
|---|---|---|
| 教育成本 | 11 800 | 11 800 |
| 学费 | 1 950 | 2 150 |
| 学费拨款* | 9 850 | 9 650 |

注:"*"表示拒绝接受政府拨款的学生必须自己支付学费拨款的数额,并支付占拨款数额4%的政府消费税(GST)。

（二）政府奖学金

为了让本国学生能充分发挥潜能,新加坡政府和法定机构给在国内或海外学府就读的优秀学生颁发奖学金。这些奖学金得主通常在学业或其他方面表现优异,奖学金的数额足以支付学生的学费和生活费。

新加坡的许多私人机构和大专学府也给在本国或国外求学的学生颁发奖学金和助学金。大部分奖学金都可供新加坡永久居民和外籍学生申请,但大部分助学金只针对永久居民。奖学金通常颁发给在学业和课外活动方面均表现杰出的学生,助学金则颁发给在学业和课外活动方面均表现出色但经济困难的学生。通常,领取奖学金和助学金的学生必须在毕业后加入颁发奖学金和助学金的机构,按协定服务数年。

（三）社会奖学金和助学金

社会奖学金或助学金的数额为每学年 1 000—2 500 新加坡元不等。什么样的学生可以获得资助,由基金捐助者决定。奖学金或助学金的设立目的不同,其审核标准也不同,但是大都包括了国籍、学业状况、学习表现、家庭经济状况以及课外活动记录等。所有符合标准的学生名单要在比较之后进行筛选,经过筛选的学生才有可能被纳入授予奖学金或助学金的范围。如果基金设立者要求面试的话,学生还需参加面试。

（四）学习贷款

除了上述财政援助计划外,新加坡各高校还设立了学习贷款,学生可以向学校申请学习贷款。以新加坡理工学院为例,只要是全日制学生,可以在每个学年的任何时间申请新加坡理工学院学习贷款,但是要事先参加星展银行的学费贷款计划。新加坡理工学院的学习贷款是免息的,一旦不再是新加坡理工学院的全日制学生,自次月的第一天起就要开始还款。

在申请学习贷款的时候,本国学生要有一位担保人,留学生则要有两位担保人,担保人必须是新加坡公民或新加坡永久居民。

（五）贫困基金

贫困基金是另一项财政援助计划,主要是帮助那些确有经济困难,又不符合其他援助计划要求的学生。贫困基金由各个院系自行分配,学生可以向本院系办公室的老师索取申请表。

（六）中央公积金批准的教育计划

新加坡的中央公积金是一个全面的社会保障与储蓄计划,可满足新加坡公民和新加坡永久居民会员在退休生活、医疗保健、购置住房、家庭保障和资产增值等方面的需求。当会员退休后,公积金可协助他们保持经济独立。以 6 000 新加坡元/月的普通工资上限来计算,雇主每月为每名雇员缴纳的公积金金额上限为 960 新加坡元,雇员自己缴纳 1 200 新加坡元。普通工资是指雇员每月应得到的工资,雇主必须在当月公积金缴纳期限前发给雇员。

在公积金批准的教育计划下,学生可以根据中央公积金局的规定使用父母的中央公积金,但是该款项只能用于支付学费。

申请参加此项计划的学生必须填写好规定的申请表,并于报名注册当日把表格交给出纳员,同时还要交一份出生证明复印件。学生上交的表格由中央公积金局进行审核,审核一旦通过,中央公积金局会直接把学费拨到学校;如果审核没有通过或者学生父母的公积金不足以支付学费,则由学生自行负担学费。

（七）学费贷款计划

新加坡学费贷款计划的最高数额是当年学费的 75%,学生可以通过参加中央公积金批准的教育计划来支付剩余部分的学费。申请学费贷款必须要有一位担保人,学生需要在担保人的陪同下到星展银行办理申请手续。贷款的申请必须在报名注册日之前提交到星展银行。如果贷款申请通过了,学费将直接由银行拨到学校。新生在申请学费贷款时,还必须在报名注册日之前签订协议,并且在注册之日把贷款协议的复印件交给出纳员。

（八）Mendaki 学费补助金计划

Mendaki 学费补助金仅针对具有新加坡公民身份的马来西亚学生,该补助金只能用于支付学费。要获得此项补助,学生还必须具备两个条件:一是必须已经接受过免费的中等教育和初院教育;二是月收入不超过 3 000 新加坡元。

### （九）教育储蓄基金

如果学生在教育部的教育储蓄账户中还有余额,就可以使用这部分钱来支付学费。申请教育储蓄基金必须填写官方的《教育储蓄计划表》,并于报名注册当日将表格交给出纳员。表格由中央公积金局进行审核,如果审核通过,中央公积金局会直接将相应的教育储蓄基金拨到学校。如果学生的教育储蓄账户余额不足,还可以申请参加中央公积金批准的教育计划。由于此项援助计划利用的是教育储蓄基金,所以只有新加坡公民和新加坡永久居民才有权申请。①

## 三、新加坡高校资助体制特色

由于国小人少,国力有限,对于新加坡政府来说,实现完善的资助体系难度较小。政府对大学的资助因学校不同而有所差异,一般占该校教育总投资70%—80%。新加坡高等教育中企业资助是经费的重要来源之一,大学理事会主要由社会名流和企业家组成,他们不直接参与学校的管理,主要承担为学校筹款的任务。

新加坡政府对于高等教育投资的策略是集中使用资金,避免在基础理论和应用领域分散投资,把高等教育发展初期的重点目标放在实用学科,根据其经济发展战略需要,大力发展本国急需的机械制造、建筑、电子工程、石油化工、国际贸易、旅游服务等专业。此外,新加坡政府还拨出大量额外款项进行专项投资,加强职业教育和终身教育,进行教师培训,推广"信息技术计划",等等。

新加坡的高等教育采用收费制。公办高校的收费标准由政府核准,学生(拥有新加坡国籍)在公办高校就读期间由政府给与适当补贴,并根据不同层次的学校给与不同比例的资助,补贴由政府直接通过财政渠道拨付给各高校,学生只需缴纳一定比例的学费。为了培养人才,新加坡奉行的是大学生"凭学习能力、不看经济实力"的原则,学生入学以后,政府尽量给与他们经济上的援助。为此,新加坡政府推出了一系列低息贷款(贷学金)及其他特别资助计划供低收入家庭学生申请,接受政府资助的学生毕业后必须担任5—6年的公职。② 新加坡高等学校中40%的本科生都能够得到助学贷款,无论本国学生或外国留学生,只要贷款成功,最高能获得相当于学费80%的经济援助或最高额为3 600新加坡元的

---

① 杨国洪.大学生资助体系的国际比较与借鉴[M].广州:中山大学出版社,2013:243-247.
② 程荟.中国与新加坡高等教育大众化进程中教育投资政策比较[J].高教探索,2006(5):44-45.

生活费补助。

综合新加坡的高校资助体系构成,新加坡高校资助体系特色鲜明,新加坡学生资助政策已经形成一个相互配合的体系,设计得比较全面,既有针对学费支付的,又有针对考试费以及课外活动费用等方面的;既有一定的弹性,又体现了以生为本的特点。具体来说:第一,各种资助经费充裕;第二,资助方式多样;第三,资助时限具有长期性;第四,资助措施富有弹性。

# 第三章
# 我国高校资助政策理论逻辑及其特点

高校的立身之本在于立德树人。立德树人是高校的根本任务,是高校肩负的时代责任。高校学生资助工作是高校人才培养的重要环节,肩负着立德树人的使命,应充分发挥高校学生资助工作的育人功能。

在当前推进教育改革的新形势、新任务、新要求下,高校学生资助工作的基本逻辑就是要把精准资助和资助育人紧密结合起来,推动立德树人根本任务的落地和落实。

## 第一节 高校大学生教育理念及其特点

高校担负着大学生教育的重要任务,是思想意识形态工作的前沿阵地。教育理念是教育活动、内容、方法、途径、体制实施的根本指导思想。教育理念本身应具有深厚的文化底蕴和强大的文化辐射力,它是高校校园文化的灵魂和内核,具有鲜明的针对性和指向性,能够有效地内化为大学生的价值标准,并且指导着高校大学生的外在行为。

### 一、立德树人:育人为本,德育为先

"国无德不兴,人无德不立"已成为时代的普遍共识,不仅因为它是一个历史规律,也因为其中的"德"有着特定的指向,是具有民族特征和时代特色的核心价值观和道德规范体系。当代中国,高校不仅要落实立德树人的根本任务,更要"培养德智体美劳全面发展的社会主义建设者和接班人"。

2016年12月7日至8日,全国高校思想政治工作会议在北京召开。中共

中央总书记、国家主席、中央军委主席习近平出席会议并发表重要讲话。习近平总书记强调：要坚持把立德树人作为中心环节，把思想政治工作贯穿教育教学全过程，实现全程育人、全方位育人，努力开创我国高等教育事业发展新局面。

贯彻落实立德树人的原则要求，就是要坚持"育人为本、德育为先"的教育理念，凸显德育在人的成长成才、全面发展中的地位和价值。如果说教育的根本在于育人，那么，育人的根本则在于立德。

人应当自由而全面地实现自身发展，这不仅包括了个人德智体美劳等素质，更包含人的社会关系的全面而充分的展现。大学生是高校的主要教育对象，早在几千年前，孔子便提出了"因材施教"的教育思想，这为高校坚持以人为本的教育理念的发展提供了一定的基础和指导。教书育人是高校的本职工作，教育理念与教学方式直接影响着学生的受教效果。高校应顺应时代变革，树立先进的教育理念，转变管理办法，思想政治工作更要从学生出发，实现与学生的双向沟通，丰富教学内容，同时提高高校教师的参与意识，寓教于乐。让我国大学生在掌握专业技能的同时，感受教师的人格魅力与道德风尚，从而在教育的过程中实现学生与教师的双向成长。

党的二十大指出，要坚持教育优先发展、科技自立自强、人才引领驱动，加快建设教育强国、科技强国、人才强国，坚持为党育人、为国育才，全面提高人才自主培养质量，着力造就拔尖创新人才，聚天下英才而用之。

育人的根本在于立德。要坚持社会主义办学方向，培养德智体美劳全面发展的社会主义建设者和接班人。要突出优势特色，打造高水平师资队伍，提升科研创新能力。

## 二、全面发展：全面推进素质教育

教育是国之大计、党之大计。培养什么人、怎样培养人、为谁培养人是教育的根本问题。根据马克思人学思想观点，应重视实现人的全面自由发展。实现人的全面发展，即关注人的综合素质全面提升，包括人与自然、与社会和谐统一的素质。新的社会发展阶段给高等教育提出新的要求，人的全面发展需要也给教育设定了更高目标。《国家中长期教育改革和发展规划纲要（2010—2020年）》已将"坚持以人为本、全面实施素质教育"上升到国家战略的高度。针对高等教育，更是明确提出了要"着力培养信念执著、品德优良、知识丰富、本领过硬的高素质专门人才和拔尖创新人才"。将大学生培养成为全面发展的高素质人才是高校教育的职责所在,更是当前促进学生全面发展的根本途径。

人的全面发展理论经过了一个漫长演变和发展的过程,主要包括人的社会关系发展、人的能力全面发展、人的个性全面发展。高校是思想传播的重要阵地,基于此,教育不仅要培养学生积极的人生态度,也要进一步落实人的全面发展要求。另外,在高校教育中,也将人的能力发展作为重要的研究对象,既要对大学生身体和心理健康成长给予重视,确保高校教育工作能站在人性的角度顺应教育发展要求,从根本上促进大学生的全面发展和进步;也要着力培养德才兼备的实用型人才,借助有效的思想引导和全面教育方针,引导学生获得良好的成长,掌握基本的社会技能,从而以实现大学生社会关系的全面发展。

总而言之,在人的全面发展理论指导下,高校开展全面发展的素质教育,关注并尊重大学生,旨在为社会培养素质高且能力强的人才,要鼓励我国大学生在实践中发挥自身的价值,为社会主义现代化建设培养合格的接班人;也要引导大学生树立自身学习意识,深度挖掘大学生的潜力和社会关系资源,努力推动大学生的全面发展。

### 三、可持续发展:时代性与发展性相结合

可持续发展理念作为一种全新的发展观,它的出发点和目标是保证人类社会具有长远的持续发展的能力。如今,可持续发展理念已经贯穿大学生的各项教育内容,以培养我国大学生的可持续发展意识以及实施可持续发展战略的本领。这不仅有利于学生自身的时代发展,也有利于整个社会可持续发展战略的实施。

高等教育作为教育中的最高层次,同样必须为我国的可持续发展战略的实施作出贡献。近年来联合国教科文组织及有关组织在一系列文件中强调:高等教育应该培养符合可持续发展理念的世界观、道德观、生态伦理观及其技能和行为,要提高人们解决环境和发展问题的能力。《中国21世纪议程》中也强调了高等教育在可持续发展战略中的重要作用。

可持续发展是以人为本的,人是可持续发展的主要参与者和最终受益者。因此,可持续发展战略不仅要实现社会经济的持续发展,更要实现人自身的可持续发展,这就要求我国大学生在对待问题时,要以时代、未来的可持续发展为出发点和归宿。现代社会科技和生产发展日新月异,各种知识信息极其丰富,新的知识理论极快地更替旧的知识理论,我国大学生必须经常地汲取新的知识养分

才能跟上世界前进的脚步。因此,我国大学生必须树立终身教育的观念,认识到真正发展的意义,具备可持续发展理念。

高等教育在可持续发展战略中的重要地位是由高等教育本身的特殊性决定的。高等教育是培养高层次专门人才的教育,所以其培养的人才在实施社会经济的可持续发展战略方面担负着比一般群众更为重要的责任,我国大学生是否具有可持续发展理念将直接关系到我国可持续发展战略的成功推行。

## 第二节　高校大学生资助工作的理论依据

学生资助工作是高校人才培养工作的重要组成部分,是促进教育公平和高等教育强国建设的重要支撑。新时代赋予了高校学生资助工作新的内涵,提出了新的要求,呈现出经济资助与发展资助相结合、扶贫与扶志相结合、资助育人与精准资助相结合等特征。新时代,高校学生资助工作的实践路径是坚持贯彻落实习近平新时代中国特色社会主义思想,推进无偿化向有偿化、显性化向隐性化、粗放化向精准化转变,健全完善资助政策体系与机制,进而推动高校学生工作的新发展。

### 一、以人为本,资助育人

高校学生资助工作的目的在于实现助困与育人的有机统一,其终极价值诉求则是促进家庭经济困难学生全面发展,改变家庭经济困难学生及其家庭窘困局面,助力实现中华民族伟大复兴的宏伟目标。为此,高校学生资助工作要把育人摆在突出位置,彰显受助学生的主体性,满足受助学生的多元需求,做到"资真助"与"真资助"。学生资助工作是高校思想政治工作的重要组成部分,关系到"培养什么样的人""如何培养人"以及"为谁培养人"这些根本问题。要坚持落实好立德树人根本任务,在资助育人上出实招、见实效,着力培养家庭经济困难学生的实践能力和发展能力,促进学生成长成才。

学生资助的根本目的是育人。高校"育人"的内涵在于促进学生德智体美劳全面发展,这不仅是马克思主义教育思想的重要内容,也是当前我国高校培育人才的目标和导向。在大学时期,学生都会在不同程度上遇到各种困难,诸如成绩不过关、独立生活能力差、自信心弱、交流障碍、就业困惑等。而家庭经济困难的大学生作为其中之一,家庭经济困难引起的一系列连锁反应,往往导致他们面临的困难和压力会更多更大一些。高校资助育人工作就是要通过从国家到学校各个层面的资助和教育,帮助这部分学生克服经济、学习、生活以及心理等方面遇到的困难,从而激励他们奋发图强,形成良好的道德品质和积极向上的精神状态,真正成为一个对社会有用之人。

资助育人工作的开展体现了高校对家庭经济困难学生的关心和重视,是高校众多学生工作中的重要内容。完善此项工作对促进教育公平,建设和谐校园,培养国之栋梁,履行教育、管理、服务等各项职能有着十分重要的意义。实现资助育人是各大高校从事学生资助工作的根本目标,必须将资助和思想政治教育工作有效结合。在工作中坚持"教育与资助并重,管理与育人结合"的工作理念,紧扣"授人以鱼,不如授人以渔"的方针,以学生发展为本,在保障家庭经济困难学生学习生活的同时融入思想政治教育观念,帮助家庭经济困难学生树立正确的世界观、人生观和价值观,提高他们的综合素质,引导学生在"知、情、意、行"各方面全面协调发展。因此,资助育人的成效好坏直接影响到受助学生的成长成才,是一项具有决定性的重要工作。

党的十八大以来,以习近平同志为核心的党中央高度重视大学生思想政治教育工作和家庭经济困难学生的资助工作。高校资助育人工作的本质是通过各种资助手段,在解决家庭经济困难学生经济问题的同时,有效实施和开展思想政治教育工作。伴随着国家经济建设的发展,国家资助政策已从确保学生不辍学逐渐向资助育人转变。

学生资助工作旨在帮助家庭经济困难学生成长成才,使他们共同享有人生出彩的机会,共同享有梦想成真的机会,共同享有同祖国和时代一起成长和进步的机会。学校作为育人的主要阵地,学生资助必须坚持育人导向,将育人作为资助工作的出发点和落脚点。

### 二、保障型与发展型资助

随着我国经济社会发展面临的新矛盾,家庭经济困难的归因也由温饱问题不能解决的绝对困难,发展到权利、机会和发展能力不能满足社会发展需要的相对困难,加之大学生资助制度自身的许多弊病也日益凸显,使得以保障家庭经济困难学生入学为主要目标和以经济资助为单一内容的保障资助疲于应对。因此,我国的大学生资助制度必须倡导互动、双向式的资助理念,从提供经济资助为主的保障型资助转变到帮助家庭经济困难学生提升自我发展能力的发展型资助。

目前我国的大学生资助制度的理念多停留在保障型资助方面，即：资助规模扩大、经费投入加大等方面，目标在于保障家庭经济困难学生最基本的高等教育入学机会与权利。无论是助学贷款，还是奖（助）学金，抑或是减免、补助、"绿色通道"等，都是由家庭经济困难学生自主提出申请，政府对符合条件的申请者予以经济资助，这是一种单向的"给予"和"他助"；在此过程中，资助的申请者处于一种消极、被动的地位，这往往忽略了家庭经济困难学生的主观能动性。这种保障资助虽能缓解家庭经济困难学生入学时的一时之忧，但弊端也非常明显，有可能造成资助资源与家庭困难学生的实际需求无法得以匹配，从而严重地削弱大学生资助的实际效果。

事实上，经济困境往往只是家庭经济困难大学生学业和非学业发展的表面形式，背后很可能隐藏着非常复杂的心理焦虑、权利被剥夺、社会资本匮乏等非经济性因素，从而导致国家、社会、学校的保障型资助难以帮助家庭经济困难学生克服高等教育的经济、社会和文化障碍；难以通过资助而获得平等的发展机会；在未来，高校的家庭经济困难学生也难以充分地参与经济社会生活。对于这些非物质性的因素，保障型资助根本就无能为力。对此，近几年我国逐步开展并实施发展型资助，大力倡导让受助的大学生也成为资助项目积极行动者的资助理念。高校的家庭经济困难学生不能单纯依靠政府的单向式资助，而应是双向、互动的资助。国家、政府、高校要通过引导，使受助的大学生在主观上认同家庭经济困难学生的资助项目是"自己的事"，并在客观上使受助者自愿参与资助项目的设计、决策、实施、监督等全过程，从而有效地实现良性互动。此外，学生在大学期间会面临学习方式自主化、同伴群体多样化、发展目标多元化等诸多方面的挑战，这些都会导致家庭经济困难学生在学习和生活上的适应性较差、自卑心理偏重，即家庭经济困难学生的能力、素质和社会性交往难以适应大学学习和发展的需要，因而需要得到心理、学习上的干预和帮助。所以，我国还需积极完善大学生资助的基本内容，实施内容多元化的资助，重点帮助家庭经济困难学生提升可行能力、获得平等机会并开展必要的心理干预，以期有效地帮助家庭经济困难学生应对各种发展风险。

随着我国家庭经济困难学生资助制度的不断深入，家庭经济困难学生入学的经济需求得以基本保障后，在发展方面的需求会逐渐呈现出来，如学业成功、社团参与和社会关系等方面的需求,他们迫切需要得到心理、情感和学业维度的全方位支持,由此可见高校的发展型资助工作的重要现实意义和紧迫性。

### 三、帮困、扶智、扶志

高校是社会教育的重要组成部分,做好高校家庭经济困难学生资助育人工作,做到帮困同扶志、资助与育人相结合,解决好资助育人工作中存在的问题,完善资助政策体系,可以最大限度地发挥资助工作在人才培养过程中的重要作用。这不仅是高校自身建设发展的内在要求,而且对于落实党的二十大精神,对"办好人民满意的教育"具有重要的意义。

"帮困"主要是指从物质上帮助家庭经济困难学生,这是高校家庭经济困难生资助工作的首要功能。国家资助政策体系范围内的各类奖、贷、助、补、免等措施,以及社会各界对家庭经济困难学生的各种物质和经济资助,都属于"帮困"的范畴。"帮困"可在一定程度上满足人发展的基础需求,是在实现人的高级需求过程中最基础、不可逾越和无法替代的。

"扶智"主要是对家庭经济困难学生能力的帮扶,是发展性资助理念的重要目标。能力是个体实现自身价值的重要依据,也是社会用来衡量人才的重要标准。随着社会的发展、经济结构的调整,个体的综合素质和业务能力越来越被社会看重。家庭经济困难学生要想在社会发展中实现自我价值,就必须要全面提升个人综合能力。

"扶志"是发展性资助政策的创新体现,主要表现为对家庭经济困难学生的精神引导。"扶志"也同样是现有资助模式下容易被忽视的关键性因素,它是发展性资助不可或缺的重要内容。一方面,家庭经济困难学生极易因为大学的学习与生活环境而产生自卑、敏感、抑郁和焦虑等心理障碍,不利其健康成长,这就要求高校在资助工作过程中,要时刻注意关注家庭经济困难学生的内心世界,为其提供必要的、及时的心理援助;另一方面,过量的物质集中帮助,使得部分家庭经济困难学生产生严重的依赖心理和"等、靠、要"思想,不利于高校家庭经济困难学生的发展和资助效能的优化。因此,高校将心理疏导、感恩教育、诚信教育和励志教育等融入家庭经济困难学生的资助工作中,注重激发他们的内生动力,从而阻止家庭经济困难的代际传递。

保障家庭经济困难学生的基本生存并不是高校资助工作的最终目的,这只是高校资助工作的初级目标。高校资助工作的最终目的是提高家庭经济困难学生的综合素质，促进其全面发展，为家庭经济困难学生实现向上社会流动打下坚实的基础。国家从战略层面上对教育资助工作提出了"扶智"与"扶志"的双重目标，并强调"帮困"先"扶志"，"帮困"必"扶智"。高校家庭经济困难学生的资助工作作为教育资助工作的重要内容，同样具有"扶智"与"扶志"的双重目标。"扶智"体现在保证每一位家庭经济困难学生不辍学，使其顺利完成学业，最大范围普及教育，提升知识素质；而"扶志"更强调"助学""筑梦""铸人"的和谐统一。

从"帮困"到"扶智""扶志"的转换，就是要求在为高校家庭经济困难学生提供经济援助的基础上，同时为其提供更多的机会，以培养家庭经济困难学生的专业素质，使其具备更加全面的综合素养。

## 第三节　高校大学生资助工作的管理体系

大学生资助工作是高校学生工作的一个重要组成部分，是维护社会稳定、促进教育公平、帮助学生顺利完成学业的一项民生工程。高校资助工作的领导小组、学生资助管理中心、基层院（系）学生工作办公室等相关部门是高校具体落实资助工作的主体，对于做好学生资助工作责任重大，意义深远。

### 一、高校学生资助工作领导小组

学生资助工作具有政策性强、资助额度大、工作对象特殊、涉及部门多等特点。学校必须高度重视，成立学生资助工作领导小组，充分发挥其上下协调、监督指导等功能，多方联动，形成连贯的工作体制，从而有效、统一地部署全校的学生资助工作。

（一）合理分配帮困助学资源

在高校日常的帮困助学工作中，学生资助工作领导小组应该指导学生资助管理中心、基层院（系）合理地配置现有帮困助学的资源和资金，做到公平、公正、公开，使得各种优质资源能够物尽其用。如：在各类奖助学金发放伊始，应该根据家庭经济困难学生信息库所提供的信息，将家庭经济困难学生按实际家庭条件分类，避免将各种资源集中在某几位学生身上；要把各类校内外奖学金发放给在校期间表现最优秀的家庭经济困难学生；将国家励志奖学金颁发给优秀的家庭经济困难学生；向生活条件最为艰苦的学生发放各类助学金及困难补助；在实际操作过程中不得随意改变分配名额,应把有限的助学金落到实处,发到真正最需要的学生的手中,使得每一位家庭经济困难学生都有机会享受到国家的助学政策,都能切身体会到国家和学校的温暖。

(二)构建科学的帮困助学体系结构

高校在帮困助学工作中,学生资助工作领导小组应提供资助工作导向性指导意见与实施原则,使资助工作符合校情校规和学校发展战略,部署和安排学校的各项资助措施,并将"物质资助"和"精神帮困"有机结合,构建科学的帮困助学体系,激发家庭经济困难学生群体内在的动力和潜能。同时,要对家庭经济困难学生进行心理健康教育和诚信、感恩、自立自强教育,帮助他们摆脱各种心理障碍,引导他们明白"只有通过自己的努力奋斗,才能实现自己的人生价值"。对于高校特困生,应适当多发放一些助学金,鼓励他们能自信、自强地面对学习和生活所遇到的困难,并提供勤工助学岗位,适当提高报酬,以此作为对其工作的肯定和对其家庭的资助。通过勤工助学这种有偿资助的形式,在锻炼家庭经济困难学生的工作能力和人际交往能力的同时,不仅提高了勤工助学在帮困资助工作中的地位,也实现了全方位育人的要求,使得高校助学体系结构得到完善。

## 二、高校学生资助管理中心

健全的组织管理机构是确保高校学生资助工作正常运行,实现家庭经济困难学生顺利入学和完成学业的有力保障。高校学生资助管理中心是学校从事资助工作的具体负责单位,承担着贯彻落实国家资助政策,指导、督促学校各类奖学金、助学金发放,协调、配合金融机构办理助学贷款,指导和管理学生参加勤工助学活动等工作职能。因此,高校学生资助管理中心必须具备专门的管理人员、办公场所及明确的岗位职责;对上接受上级主管部门的指导,对下指导院(系)学生工作办公室,并努力面向学生直接提供服务;对外加强与贷款银行、资助单位的沟通与合作,对内横向联系相关部门,扎扎实实开展学生资助工作。设立学生资助管理中心,目的在于更好地开展高校的各项帮困助学工作,充分发挥高校资助工作"管理育人、服务育人"的功能。

(一)强调"资助育人",实现对学生的个体关怀和个性发展

高校学生资助管理中心应围绕"学生"开展各项工作。在高校学生资助工作管理中的实际体现就是贯穿"以生为本"的育人理念。通过组织丰富多彩的校园资助活动、资助慈善实践等活动凸显学生的主体地位。使学生参与其中,充分发

挥其主动性，在活动中赢得尊重，获取成就感。在实际的资助工作中，应该从家庭经济困难学生的切身利益出发，侧重能力提升、心理辅导和精神健康服务，从"资助育人"出发，为学生着想。从家庭经济困难学生的角度看待所遇问题，强调对学生的个体关怀和学生的个性发展，为他们的生活学习和个性发展提供保障，增强资助育人意识，提升服务质量，实现学生资助事务管理的专业化。

（二）推动高校学生资助管理人员的专业化发展

高校学生资助管理人员的专业化是高校资助工作自身发展的内在要求和必然趋势，是确保资助公平、正义，提高资助水平，深化育人效果的有效途径和必由之路。相关组织机构成立后，工作人员要做到悉心熟知国家政策，诚心解决学生问题，可通过定期开展培训班、经验交流会等形式加大对资助管理工作人员培训，加强业务素质、增强责任心和工作主动性，不断提高学校资助工作队伍的业务工作能力和专业化水平。

### 三、高校基层院系学生工作办公室

为确保学生资助工作有效开展，院系等基层单位要成立以分管学生资助工作的领导为组长，团委书记、学生辅导员、学生代表等为成员的学院（系）学生资助工作领导小组，主要根据学校总体资助政策和管理办法，做好本院（系）学生资助工作的组织领导和实施，对家庭经济困难学生确认、资助名额的分配和评定等事项做出明确规定，指导班级开展各类资助评选工作，处理学院各类资助执行环节产生的相关问题。

基层院系学生工作办公室作为基层学生工作单位应直接联系学生，了解学生各方面情况和需求，具体落实本学院（系）的学生资助工作。院系基层单位要在上级和校级文件精神的基础上，结合本院（系）学生实际，制定相关资助工作管理细则，以加强家庭经济困难学生认定的准确性和各项奖助学金评审的规范化。对此，学院（系）应投入更多的时间与精力来监测受助学生的行为动态，若发现受助学生存在与资助工作目标相悖的行为，应及时进行干预，确保有限的资助资源得到合理、高效的利用，帮助家庭经济困难学生顺利完成学业。院系基层单位在做好直接经济扶助的同时，还应当紧密结合专业特点，以课外实践活动为载体，精心打造课外实践活动专业品牌，通过为家庭经济困难学生搭建多样化的、提升素质、增长才智的活动平台，激发学生学习兴趣，为家庭经济困难学生提供更多的学习、锻炼和实践的机会，促进家庭经济困难学生全面发展。而辅导员作为高校大学生最亲密的良师益友,也是学校与家庭经济困难学生之间信息交流的桥梁和纽带,要帮助他们更好地完成大学学业。家庭经济困难学生是高校学生中的一个特殊群体,辅导员要从思想上、学习上、生活上全方位地关心他们,帮助他们健康成长。

高校应当重视构建学生资助工作三级管理体系,把资助工作当作一项重要的长期工作来抓,促使院系基层单位在严格贯彻执行上级资助管理政策的基础上,紧密结合院系实际制定学生资助管理细则,为进一步客观、公正、科学做好学生资助工作打下坚实基础。加强院系基层单位对受助学生的教育培养,建立起经济资助、思想引领、能力培训的资助工作模式。将学生资助工作与学生日常管理、思想教育和就业指导有机结合,为家庭经济困难学生搭建更多志愿服务和能力锻炼平台,全面提升受助学生的综合能力,更好发挥资助工作的综合育人效果。

随着国家对家庭经济困难学生资助力度的加大,高校大多已建立学生资助工作领导小组、学生资助管理中心、学院(系)三级学生资助工作机构,其中学生资助工作领导小组负责领导、指导、监督学校资助工作的开展与实施;学生资助管理中心主要负责制定资助工作相关政策和实施办法,负责年度资助计划的制订、各类资助指标名额的分配及受助学生的审核与推荐;学院(系)负责根据学校各类资助工作安排做好具体实施和监督工作。高校资助工作强调在资助过程中,每项阶段性的资助工作都应得到及时的开展、反馈、评估与调整。在资助工作实施过程中,学校资助工作领导小组、学生资助管理中心与基层院系之间要相互沟通,在此基础上建立一套规范化的资助工作实施标准或制度,比如资助资金筹集制度、家庭经济困难学生认定制度、资助资金管理使用制度等,并通过规范化的措施来指导高校资助工作的实施,提高高校资助工作的效率和质量。

## 第四节　高校学生资助工作遵循的原则

高校学生资助工作是保障家庭经济困难学生完成学业、促进教育公平的重要举措。多年来,不论是在国家层面,还是地方、高校层面,都在不断完善资助制度与政策,丰富资助形式与方法,提高对高校家庭经济困难学生的资助额度并增加相应资助项目。在资助政策不断健全、力度不断加强的背景下,针对家庭经济困难学生的资助工作要突出经济上的基本资助以及针对性的精准资助。

## 一、保障性原则：保障经济需求

1999年我国高等教育进入大众化发展阶段，招生规模不断扩大，学生个人承担的学费也大幅度提升。学费的增加，使部分学生付不起学费或者付学费困难。2007年5月出台的《国务院关于建立健全普通本科高校高等职业学校和中等职业学校家庭经济困难学生资助政策体系的意见》（国发〔2007〕13号）中指出："为贯彻党的十六大和十六届三中、六中全会精神，切实解决家庭经济困难学生的就学问题，国务院决定，建立健全普通本科高校、高等职业学校和中等职业学校家庭经济困难学生资助政策体系。"随后又颁布了一系列有关高校资助的政策。由于我国还处于社会主义初级阶段，存在着一定的城乡差别、区域差别、不同群体之间的差别，在农村地区、中西部地区、弱势群体中大量存在着无力支付学费和生活费或者支付学费和生活费存在困难的学生。这些政策的出台，标志着新资助体系（奖、贷、助、勤、补、减、免）的基本建立，国家履行了"不让一个学生因家庭经济困难而失学"的承诺。这是教育工作者的责任，同时也是社会应尽的义务。高校学生资助工作是帮助家庭经济困难学生改进学习和生活境况的重要举措。随着高等教育事业的快速发展，高校的学生资助工作也取得了飞跃式的进步。

高校学生资助政策强调：首先要帮助家庭经济困难学生解决温饱问题，保障他们生存、发展的基本条件。高校家庭经济困难学生资助标准的设定一般以维持最基本的物质生活为原则，帮助这些学生缩小家庭所在地与求学所在地最低生活保障标准之间的差距。保障性资助是各类高校学生资助制度的基本要素：第一，长期稳定的高校学生资助制度是对年轻一代的人力资本投资，能够为技术进步和产业转型升级提供创新人才，促进经济的长远发展。第二，对于经济困难的家庭来说，子女的高等教育支出是一种沉重的经济负担，高校学生资助从多种渠道为这些困难家庭提供了转移支付，成为一道精准帮扶的"社会保障网"。第三，保障性资助是通过政府的财政支出将纳税人的钱部分用于高等教育建设，是高等教育成本的一次再分配，从而让家庭经济困难学生拥有较原来更多的就业、发展机会、更高的经济收入水平和社会地位。

资助公平与资助效率是高校学生资助理念发展的两大基本"主轴"。一般而言，当资助资金紧缺时，资助公平要求强于资助效率要求，而当资助资金充足时，资助效率要求则强于资助公平要求。我国高校实施的"保障性资助"正是在国家教育资金紧缺时孕育而生的。但是在任何时候，对于高校资助理念而言，公平永远是第一位的，而效率永远是第二位的，强调效率绝不能以损害公平为代价。在高校学生资助体系中，保障性资助的物质解困是基础，能力发展是终极目标，两者相辅相成，但是如果基本的生存问题得不到解决，能力提升则是空谈，这就是保障性资助存在的价值和意义。

高校的经济保障性资助对家庭经济困难学生提供物质上的帮助，解决其经济上的困难，是一种最直接、最有效的激励方式。因此，经济上的保障性资助功能是高校资助体系的基础功能，也是高校资助体系其他功能的前提。家庭经济困难的学生获得经济上的保障性资助，首先使他们的学费和生活费得到了解决，解除了他们学习的后顾之忧，让他们能够安心学习并顺利完成学业；其次，能够帮助其购买必要的学习用品及专业学习工具以加强学习；第三，可以推荐其参加培训，使他们深入学习和研究自己感兴趣的知识和技能，发展自己的能力和素质。所以，保障性资助作为家庭经济困难学生接受高等教育的"兜底网"，体现了党和政府对高校家庭经济困难学生的关怀，对帮助他们顺利完成学业，促进教育公平和社会公正无疑具有重大意义。保障性资助不仅在推进成本分担政策、保障弱势群体以及维护高等教育权益方面作出了卓越贡献，而且在促进社会和谐的稳定方面也发挥了重要作用。

## 二、公平性原则：提高资助效率

近年来，党和政府越来越重视高校家庭经济困难学生的资助工作，我国投入高校家庭经济困难学生资助的经费日渐充裕，逐步构建起了国家助学贷款、国家层面的奖助学金、校奖学金、勤工助学、学费减免等多种形式并存的高校学生资助体系，受资助的学生规模大幅扩大。随着高校学生资助政策体系的日渐完善，物质资助功能得到了充分保障。数千万家庭经济困难学生顺利进入高校并完成学业，资助政策的效果显著。高校学生资助政策有力地支持了教育事业的发展，不仅保障了家庭经济困难学生接受高等教育的权利；也在资金、资源有限的情况下，落实了国家和学校的相关政策，提高了资助工作的公平和效率，维护了教育公平。

随着国家高校学生资助体系的建立与完善，使众多家庭经济困难学生圆了大学梦，体现了社会主义制度的优越性和教育的公平公正。但是随着社会经济的发展,当前高校学生的独立意识及自我为中心的思想较为强烈,而对于团队意识及大局观念比较欠缺。而网络技术的进步为学生提供了便捷、丰富的信息来源和渠道,由此而带来的多元文化和价值观不可避免地冲击着学生的思想,表现为学生个性化需求异常丰富、思维活跃、个体社会化成熟程度不足等特点。在国家提供助学金的诱惑下,少数学生为了得到助学金而未如实填写家庭情况调查表、编造家庭经济困难情况,有的同学甚至不惜谎称父母残疾、发生车祸等来骗取国家助学金,造成极其恶劣的影响。再加之,家庭经济困难学生是一个动态的概念,会随着学生家庭经济情况的变化而发生变化。由于受学校经费、人员和时间等因素限制,不可能到每一位待认定的学生家中进行实地调查,而且学生家庭经济收入水平也难以确定,致使对家庭经济困难学生的信息掌握缺乏准确性。所以,高校学生资助工作应确保家庭经济困难学生认定的公平、公正,使国家和学校的资助资金发放到真正需要帮扶的学生手中。在家庭经济困难学生的困难认定过程中,坚持班级民主评议认定与学院评议认定相结合的原则。积极发挥辅导员与认定小组成员的作用,重点审查家庭经济困难学生的申请材料、日常生活消费情况、家庭情况、在校表现情况等,使困难认定过程规范,有标准可依。此外,对于认定小组成员,要制定相关考评奖励机制,充分发挥同班和同级学生的民主监督作用,对认定小组成员进行量化考核。考核合格的要进行相关奖励,从而确保认定工作公平、公正、有序开展。在认定后,对于就近的家庭经济困难学生,可以采取家庭走访的方式了解情况;对于一些外省等较远的地区,可以通过电话沟通、视频访谈等方式与学生家长或当地居委会了解情况,争取做到对学生基本情况全覆盖,不留死角。除经济资助外,资助工作还要充分考虑资助的个体需求,给予"资金+社会锻炼""资金+心理辅导""勤工助学+学业帮扶"等不同资源的合理分配。资助工作除了要重点关注被认定的家庭经济困难学生外,那些家庭确有困难但未被认定的学生也可以通过校外奖学金、助学金、慈善资助、勤工助学等获得帮助。

  资助公平与资助效率是高校学生资助理念中的一对内在矛盾,高校经济困难学生资助的理念发展是以资助公平与资助效率为基本主轴的。随着社会经济的发展,世界各国对高等教育的资金投入总量的不断增大,高校的学生资助普遍能够获得充足的资金和稳定的经济来源,在这一时代情境下,资助公平要求获得了可靠保障,而基于资助公平要求的资助效率问题开始显现。资助公平与资助效率成为现时代高校学生资助理念发展的两大并行主轴,缺一不可,不能偏废。

高校资助理念唯一可能的发展路径在于：既更好地保障资助公平实现，又更好地表达资助效率要求，达到资助公平与资助效率的均衡。任何单方面强调资助公平或单方面强调资助效率的资助理念都必然是行不通的。

### 三、高效性原则：增强资助的科学性

在国家的高度重视和地方政府、高校的积极配合下，现阶段高校学生资助工作已取得了阶段性成果。但是，在网络信息时代的探索与实践中，现行的高校家庭经济困难学生的认定、国家助学贷款、各类奖学金和助学金的合理分配等工作中存在的问题日益突出。因此，如何灵活地运用网络信息工具，主动获取家庭经济困难学生的个人信息及其资助信息，并对丰富的信息资源进行检索、筛选和转换等工作成为新时期的重要任务。由此可见，完善高校家庭经济困难学生资助体系刻不容缓，必须全力以赴做好高校学生资助体系工作，提升资助数据的信息化水平，增强高校资助工作的科学性，从而高效完成资助各项工作，在经济上和精神上及时帮助家庭经济困难学生。

（一）统筹各类资助资源

高校在开展资助工作时，首先应根据学校有关通知精神和要求以及领导的指示，结合学校实际情况与学生的特点，拟定本校的资助方案。在高校学生资助工作中，如果没有统筹协调各类资助资源，就容易造成资助重复、资助不足和资助"贫富分化"的现象。高校资助项目多，需要相互协调，所以作为学生资助体系的管理者与执行者，需要统筹协调助学贷款、奖学金、助学金、勤工助学等政策，充分考虑资助整合方案，提高资金的使用效率。在信息网络日益发达的情况下，高校家庭经济困难学生的认定工作要求高校广泛使用网络及计算机软件技术对申请学生的信息资料进行分析对比，对在校家庭经济困难学生的动态和信息进行实时更新，力求准确判断学生的困难程度，为真正需要资助的学生提供及时的帮扶，使资助资源得以有效利用。

（二）开展诚信感恩教育工作

充分利用学生资助工作，促进学院（系）诚信感恩教育工作的开展，培养学生的诚信感恩的意识。学生资助工作不是一项简单的资助活动，可以借此进一步提升教育职能。加强诚信教育，建立网络预警机制，学校应通过学院（系）监督、学校教育及考核机制加强家庭经济困难学生的诚信教育。各学院（系）应组织学生开展以相互关怀和鼓励为出发点的班会或其他形式的活动，把诚信教育、感恩

教育融入日常的资助,引导学生以组织讨论并邀请获得资助的学生恳谈交流等方式,自觉增强诚信意识和感恩意识。学院(系)及辅导员要充分了解学生资助工作中存在的问题,及时向有关领导和学生资助管理中心等部门反映存在的问题。学院(系)对于学生之间的诚信活动要进行监督和正面引导,防止学生之间因为不良竞争而互相诋毁。此外,学院(系)对学生反映的问题要及时、准确地进行调查,对学生之间产生的误会要及时排解,遇到不能解决的问题要及时、准确地上报学校,以便学校能够实时掌握学生动态。通过各种诚信感恩活动,激励广大学子自强不息,艰苦拼搏,诚实守信,以一颗诚信感恩的心去面对每一天的学习与生活,力争取得更好的成绩回报学校,回馈社会。

(三)科学管理资助项目

高校需合理分配奖学金、助学金及其他资助项目,各项资助措施的评定也不应该割裂开来。对此,高校需运用一个动态的家庭经济困难学生数据库及助学贷款数据库,对学生在各个阶段所取得的奖学金、助学金进行统一的科学管理,对于每位家庭经济困难学生所获取的奖学金、助学金进行一定的平衡,如利用数据掌握和关注学校的"双困"(经济困难+学业困难)学生情况,对于资助特别少的"双困"学生要进行定期回访,帮助其解决生活、学习及心理问题,避免其出现重大心理问题。对于国家助学贷款发放的繁杂性以及贷款的延时性等缺点,在信息网络时代下,家庭经济困难学生贷款体系的建设应具有高效、精准、信息化的特点,应利用网络信息传播速度快、覆盖面广等优势对家庭经济困难学生的贷款申请信息进行批量处理、实时更新,贷后信息要同时落实到学校、银行、学生三方,确保银行贷款能够及时发放、毕业学生贷款能够及时返还。

信息网络具有内容量大、覆盖面广、传播速度快等特点,而且信息传递与共享具有跨地域、跨时空的优势。随着信息网络时代的到来,尤其是互联网的快速发展,最大限度地满足了人们随时获取信息的需求。因此,如何利用网络技术提高高校学生资助工作效率、降低资助工作的繁杂度、强化资助基础性工作、完善与创新资助体系、增强学生资助工作的科学性等问题已成为高校学生资助工作的重要任务。

### 四、精准性原则:确保资助成效精准

所谓精准资助,就是在整体、全面了解学生家庭经济困难实际情况的基础上,按照学生成长成才的实际需要,从而对其有区别地、有针对性地实施资助项

目和开展资助工作,做到精准识别、精准帮扶、精准管理、精准审核,进一步实现资助工作的精细化、准确化与科学化开展。"精准资助"是在"精准扶贫"这一理念指导下产生的。2013年11月,习近平总书记到湖南湘西考察,深入贫困山区共商脱贫攻坚大计,"精准扶贫"也是在这里正式提出。2014年上半年,国务院扶贫开发领导小组办公室、中央农办、民政部、人力资源和社会保障部、国家统计局、共青团中央、中国残联等部委联合研究制定了《建立精准扶贫工作机制实施方案》,为落实国家帮扶政策指明了方向、划定了时间进度表。2015年中共中央、国务院印发了《关于打赢脱贫攻坚战的决定》,对"精准扶贫"思想进行了进一步的阐释和部署,强调要"坚持精准扶贫、提高扶贫成效""做到扶真贫、真扶贫、真脱贫"。如今,在精准扶贫、精准资助理念的指导下,我国的脱贫攻坚战已取得全面胜利。

高校学生资助工作要把握自身在教育发展战略中的价值与功能,实现对高校家庭经济困难学生的精准资助,确保资助对象家庭经济困难认定的准确性,提升高校资助项目的合理性、资源配置的效益性以及资助育人的实效性,从而建立高校学生资助工作的长效机制。教育部早在2017年就将精准资助纳入工作要点,提出"提高学生精准资助水平",进一步部署精准资助工作,要做到"资助标准精准、资助对象精准、资金分配精准、发放时间精准"。①

精准识别是实现资助育人目标的精准,强化育人对象的精准性,从而保证高校资助育人工作有的放矢。强化育人对象的精准性有赖于建构一套定性与定量结合的认定指标。对于家庭经济困难学生要区别对待:第一类为建档立卡学生;第二类为低保户学生;第三类为家庭经济突发事件困难学生;第四类为家庭经济一般困难学生。要将建构此资助指标与学生思想教育相结合,重点考察高校资助对象的思想、态度、品质。在信息化时代,需要充分依靠大数据信息化技术,构建信息汇集大平台,收集现实信息数据,增强高校对家庭经济困难学生认定的准确性。在大数据背景下,高校以数据和信息的角度为切入点,把握好认定条件的基础,进一步了解学生家庭情况,通过科学的、民主的评议手段和引导教育的核心思想,制定细致的家庭经济困难学生认定指标。例如,可以从学生家庭、出具困难证明的地方民政部门、辅导员及周围学生等多个角度识别资助对象的真实性以及困难程度。根据国家倡导的"建档立库",强化资助育人对象的精

---

① 沈晓明.加强学生资助 助力脱贫攻坚[N].人民日报,2017-02-24(13).

准性,高校需要建构较为全面的家庭经济困难学生认定指标,充分了解和掌握学生的家庭经济状况、成长环境、个性特点,从多个角度真实验证学生填写的相关困难认定材料和证明,从而形成有力的约束机制,在最大限度内杜绝虚假困难信息,实现对资助对象的精准识别。

精准供给是实现资助育人内容的精准,是要根据资助对象的不同提供不同的资助项目:一方面要精准提供经济资助,"各高校要根据各地指导标准,结合学校所在城市的物价水平、高校收费水平、学生家庭经济能力等因素,确定家庭经济困难学生的认定标准和资助档次,实行差异化资助"。[1] 另一方面要精准提供精神资助,即要实现高校资助育人内容的精准,也就是说,不同的资助对象要培养起相应的精神品质。资助育人包含的思想政治教育过程就是一个使学生不断满足精神需要的过程。高校可以结合困难学生的特点和不同情况,实施相应的资助和人性化关怀。例如,借助校园消费大数据,主动发现经济困难学生的资助需求并实施基础的物质与经济帮扶;开展辅导类、实践类、参与类等活动,让学生由被动受助转变为主动参与,实现育人效果;针对家庭经济困难学生的不同需求或者压力开展不同形式的团体心理辅导,既能保护学生隐私,又能解决受助学生的困惑,提高资助实效性。高校应建立一套健全资助育人评价考核指标体系,通过对学生受助比例、资助金额、受助学生的成长情况、资助满意度等调查来对资助育人工作进行考核,并广泛征求师生建议以改进工作方式,丰富资助项目与内容,夯实精准资助的成效。

精准保障是指实现资助育人成果的精准,即通过一系列配套管理制度与措施,建立高校资助育人工作的协作,确保资助育人目标的达成,提高精准资助和资助育人的实效性。资助育人的成果不仅体现为学生摆脱经济困难,更重要的是体现在受资助学生在思想道德行为、心理健康认知方面的转变。要建立高校资助育人工作的协作机制,形成精准资助与资助育人合力。横向上,学校的资助部门要与教务、宣传、学生管理、心理健康教育、就业创业指导等部门形成合作机制与信息共享机制。纵向上,建立"校—院(系)"上下联动机制,共同为受资助学生的全面发展创造良好环境,如在校园中广泛宣传、解读资助政策,开展校园文化建设,定期开展受资助学生的思想动态调研,充分了解学生的学习、生活、思想状态等信息;了解学生的就业创业取向与需求,开展就业创业引导教育和培训;

---

[1] 沈晓明.加强学生资助 助力脱贫攻坚[N].人民日报,2017-02-24(13).

完善勤工助学岗位制度……等等。根据不同学生的实际情况,提供精准资助与帮扶,以恰当方式帮助学生走出困境,获得更好发展的机会,使资助育人的成效得到最大的展现。

### 五、发展性原则:促进人的全面发展

发展性资助是一种新兴资助理念,意指高校学生资助工作的重点从以物质保障为主的"救济性资助"转向以实现物质保障为基础、满足学生多元需求、推动学生全面发展为主的新型资助。高校家庭经济困难学生发展性资助理念以公平与效率为价值追求,以资助对象的发展与资助体系的发展为目标导向。发展性资助工作的重点更加强调"资助"和"育人"的全面结合,更加关注学生的全面和可持续性发展。

我国现行的大学生资助制度目标仍然停留在"输血式"的保障资助,淡化了能力提升和机会提供的发展资助,难以适应当前经济社会发展形势的急剧变化和教育发展战略的严峻挑战,也无法顺应家庭经济困难学生真正摆脱发展困境的变化。为此,政府和社会力量应当推动我国大学生资助制度从保障资助走向发展资助,在有效保障困难家庭子女高等教育入学权益的同时,提高他们的自我发展能力,以实现制度的优化与可持续发展。早在2017年,教育部党组就在印发的《高校思想政治工作质量提升工程实施纲要》中提出"把'扶困'与'扶智','扶困'与'扶志'结合起来,建立国家资助、学校奖助、社会捐助、学生自助'四位一体'的发展型资助体系,构建物质帮助、道德浸润、能力拓展、精神激励有效融合的资助育人长效机制,实现无偿资助与有偿资助、显性资助与隐性资助的有机融合,形成'解困—育人—成才—回馈'的良性循环,着力培养受助学生自立自强、诚实守信、知恩感恩、勇于担当的良好品质"。[①] 从政策方面明确要求高校家庭经济困难学生资助工作要在保证其经济物质需求的基础上,侧重于受助对象的全面发展,强调家庭经济困难学生的资助要和学生的实际需求相结合,要以物质资助为基础,要把满足学生当前需要和支持学生长远发展结合起来。

第一,发展性资助工作的目标是促进受助学生知识、能力、素质的全面发展。因此,发展性资助应强调学生的主体地位,要充分尊重学生受助意愿和实际需

---

① 教育部:《高校思想政治工作质量提升工程实施纲要》[EB/OL]. http://www.moe.gov.cn/srcsite/A12/s7060/201712/t20171206_320698.html.

求,通过对家庭经济困难学生实际需求的满足和引导,培养其自主学习和自我发展的积极性和主动性。高校学生资助项目的设置和申报、实施以及资助效果的评估都应以学生健康成长需要为出发点,以实现学生自身发展为资助目标。

第二,发展性资助强调要关注家庭经济困难学生的情感和心理需求。主要是根据家庭经济困难学生成长成才过程中的不同阶段的不同需求,发展锻炼家庭经济困难学生实践能力、人际交往能力等综合素养,引导学生养成优秀品质,同时通过开展技能培训,培养家庭经济困难学生的就业能力;此外,发展性资助以家庭经济困难学生本人的发展为目标,必然需要资助体系不断调整以适应家庭经济困难学生的发展需求。家庭经济困难学生需求的不断发展变化,必然推动高校学生资助体系自身的不断发展和完善。

第三,发展性资助更加重视困难生的多样化需求。随着社会发展,受经济全球化和多元文化等因素的影响,高校家庭经济困难学生也表现出不同的发展需求,单一的经济需求已不能满足其发展需要,精神和能力需求的重要地位更加凸显,受助学生的实际需求呈现出多样化;高校学生发展性资助更加注重无偿资助、有偿资助、显性资助、隐性资助、项目化资助和承诺式资助等多种形式的结合。这就要求高校学生资助要从受助学生成长成才的实际需要出发,为高校家庭经济困难学生的发展提供动力支持,通过实施有针对性的资助方式,促进家庭经济困难学生的全面发展;倡导构建由国家资助、学校奖助、社会捐助和学生自助相互融合的发展型资助体系。

高校学生资助的最终目的,是帮助家庭经济困难学生成长成才,使他们拥有追求幸福生活的机会、信心和能力,和其他知识青年一起成为我国社会主义事业的建设者和接班人。促进高校家庭经济困难学生的健康成长与全面发展,是高校学生资助"帮困扶志""资助育人"的价值旨归。高校要积极推进发展性资助,营造发展性育人文化,实现学生资助由"无偿资助"向"无偿资助与有偿资助有机融合"、由"解决基本生活保障"向"促进学生全面发展"的范式转换,最终达到资助工作的育人目标,实现资助效能最大化。

# 第四章
# 家庭经济困难大学生精准认定及其实践

根据《教育部等六部门关于做好家庭经济困难学生认定工作的指导意见》(教财〔2018〕16号)和《财政部 教育部 中国人民银行 银监会关于进一步落实高等教育学生资助政策的通知》(财科教〔2017〕21号)精神,高校必须切实落实家庭经济困难学生认定工作(以下简称认定工作),严格工作制度,规范工作程序,公平、公正、合理地分配资助资源,保证各项资助政策和措施真正落实到家庭经济困难学生身上,精准认定并为家庭经济困难学生解决求学和生活问题。党和国家一直高度重视高校家庭经济困难学生的认定工作,为落实教育公平这一基本教育政策,党中央、国务院于2010年颁布的《国家中长期教育改革和发展规划纲要(2010—2020年)》明确把"不让一个学生因家庭经济困难而失学"作为"家庭经济困难学生资助"这一重大教育改革发展项目的工作目标。在这样的背景下,结合目前家庭经济困难学生认定工作中存在的困难和问题,提升学生资助工作的精准度势在必行。

## 第一节 家庭经济困难学生认定范围与标准

### 一、家庭经济困难学生的定义

《教育部等六部门关于做好家庭经济困难学生认定工作的指导意见》(教财〔2018〕16号)中对家庭经济困难学生的概念和标准有明确的界定,但是这一界定是定性的,没有明确的定量说明,其中给出的家庭经济困难学生的定义,是指本人及其家庭的经济能力难以满足在校期间的学习、生活基本支出的学生。

## 二、家庭经济困难学生的认定范围

根据教育部和财政部的指导意见,高校落实国家资助政策时对于家庭经济困难学生的认定范围是根据国家有关规定批准设立、实施学历教育的全日制普通本科高等学校、高等职业学校和高等专科学校招收的本专科学生(含第二学士学位和预科生),纳入全国研究生招生计划的全日制研究生。以上海地区为例,上海高等学校家庭经济困难学生认定范围限于上海市高等学校全日制本专科学生、全日制研究生。

## 三、家庭经济困难学生的认定标准

由于对困难生的认定只能定性,无法量化比较,因而在实际操作中就需要制定对应的困难生认定量化标准。参考《教育部 财政部关于认真做好高等学校家庭经济困难学生认定工作的指导意见》(教财〔2007〕8号),根据《教育部等六部门关于做好家庭经济困难学生认定工作的指导意见》(教财〔2018〕16号)等文件精神,各省、自治区、直辖市教育、财政部门参照本行政区域内各地(市、州)的城市居民最低生活保障标准,确定各地(市、州)的家庭经济困难学生认定标准。认定标准可设置一般困难、困难和特殊困难等2—3档。以上海地区为例,根据《上海市教育委员会 上海市财政局关于印发〈上海市高等学校家庭经济困难学生认定工作指导意见〉的通知》(沪教委学〔2015〕41号)、《上海市教育委员会等四部门关于印发〈上海市家庭经济困难学生认定工作实施意见〉的通知》(沪教委规〔2019〕7号),上海各高校可视具体情况,将家庭经济困难学生认定标准分为2—3档。原则上参照当年城市居民最低生活保障人员、特困供养人员的标准予以确定,各高校可以根据家庭经济困难程度,将认定范围延伸覆盖至低收入困难家庭,统筹兼顾其他经济困难家庭,如烈士子女、残疾学生、支出型经济困难家庭成员、受灾家庭学生、临时救助学生以及其他困难家庭学生等。

以上海某市属高校家庭经济困难学生认定为例,该校参照上海市当年城市居民最低生活保障标准,结合上海市物价水平、学校收费水平、学生家庭经济能力等因素,将家庭经济困难学生认定标准分为特别困难、一般困难和困难三档。具体操作说明如下:

(一)有以下情况之一的,可认定为特别困难学生:

1. 家庭人均月收入低于上海市当年城市居民最低生活保障标准,且家庭其他情况也证明家庭经济困难的学生；

2. 建档立卡家庭经济困难学生；

3. 农村低保家庭学生；

4. 农村特困救助供养学生；

5. 孤儿、烈士子女；

6. 学生本人残疾,残疾等级为一级、二级；

7. 家庭在上一年度遭遇严重自然灾害或严重突发事件,造成巨额财产损失导致长时间家庭经济困难的学生。

（二）家庭人均月收入高于上海市当年城市居民最低生活保障标准,但低于1.5倍上海市当年城市居民最低生活保障标准,且家庭其他情况也证明家庭经济困难的学生,可认定为一般困难学生；

（三）家庭人均月收入高于1.5倍当年上海市城市居民最低生活保障,但低于1.8倍本市当年城市居民最低生活保障标准,且至少具备以下特殊情况之一的,可认定为困难学生：

1. 学费高额（学费每年1万元及以上,不包括住宿费等其他费用）；

2. 家庭成员（包括父母、未婚的亲兄弟姐妹及本人）得大病而需承担巨额医药费；

3. 单亲家庭（指父母一方去世）；

4. 离异家庭（父母离异,抚养方未再婚）。

在家庭经济困难学生认定过程中,上海某学校创新建立认定评分细则,采用民主评议百分制加减分,根据最终评分结果,对家庭经济困难学生认定进行分级,具体操作说明如下：

学生本人在家庭所在地街道、村委会等部门建档立卡,并按要求提交学校家庭经济困难认定表,书写规范、在家庭所在地加盖合格公章者均一次性获60分,然后从项目1(见下文)到项目4(见下文)中找到与学生实际情况相符的内容进行分数累加(项目1到项目4满分总计40分),民主评议表实行百分制。减分项目视具体情况而定,如果学生个人消费表现情况没有减分项中列明的情况,则减分项无需勾选。

（一）认定标准：

总分在60—75分的学生,评定为三级,即家庭经济一般困难；

总分在76—85分的学生,且家庭经济困难原因满足项目1"特殊家庭类型、

经济困难特殊情况";项目 2"家庭承受重大经济支出"等项目中有任意一项或多项情况,评定为二级,即家庭经济特别困难;

总分在 86 分及以上的学生,且在项目 1"特殊家庭类型、经济困难特殊情况";项目 2"家庭承受重大经济支出";项目 3"家庭遭遇变故情况"中有任意一项或多项情况符合;或在项目 1"单亲(父母一方已亡故)""孤儿""烈士子女""父母双方因残疾而丧失部分或全部劳动能力"中有任意一项符合者评定为一级,即家庭特殊困难;

(二)加分项分数评定:

项目 1:特殊家庭类型

总分 13 分(1.1—1.8 中一项或多项符合的,此项最高总分不得超过 13 分)

1.1 单亲(父母一方去世)(13 分)

1.2 父母离异(导致家庭经济收入明显下降)(10 分)

1.3 学生的家庭所处地区受国家重点帮扶(5 分)

1.4 孤儿(13 分)

1.5 烈士子女(13 分)

1.6 优抚家庭子女(5 分)

1.7 少数民族家庭(7 分)

1.8 生源地区属中西部地区(4 分)

项目 2:家庭承受重大经济支出

总分 9 分(2.1—2.3 中一项或多项符合的,此项最高总分不得超过 9 分)

2.1 家庭成员或学生本人因患重大疾病需支付大额医疗费用(9 分)

2.2 家庭成员中有多个子女正在接受非义务教育(初中以上)(7 分)

2.3 家庭成员(户口簿上有效家庭人口)有年迈老人需要赡养(4 分)

项目 3:家庭遭遇变故情况

总分 10 分(3.1—3.6 中一项或多项符合的,此项最高总分不得超过 10 分)

3.1 父母一方或双方失业导致家庭经济收入较低(一方失业加 5 分,双方失业加 10 分)

3.2 父母一方或双方因残疾而丧失部分或全部劳动能力导致家庭经济收入较低(以残疾证上的等级为准,一级残疾加 10 分,二级、三级残疾加 8 分,无证明但明显有残疾,或者残疾等级不确定者加 4 分)

3.3　学生本人残疾(评定标准同上一条)

3.4　家庭因突发变故造成人身及财产损失的(包括意外伤残、遭受不法侵害、监护人突然亡故等)(4分)

3.5　家庭遭遇不可抗力或自然灾害的(5分)

3.6　其他特殊原因造成的家庭经济特别困难(视具体情况而定,要先说明原因并尽量提供佐证材料报备学生处,待审批后再进行打分)(3—5分)

项目4：个人解困意识的表现

总分8分(4.1—4.4中一项或多项符合的,此项最高总分不得超过8分)

4.1　学生本人已经主动申请了家庭所在地帮困项目(8分)

4.2　学生本人已经主动申请了生源地/校园地贷款(8分)

4.3　学生本人积极报名参加校内勤工助学(3分)

4.4　学生本人积极在课余时间寻找兼职(4分)

(三) 减分项目

根据学生个人消费表现情况(视专业而定,专业必备设备除外)评定,勾选则视为减分,无符合则无需勾选。分值如下：

5.1　消费行为(平均以周累计计算)/单次购买物件超出家庭年收入的80%(扣10分)

5.2　消费行为(平均以周累计计算)/单次购买物件超出家庭年收入的60%(扣8分)

5.3　消费行为(平均以周累计计算)/单次购买物件超出家庭年收入的50%(扣6分)

评分完成后进行总结评语,并由民主评议小组签字确认。

这一评分办法通过细分家庭经济困难学生认定条件和标准,并根据一定范围内的实证性有效数据,建立起了一套科学化水平高、实际操作性强的家庭经济困难学生认定体系。相较于传统家庭经济困难学生认定方法,上述科学化、专业化的认定体系建立能够更加公平规范地实现资助资源配置的优化。总的来说,在对家庭经济困难学生认定的过程中,定量分析和定性分析须相结合,定量是通过各种调查表来获取学生的个人基本情况、家庭经济情况,但往往会因为地方经济调查不准确或信息不对称导致信息错误。因此,量化标准是前提,通过学生自主申请、班级民主评议、院级公示审核达到标准之后,还需要通过谈心谈话、日常生活观察来定性分析学生的真实在校和家庭经济情况,两项标准达标后方可认定为家庭经济困难学生。量化标准是基本,定性标准是完善。

## 第二节 家庭经济困难学生认定的原则

### 一、自主申请原则

因为在校学生申请家庭经济困难认定遵循的是自主申请原则,所以高校应对国家的资助政策以及高校的资助政策体系进行广泛宣传。新生在入学之前,录取通知书里应告知国家资助政策并将各高校资助工作给予相关介绍,各高校还应对学生家庭经济困难认定的具体要求和流程进行广泛宣传,让每一个学生了解资助政策。高校可通过前期实地家访、电话家访或者优秀学子返乡返校宣讲等活动对国家资助政策开展宣传,让学生充分了解国家及所在高校的资助政策和要求。家庭经济困难学生认定工作既要引导学生如实反映家庭经济困难情况,主动利用国家资助完成学业,也要充分尊重学生个人意愿,遵循自愿申请的原则。

**案例**(案例引自全国学生资助管理中心网站,有适当删改):

同济大学全面推进学生资助政策宣传工作,2017年先后两次向全校国家奖学金、国家励志奖学金以及各类奖学金获奖学生征集资助政策宣传项目47项,从近80名各类获奖学生中择优选拔表现突出者19名,聘任其为"学生资助政策宣传大使"。他们或在县级资助中心进行公益服务、或回高中母校宣讲学生资助政策、或走访当地经济困难家庭和学生资助工作者,宣传国家和学校学生资助政策,深入调研当地学生资助政策落实情况,为学生资助政策建言献策。

寒假期间,学生资助政策宣传项目与回母校宣讲、春节送温暖等活动相互配合,结合当地实际情况开展宣讲与调研。在"送政策回母校"活动中,各项目组精心制定宣讲方案,丰富宣讲形式,结合自身经历分享对国家和学校学生资助政策的感受,帮助学弟学妹解决疑难困惑,勉励他们好好学习。暑假期间,学生资助政策宣传项目则与"辅导员困难新生家访"和学校各类社会实践活动互融互通。各项目组进村入户、挨家挨户详细了解家庭经济困难学生的情况,将国家学生资助政策送到每一位需要帮助的学生手上,帮助他们排忧解难。

截至目前,同济大学宣传项目组慰问了200余户经济困难学生家庭,深入近50所中学开展资助政策宣传,惠及学生2万余人。参与学生资助政策宣传的同济学子不仅是资助政策的学习者、传播者,更是学校资助工作的贡献者、知恩感恩的践行者。①

案例分析:贯彻落实好自主申请原则的重要前提是高校对国家的资助政策以及高校的资助政策体系的广泛宣传,同济大学在开展学生资助管理工作中,创新工作方法,从受助学生群体中征集宣讲项目,实现了学生从"受助者"到"助人者"的身份转变。再者,同济大学通过将资助宣讲项目与"辅导员困难新生家访"、学校各类社会实践活动有机结合,更为细致地了解与排查困难学生的家庭情况,针对性地将国家学生资助政策传递给每一位需要帮助的学生。

近年来,由于区域经济发展不平衡,不同专业不同学科的学费标准有差异,高校中家庭经济困难学生的整体数量呈上升趋势。国家推出对家庭经济困难学生的资助政策的初衷在于帮助学生完成学业,希望家庭困难的学生能够自主提出申请认定,以期待家庭经济困难学生在学有成之时能够以己之力报效祖国,回馈社会。

## 二、民主评议原则

家庭经济困难学生认定工作需要遵循民主评议原则,在学生提出困难认定申请之后,一般由班主任、辅导员和学生代表等组成民主评议小组,需要注意的是与申请人关系极为亲密或发生过矛盾的同学需要排除在此评议小组外,以免有不公正的情况发生。评议小组依照程序,对提出申请的学生进行困难评议,根据学生在校经济情况,日常生活支出以及家庭经济情况开展民主评议,学生代表按实际情况反映学生的生活情况,小组成员如实评议,并对结果进行公示,如有任何疑义可以提出,如发现不符合实际情况可重新对该生进行困难认定,最终遴选出确实家庭经济困难的学生进行资助。

**案例:**

周琪和王玉(均为化名)都是某学校的大一新生,刚入学时两人在得知学校有家庭经济困难学生认定资助后,都在第一时间主动向老师提出了认定申请。由于周琪平时在同学面前省吃俭用,对此大家都没有异议,但王玉的申请遭到了许多同学的质疑,因为王玉来校时携带的都是中高档的日用品,同学认为她的家

---

① 全国学生资助管理中心.同济大学全面推进学生资助政策宣传工作[EB/OL]. http://www.xszz.cee.edu.cn/n38/n52/c6395/content.html.

庭条件并不在家庭经济困难的范围之内。

对此,周琪和王玉所在的班级依照程序成立了家庭经济困难学生认定评议小组,小组成员包含了班干部、申请人寝室成员和其他同学各1/3。在对两人的家庭情况、日常消费水平进行了解时,评议小组意外地发现,周琪虽平时在同学面前省吃俭用,但其实她的家境良好,平时省钱是为了去国外旅游,而王玉却是真正需要帮助的同学,高中毕业后就在外打工兼职赚大学的学费,由于她吃苦耐劳,她的中高档日用品是离开的时候打工单位作为奖励赠与她的,并非是自己所购买的。通过这一系列的评议分析,同学们才知道谁是真正需要帮助的人,最终将宝贵的资助名额给了王玉同学。

由于民主评议的方式能够节约人力、时间成本,并且可操作性强,同时参与人员、评选流程相对于其他方式来说都更为民主,评议结果也更加真实、清晰、有效。因此,民主评议是目前大部分高校在评定家庭经济困难学生时所采用的主要评定方式,也已得到广泛认可。

案例分析:周琪和王玉同时申请了学校的困难认定,按照两人平时的表现情况,周琪省吃俭用,王玉使用中高档的日用品,相比之下王玉的申请遭到了同学们的质疑。困难认定需要遵循民主评议原则,不能"断章取义"将其"一棒子打死",而要对学生进行全方位的综合考量,成立认定评议小组,开展民主评议工作,定量分析和定性分析相结合进行综合判定,以上案例就是家庭经济困难学生认定工作中民主评议的典型案例,也充分说明民主评议在家庭经济困难学生认定工作的重要作用。

### 三、学校、学院评定原则

各高校要健全认定工作机制,成立学校学生资助工作领导小组,领导、监督家庭经济困难学生认定工作;学生资助管理机构具体负责组织、管理全校家庭经济困难学生认定工作;院(系)成立以分管学生资助工作的领导为组长,班主任、辅导员代表等相关人员参加的认定工作组,负责认定的具体组织和审核工作;家庭经济困难学生的认定工作经过学生自主申请和民主评议后,需要遵守学校、学院评议原则,根据学生思想动态和家庭经济情况对该学生进行评定,详细了解该学生的困难需求,了解学生的困难程度,从思想层面评定学生的状态是否符合认定要求,上报学校评定时须如实反映学生的个人基本情况、家庭类型以及经济情况,经学院、学校评定后进行全校公示。

学校在进行家庭经济困难学生认定时需要建立健全的资助认定工作机制。若没有严格遵循认定规则,将导致真正需要帮助的学生得不到应有的资助。学校应成立领导小组,监督各个组织认真履行自己的职责,如院(系)认定工作组负责组织,年级认定评议小组负责民主评议等工作,层层把关,保证每一位家庭经济困难学生都获得资助。完善的制度是家庭经济困难学生认定工作顺利开展的重要保证。学校、学院的领导、监督、审核直接影响家庭经济困难学生的认定结果,关系到每一位家庭经济困难学生今后在校的生活状况,是至关重要的一道防线。因此,各高校一定要对此高度重视,确保每一个认定结果都是在学校、学院的领导、监督、审核下得出的,学校对每一位家庭经济困难学生负责,对每一个认定结果负责。

### 四、公平公正原则

坚持实事求是、客观公平。家庭经济困难学生的认定要从客观实际出发,以学生家庭经济状况为主要认定依据,认定标准和尺度要统一,确保公平公正。高校家庭经济困难学生的认定要通过层层审核,每一个环节都牵涉学生的切身利益。学生自主申请后,民主评议和学院学校评定都必须按照相关规定和要求执行,实事求是依照客观事实,按照统一标准对每一份材料进行评议,公平公正地对待每一位家庭经济困难学生,不能因个人利益或私人关系而产生偏袒,也不能因流程标准不一让家庭经济困难学生失去获得资助的机会。

**案例:**

陈路(化名)来自一个普通的农民家庭,父亲平时靠务农勉强维持一家的生计,很难再凑出四年的大学学费供他读书,陈路为了自己的学业,也为了减轻家里的负担,一开学就主动向老师申请了家庭经济困难学生认定,希望学校能够给予他一定的资助,帮助他完成学业。

与此同时,另一名学生李晓(化名)家庭情况较为良好,但他希望能够靠资助金提高物质生活水平,也向老师申请了家庭经济困难学生认定。由于名额有限,李晓害怕自己落选,在申请时凭借与经办老师的私交,便向老师提出希望能够简化流程的请求。经办老师在对两位学生的家庭情况、消费水平等方面进行了深入的考量以后,不仅拒绝了李晓的请求,还对他进行了严厉的批评,最终认定结果:陈路通过家庭经济困难学生认定,李晓不符合认定要求,认定结果为不通过。

案例分析：教育公平是社会公平的一个重要组成部分，确保对每一位家庭经济困难学生进行精准资助是促进社会教育公平的重要手段。对家庭经济困难学生的认定工作不仅会影响到学生的切实利益，也会影响到校园整体的和谐与稳定，因此在对学生进行家庭经济困难学生认定时每一个程序都需按照相关规定和要求执行，保证认定结果的公平与公正。

本案例中陈路与李晓两位学生各自的家庭情况不同，陈路自主申请家庭经济困难学生认定是为了能够减轻家庭负担并完成学业，而李晓则是为了追求更好的物质享受。李晓想通过自己和经办老师的私人关系得到资助名额，最终经办老师拒绝了他的请求并严厉批评了他的不端行为。家庭经济困难认定要遵循公平公正原则，从学生的客观实际出发，在进行家庭经济困难学生认定时按照相关流程和要求执行，确保每一位学生都可以被公平对待。

### 五、公开与保密相结合原则

坚持公开透明与保护隐私相结合。既要做到认定内容、程序、方法等透明，确保认定公正，也要尊重和保护学生隐私，严禁让学生当众诉苦、互相比困。家庭经济困难学生认定过程严谨，从认定申请开始，各项工作内容、程序方法以及各项会议内容要秉持公开透明的原则，阳光透明地执行各项流程，在公示环节，应严格遵守保密原则，不得将申请认定的学生的个人信息如身份证、联系方式以及家庭收入情况等进行公布，在讨论环节应当对相关数据以及各项信息做好保密工作。同时也需要加强各级师生的思想政治教育，遵守诚信原则，如实申报困难，规范认定，接受相应的保密教育以及感恩教育，不让任何一位家庭经济困难学生因信息泄露而产生负面影响。

**案例：**

李娟（化名）是一名刚参加完高考的学生，她出生于四川偏远地区的一个乡镇，从小品学兼优，是老师、家长眼里的三好学生。李娟如愿考上了心仪的大学后，由于家境困难，一时无法拿出足够的学费，李娟因此情绪极为低落。同学朋友劝李娟申请家庭经济困难学生认定，通过申请相关资助完成学业，但李娟迟迟未下定决心。

大学辅导员在进行新生电话家访过程中了解到李娟家庭经济困难的实际情况，建议李娟申请家庭经济困难学生认定。此时，李娟把自己心中的顾虑说了出来，她是怕自己申请了家庭经济困难学生认定后，个人隐私会被公开，怕自身的生活学习受到一定的影响。对此,老师对她的顾虑进行了耐心的解答,老师说,为做好学生资料的保密工作,学校设有专人负责管理资助材料,并严格执行相关保密制度,同时,在整个资助过程中都会严格保护每位学生的个人隐私,严防学生个人信息资料泄露。听了老师的话以后,李娟心里的石头才算是放了下来,开学之初就递交了家庭经济困难学生认定材料。

案例分析:本案例中李娟家庭经济困难,无法负担学费,想申请家庭经济困难学生认定以完成学业,但又担心个人信息被公开,自尊心会受到伤害,深受困扰。困难认定应遵循公开保密的原则,向大众公开评定流程,以保证其透明度。但同时也会保护好每一位学生的隐私,在帮助其积极完成学业的同时,促进其身心健康的发展。

由于家庭经济困难学生认定的特殊性,以及家庭经济困难学生在心理上相对普通学生来说更为敏感,在对家庭经济困难学生进行帮助时,更应该注意对学生隐私的保护,保护好学生的自尊心,使他们能以更加积极向上的态度面对生活和学业,以真正达到国家对其进行资助的初衷。

## 第三节 家庭经济困难学生精准认定规范

### 一、组织机构保障

认定工作须健全工作机制,强化责任意识,建立健全四级资助认定工作机制。

第一,学校学生资助工作须按要求成立领导小组、监督家庭经济困难学生认定工作,并对认定工作全面领导、监督高校认定工作。

第二,学校学生资助管理机构具体负责组织、审核和管理全校的认定工作,该机构办公地点应常设在学生工作部(处)学生资助管理中心。

第三,学院(系)成立由分管学生工作的学院(系)领导为组长、学院(系)辅导员担任成员的学院(系)认定工作组,具体负责组织与审核学院(系)认定工作。

第四,学院(系)成立以年级(或专业)辅导员任组长,学生代表担任成员的年级(或专业)认定评议小组,具体负责本年级(或专业)认定的民主评议工作。认定评议小组成员中,学生代表人数应占一定的比例,例如不少于年级(或专业)总人数的10%。认定评议小组成立后,其成员名单应在本年级(或专业)范围内公示。辅导员、学院(系)资助工作负责人是认定工作的主要责任主体,应厘清岗位职责,建立标准化的任务清单。

### 二、认定流程规范

高校应制定严格的认定工作程序,全面、认真部署每学年的家庭经济困难学生认定工作。学校学生资助管理机构、院(系)认定工作组、年级(或专业)认定评议小组,按照各自的职能分工,共同完成认定工作。家庭经济困难学生认定工作原则上每学年进行一次,每学期要按照家庭经济困难学生实际情况进行动态调整。工作程序一般应包括提前告知、个人申请、学校认定、结果公示、建档备案等环节。各地、各校可根据实际情况制定具体的实施程序。

(一)提前告知

学校要通过多种途径和方式,提前向学生或监护人告知家庭经济困难学生认定工作事项,并做好资助政策宣传工作。例如学校可在向新生寄送录取通知书时,一并寄送资助宣传;每学年结束之前,向在校学生发放认定申请表,同时做好大学生资助政策宣传工作等。

(二)个人申请

学生本人或监护人自主提出申请,如实填报综合反映学生家庭经济情况的认定申请表。认定申请表应根据教育部统一下发的《家庭经济困难学生认定申请表(样表)》,由省级相关部门、中央部署高校结合实际,自行制定。

(三)学校认定

学校根据学生或监护人提交的申请材料,综合考虑学生日常消费情况以及影响家庭经济状况的有关因素开展认定工作,按规定对家庭经济困难学生划分资助档次。学校可采取家访、个别访谈、大数据分析、信函索证、量化评估、民主评议等方式提高家庭经济困难学生认定精准度。

(四)结果公示

学校要将家庭经济困难学生认定的名单及档次,在适当范围内、以适当方式予以公示。公示时,严禁涉及学生个人敏感信息及隐私。学校应建立家庭经济困难学生认定结果复核和动态调整机制,及时回应有关认定结果的异议。

(五)建档备案

经公示无异议后,学校汇总家庭经济困难学生名单,连同学生的申请材料统一建档,并按要求录入全国学生资助管理信息系统。

## 三、认定人员队伍培训

在高校家庭经济困难学生认定具体过程中,成立以学生辅导员任组长,以班主任、学生代表为成员的认定评议小组。评议小组成员具有较大的流动性。在学生参与本年级家庭经济困难学生民主评议的相关制度和工作原则背景之下,评议小组的成员无法保持绝对稳定,但是为保持这支工作队伍的相对稳定,必须不断提升评议小组成员的专业化水平。

为实现专业化的目标,加强困难生认定工作的培训和建立家庭经济困难学生认定违规追责机制就显得十分必要。在工作实践中,高校往往侧重于对家庭经济困难学生认定的申请人讲明相关认定事宜,但是对参与家庭经济困难学生认定评议的非家庭经济困难学生的培训力度普遍不够,培训内容也有待规范明确,负责组织评议的辅导员、老师应依据统一的培训办法,做好专门针对这部分学生的培训,讲明评分依据以及评分标准,避免评议小组成员仅凭人情关系亲疏远近随意评分。同时,负责组织评议认定的专职辅导员也应该不断提升专业化水平,定期接受学校学生资助管理中心对家庭经济困难学生认定政策的培训与考核。

此外,学校应重视对于评议小组成员的管理,建立完善的追责机制,在提升学生主动参与度的同时,向其明确应承担的责任以及违反评议原则和制度规定的相关后果。各高校在进行家庭经济困难学生认定的过程中,需要对涉及的人员进行各项培训,使其了解国家的各项资助政策,力求做到人人知晓,以便将相关政策变化及时告知学生,负责资助工作的辅导员也需要开展相关思想教育,不得包庇任何一位学生,不得因个人关系隐瞒学生实际情况,同时要理解资助和同情的区别,不得以个人主观原因造成的家庭经济困难来申请认定和资助,须将政策落实到每一位确有需要的学生。

专业化队伍的建设需要专业化的业务知识,更需要对学生开展全面的思想教育。在了解各项资助政策的前提下,给予学生资助,及时对学生进行思想教育,鼓励学生放下思想上的包袱,从学习、生活中获取更多的资源,为今后的学习生涯以及职业生涯打造良好的基础,同时也要引导学生建立自强自立的品质,鼓励学生接受感恩教育,在享受国家资助的过程中去帮助更多需要帮助的人,实现扶智与扶志的结合,让学生真正掌握生存的技能,实现生活的脱贫、思想的致富。

## 第四节　家庭经济困难学生精准认定的思考与实践

### 一、建立监管机构健全规章制度

每年的家庭经济困难学生的认定材料需建立书面档案，由专人负责并妥善保管。学校和学院（系）每学年应定期对全部家庭经济困难学生进行一次资格复查，不定期地随机抽选一定比例的家庭经济困难学生，通过信件、电话、实地走访等方式进行核实。如发现弄虚作假现象，一经核实，取消受助资格，收回资助资金。情节严重的，学校应依据有关规定进行严肃处理。每学年开学学校应及时将本学年家庭经济困难学生认定信息汇总表文本及电子文档一并报学生资助管理中心备案。

高校应认真贯彻落实最新的资助政策文件，加强学生资助规范化管理，积极推进规范管理制度、规范监管责任、规范资助程序、规范资金管理、规范信息管理、规范机构队伍建设等要求。

2017年，华南某大学始终积极贯彻落实党和国家的学生资助政策精神，建立了"奖、贷、助、补、勤、偿"等多种形式有机结合的学生资助政策体系。2017年，该大学认真贯彻落实"全国学生资助规范管理年"总要求，修订了《家庭经济困难学生认定管理办法》《国家助学贷款实施细则》《爱心基金管理办法》等规章制度，将"建档立卡"的重点学生明确列入特殊困难等级，新增贷款还款救助机制，细化爱心基金救助范围，提高救助标准，从而进一步规范救助申请流程，加强学校救助力度。

此外，学校和学院（系）应加强学生的诚信教育，引导学生如实提供家庭情况，及时告知家庭经济状况的变化情况。如学生家庭经济状况发生显著变化，学校和学院（系）应及时做出调整。

### 二、定性与定量相结合

资助相关的政策文件中并未列出高校家庭经济困难学生认定过程中民主评议所依据的具体量化标准。在实践中，各高校应根据上级文件的指导精神以及学校的实际情况和工作需要建立不同的评价指标体系，形成制式的评价材料供评议小组在评议过程中量化打分。这些评价指标主要包括：学习和生活基本支出、家庭贷款欠债情况、手机和电脑等高档消费品情况、佩戴首饰和使用高档化妆品等情况。这些指标基本都是为了观测申请学生在校的实际消费表现。但是，由于没有统一的规定，各高校的评价指标在实际操作中各有不同，并且各个地区的高校可自主修订这些量化评价指标，这在一定程度上很难完全契合社会经济发展的实际要求，直接影响了家庭经济困难学生认定工作的规范性和统一性。

此外，目前高校在资助工作中确定的量化标准过于简单机械，完全由学生本人书面提供量化数据，无法客观真实反映学生情况，同学之间也会有很多意见。因此，单从量化的指标来认定家庭经济困难学生是远远不够的。各校应采用数据分析、个别访谈等方式，客观、深入、直接地了解学生家庭经济状况情况，及时发现那些家庭经济困难但未受助、家庭经济不存在困难却受助的学生，实时纠正认定结果存在的偏差。

2016年，南京理工大学采取直接将补贴款打入学生饭卡的方式，学生无须填表申请，不用审核，甚至在收到补贴前，没有任何学生知情。南理工教育基金会对全校1.6万多名在校本科生的饭卡刷卡记录进行了数据分析，分析区间为2015年9月中旬到11月中旬。其中，每月在食堂吃饭超过60顿、一个月总消费不足420元的，被列为受资助对象。"准援助对象"确定后，由各学院辅导员对各自学院的名单进行核对。首批经过大数据圈定的314人名单中，最终有301人得到了资助。这301人的补助金额并不相同。具体而言，该校实行一日三顿、每顿7元，30天共计630元的标准，学生实际就餐支出和630元之间的差距，就是实际补助金额。换言之，学校是每位在校生"每顿饭吃上7元钱"的标准来实施点对点"充钱"的。按照这个标准和方案，首批301人获得了从11.63元到340.53元不等的补助。每月补助总额约为3.6万元。①

南京理工大学先是通过数据定量分析出"准援助对象"，再由学院辅导员跟进核对名单人员，定量与定性综合分析后才最终得出资助名单。

案例分析：凡事都有两面性，在运用数据定量分析时，虽然可以清楚地呈现学生的家庭经济情况和在校消费情况，但是量化数据并不能代表一切。比如，当

---

① 中青在线. 赞同吗？居然有些高校"偷偷"给贫困生打钱……[EB/OL]. http://news.cyol.com/content/2017-05/18/content_16086504.htm.

数据分析出学生家中购置商品房、车辆或者在校消费过高的情况时,不能被数据牵着鼻子走,一棒子打死,一口咬定这些学生就不是家庭经济困难学生,而要对学生进行仔细调查、谈心、实地走访等,了解情况后再进行综合判定,避免错误判断;遵守"应该资助的学生一个也不能少,不应该资助的学生一个也不能多"原则,定量分析和定性分析相结合综合判定,并在动态管理过程中多方面了解学生的动态。

### 三、专业化资助队伍建设

自2007年以来,新的资助体系不断完善,国家对高校的资助力度不断加大,资助对象的范围扩大,资助工作体系逐步形成了系统化、程序化、规范化的格局,各种资助工作的开展都有较为明确的工作细则和操作流程,如高校学生的家庭经济困难认定、国家奖学金、国家助学金、勤工俭学、生源地信用助学贷款、参军入伍学费和贷款代偿、中西部基层就业学费补偿和国家助学贷款代偿申请等都有着明确的工作规范和制度要求,这些对于推进我国高校资助工作的有效开展和深入推进起到了重要的作用。

系统化、程序化、规范化的资助工作要求高校资助工作人员要有较高的业务能力,如熟悉各项资助政策,能够熟练开展具体材料的审核和各项工作流程,能够高效处理信息和数据等。高校资助工作队伍的建设却远远滞后于现实的需要,具体来讲有两个方面:其一,工作人员严重不足。根据教育部相关工作要求,高校应该按照1∶2 500的比例配备相应的专职资助工作人员,但目前各高校的资助工作职责基本由学生工作处来承担,专职人员的配比较教育部相关工作要求存在较大差距;学院(系)层面的具体工作方面多是由辅导员、班主任来具体开展或协助完成的。人员不足导致工作人员的工作量不断加大,影响了工作的效率和质量。其二,业务不够熟练。由于缺乏专职的资助工作人员,逐渐暴露出兼职的工作人员业务不够熟练的弊病,在具体的工作开展中造成了许多错漏及不规范的地方,使得学生资助工作完成的效率和质量难以得到保证。这些兼职工作人员不愿意花费更多的时间和精力来研究学生资助工作,只是简单地完成既定的工作任务,不利于学生资助工作的长远发展。另外,专业化资助队伍人员发展的定位也不够明确,没有明确的晋升道路,资助工作本身事务性工作量较大,对于资助工作者来说也容易产生身心疲倦。

此外,由于专职资助工作人员的缺乏,兼任资助工作的辅导员本身事务繁忙，无法在资助过程中充分发挥育人的功效，更多只是承担事务性工作。现在国家资助政策以及地方性的资助项目多，学生极容易形成"等、靠、要"的思想，无法通过辅导员引导其自强自立，也无法在思想上得到辅导员的感恩教育，学生在获得资助后往往产生懒散思想，不注重学习，渐渐丧失自主能力，不利于学生资助工作的良性发展。

可见，打造专业化的资助队伍势在必行，在专业化资助队伍建设中首先要厘清思想，要将资助与扶智、扶志结合起来，打造"资助＋育人＋反哺"的机制，在人员配备充足的前提下充分发挥育人的功效。其次，要组建业务能力强的资助队伍，完善资助队伍的人员配备，加强业务培训，熟悉了解国家和学校的各项资助政策，将事务性的工作形成规章制度，利用信息化手段，打造信息平台，将资助工作人员从事务中脱离出来，从而更好地发挥资助的育人功效。最后，要完善奖励激励机制，根据资助工作的实际制定有效的考核办法，在职务晋升、职称评定方面对长期从事学生资助工作的人员给予一定的支持，在具体的工作开展中应该给予适当奖励，使资助工作人员的工作能够得到认同，凸显出此项工作的价值。

我国高校设立的首家学生资助中心是北京大学学生资助中心。作为全国高校设立的首家学生资助中心，北京大学学生资助中心着力推进从"基本保障型资助"到"发展引导型资助"的转型升级，实现学生资助工作系统化、信息化、精准化的发展。自中心成立以来，北京大学学生资助中心认真贯彻落实国家资助政策，加强专业机构和队伍建设，构建起层次分明、结构合理的校院两级资助工作组织架构，优化岗位设置，配备专业人员，做到"专人负责，团队合作"。与此同时，注重完善人员培训和激励机制。每年评选资助先进单位、先进个人，激发资助工作人员的积极性、主动性。

### 四、打造多元数据集成的资助链

目前，全国学生资助信息管理系统已实现特殊困难学生的定期排查，并将各类特殊困难学生名单通过信息系统"下灌"至各地各校，有力地支撑了学校开展家庭经济困难学生认定和精准资助工作。但是，大部分高校家庭经济困难学生的认定依据主要还是学生提供的各类家庭情况证明材料，因各地政策不统一，相关数据和情况的参考标准也存在不同，尚无法实现数据源的精准对接，导致高校在家庭经济困难学生认定过程中无法精准判断学生的真实情况。另外，学生在校期间的经济收支情况也很难仅从在校消费情况来进行判断，学校无法获取学生校外消费以及网络消费的真实数据,这也进一步制约了家庭经济困难学生认定的真实性和科学性。

基于此,高校在精准资助的大背景下,应该打造多元数据集成的资助链,完善学生各项数据,实现数据动态管理。首先,国家目前在实施精准帮扶,各地方应严把家庭经济情况审核,应该打通地方和高校的数据,让学校能够准确了解学生真实的家庭经济收入数据,包括低保户、建档立卡户以及低收入家庭的具体情况;应该打通国家和地方的数据,确保高校在家庭经济困难学生认定过程中数据的准确性。其次,构建学生在校资助情况的数据动态链,在学生通过家庭经济困难学生认定后,进一步收集学生的各项情况数据,如学生校园卡的使用情况、勤工助学情况、校外打工收支情况、日常支出情况、奖助学金获得情况等,形成个人的经济数据表,按时间段进行动态管理,鼓励学生在资助信息平台如实更新相关的数据,资助部门也应和其他部门接轨,将学生在校情况的数据纳入其个人经济数据表中,做到尽可能准确反映学生在校的经济情况,建立科学的评价模型,不断根据实际情况对数据库信息进行完善,用大数据实现对学生经济情况的精准认定。

**案例:**

2017年,电子科技大学共有82名本科生获得隐形补助,而获补助学生的名单,则是通过大数据智慧助困系统的统计分析结果得来的。为了让更多真正家庭经济困难的学生得到帮助,该校研发了"智慧助困系统"。电子科技大学通过智慧助困系统采集了涵盖学生家庭经济及成员信息、学生本人及受资助信息、学生所在生源地经济水平信息、学生日常消费评价等涵盖4大类、40余个小类的上千万条数据。在底层数据严格加密的基础上,系统通过大数据挖掘与分析,自动生成家庭经济困难学生建议名单。大数据分析的数据源主要取自消费数据,通过分析学生在校内的消费数据,例如食堂饭卡消费、超市消费、健身馆消费、乘坐校际班车、水卡消费等,分析学生的消费水平,这类数据主要记录了学生的消费金额、消费时间以及消费地点等规律性信息。

除了消费数据,系统还结合学生的勤工助学、获奖学金情况、社交特征、行为轨迹、借阅兴趣、历史特征等多个维度进行综合分析挖掘。这些数据经过整合与筛选后,通过一系列的精密算法,系统判定并输出学生的困难指数(1—9),困难指数越高则代表越需要帮扶。这些学生被分为不困难、一般困难、困难和特别困难4大类。最终,大数据结果结合线下个别访谈、辅导员评价共同给出了这份全校家庭经济特别困难学生名单。学校为 82 名家庭经济特别困难学生发放了每人 600 元的隐形补助。①

案例分析：大数据技术作为当今计算机领域的前沿技术，其核心价值在于通过数据挖掘、应用等技术处理，从多样化的海量数据中快速获得高价值的信息。② 大数据技术可以作为提高家庭经济困难学生精准认定工作的重要手段和工具。上述资助案例中的隐形补助并不需要学生自主申请，而是靠客观的大数据分析来完成的。实现了由学生主动申请转变为学校主动关注，一定程度上更好地保护了受助学生个人隐私和自尊。

---

① 四川在线：电子科大用大数据发现隐性贫困学生每人发 600 元补助[EB/OL]. https://news.uestc.edu.cn/? n=UestcNews.Front.Document.ArticlePage&Id=58866.
② 侯莲梅，米华全. 利用大数据推进高校精准资助工作创新[J]. 思想理论教育，2017(8)：107-111.

# 第五章
# 本专科学生奖助政策及其实践

学生资助是一项保民生、暖民心的工程,事关社会公平,做好学生资助工作也是办好人民群众满意的教育的具体体现。党的十九大强调要"健全学生资助制度",为学生资助工作进一步指明了方向,党的二十大进一步提出了"办好人民满意的教育"的最高要求。在习近平新时代中国特色社会主义思想指引下,进一步增强做好学生资助工作的使命感、责任感、紧迫感,坚持以人民为中心的发展思想,规范各级各类学校的资助管理,全面推进精准资助和资助育人工作,促进学生资助工作取得新的成就,确保"不让一个学生因家庭经济困难而失学"。

## 第一节 本专科学生奖助政策内容

### 一、政策体系

党和政府历来高度重视本专科学生奖助工作,无论遇到多大困难,国家促进教育公平的决心不会改变,扶助家庭经济困难学生的政策措施不会改变,保障"不让一个学生因家庭经济困难而失学"的承诺不会改变。从中华人民共和国成立起,我国本专科学生奖助学金政策体系大致经历了以人民助学金为主的单一阶段、以奖学金为主的无偿与有偿并存过渡阶段再到以增设国家奖助学金的多元混合阶段,最终形成了公平与效率并举的本专科学生奖助政策体系。

改革开放以来,国家不断探索和改革奖助学金政策,1983年国家出台了《普通高等学校本、专科学生人民奖学金暂行办法》,确立了高校人民奖学金和人民助学金并行发展的工作理念,这也是构建奖助学金体系的一次有益尝试。1987年,国家教委、财政部出台了《普通高等学校本、专科学生实行奖学金制度的办法》,明确规定设立优秀学生奖学金、专业奖学金和定向奖学金,标志了高校奖学金制度的正式确立。这一时期,奖助学金体系体现了激励和引导的双重资助价值,激发了家庭经济困难学生的学习积极性和主动性。2002年,国家设立本专科生国家奖学金,用于奖励家庭经济困难但品学兼优的学生。2005年,国家出台的《国家助学奖学金管理办法》中提出设立国家助学金和国家奖学金。2007年在全面总结以往政策和措施的基础上,国家出台了《国务院关于建立健全普通本科高校高等职业学校和中等职业学校家庭经济困难学生资助政策体系的意见》,标志着"国家奖学金、国家励志奖学金、国家助学金、国家助学贷款、勤工助学、学费减免等多种方式并存的混合型资助政策体系初步形成"①,这一阶段,国家奖学金的评奖范围扩大到所有在校全日制本专科学生,同时增设了国家励志奖学金,重新设立了国家助学金制度。

党的十八大以来,国家继续加大资金投入,扩大资助范围,加大资助力度,进一步完善奖助学金体系,集中解决了"培养经费供需矛盾突出、成本分担机制不健全、奖助政策体系不完善"②等突出问题,发展型资助理念的确立,实现了我国奖助学金体系从保障型向发展型转变,回应了如何实现教育增值的现实问题。党的十九大明确提出健全学生资助制度的目标,为高校坚持和完善发展型本专科奖助体系提供了根本遵循,激发了教育活力,提高了教育质量,有利于推进"双一流"建设和人才强国战略的实施。党的二十大进一步提出了"办好人民满意的教育"的最高要求,指明了我国教育事业各项工作的最终目标。

## 二、主要内容

### (一)本专科生国家奖学金

2002年起,中央政府每年出资2亿元设立国家奖学金,每年资助4.5万名家庭经济困难且品学兼优的全国普通高等学校全日制在校本专科学生,奖励标准分两档:一等奖学金,每人每年6 000元;二等奖学金,每人每年4 000元。2007年6月,《财政部 教育部关于印发〈普通本科高校、高等职业学校国家奖学金管理暂行办法〉的通知》(财教〔2007〕90号)规定,资助对象为高校全日制本专科(含高职、第二学士学位)学生中特别优秀的学生。2012年教育部将奖励名额

---

① 余秀兰.60年的探索:建国以来我国大学生资助政策探析[J].北京大学教育评论,2010(1):151-163+192.
② 刘欣,吕学振.高校学生资助政策的演变与展望[J].高校辅导员学刊,2021(3):84-89.

增至 5 万名。2019 年 7 月,教育部将奖励名额增至 6 万名,新增名额全部用于奖励特别优秀的全日制高职院校学生。2019 年 9 月,教育部、财政部修订了《本专科生国家奖学金评审办法》,申请对象限定为中华人民共和国国籍,对家庭经济困难也不再做要求。全国学生资助管理中心根据财政部、教育部确定的当年国家奖学金的总人数,于每年 5 月底前,提出各省(自治区、直辖市)和中央部门所属高校国家奖学金名额分配建议方案,报财政部、教育部审批。每年 7 月 31 日前,财政部、教育部将国家奖学金分配名额和预算下达中央主管部门和省级财政、教育部门。地方高校国家奖学金的名额由各省(自治区、直辖市)根据财政部、教育部确定的总人数,以及高校数量、类别、办学层次、办学质量、在校本专科生人数等因素确定。在分配国家奖学金名额时,对办学水平较高的高校、农林水地矿油核等国家需要的特殊学科专业为主的高校予以适当倾斜。每年 9 月 1 日前,中央主管部门和省及省以下财政、教育部门负责将国家奖学金名额和预算下达所属各高校。

(二)国家励志奖学金

2007 年,中国政府首次设立国家励志奖学金,用于奖励和资助普通本科高校和高职院校全日制本专科在校生中品学兼优的家庭经济困难学生,奖励标准每人每年 5 000 元。国家励志奖学金所需资金,中央部门所属高校由中央负担,地方所属高校根据各地财力及生源状况由中央和地方按比例分担。资助覆盖面约占全国高校在校生的 3%,主要用于辅助解决家庭经济困难学生的学费和住宿费问题。国家励志奖学金适当向国家需要的农林水地矿油核等专业的学生倾斜。

(三)本专科生国家助学金

2007 年秋季学期起,中央政府首次设立国家助学金,用于资助高校全日制本专科在校生中的家庭经济困难学生。国家助学金资助面约占全国普通本科高校和高等职业学校在校生总数的 20%。各省财政、教育部门根据财政部、教育部下达的国家助学金名额,以及高校数量、类别、办学层次、办学质量、在校本专科学生人数和生源结构等因素,确定地方高校国家助学金名额。2019 年春季学期开始,根据《财政部教育部关于调整职业院校奖助学金政策的通知》将高职学生国家助学金覆盖面提高 10%,平均补助标准从每生每年 3 000 元提高到 3 300 元。普通本科学生国家助学金平均补助标准从每生每年 3 000 元提高到 3 300 元。

(四)各省市县奖助学金

各省市县奖助学金由某一级地方政府出资设立,奖学金用于鼓励本省市县内的学习成绩、社会实践、创新能力、综合素质等某一方面表现突出的学生。助学金用于帮助本省市县内的家庭经济困难学生。

（五）社会捐赠类奖助学金

社会捐赠类奖助学金是由企事业单位、个人以及社会团体等与高校签订相关协议、捐资设立，明确评审对象、资助金额、评审条件、评审时间，符合出资人的评奖条件或经面试选拔，挑选表现优秀、具有较高综合素质的学生予以发放。

（六）高校校设奖助学金

校设奖助学金是由高校设立，如公办普通高校从事业收入中或民办学校从学费收入中提取一定比例资金，用于奖励和资助学生，用于鼓励本校学生勤奋学习、努力进取，评审细则由学校相关部门负责制定，助学金用于帮困助学。

### 三、执行要点

（一）国家奖学金

1. 申请国家奖学金的基本条件：

（1）具有中华人民共和国国籍；

（2）热爱社会主义祖国，拥护中国共产党的领导；

（3）遵守宪法和法律，遵守学校规章制度；

（4）诚实守信，道德品质优良；

（5）在校期间学习成绩优异，创新能力、社会实践、综合素质等方面特别突出。

在符合基本条件的前提下，申请人还应满足以下具体条件：

一是年级要求：二年级及以上年级本专科学生方可申请本专科生国家奖学金。特殊学制的学生，根据当年所修课程层次确定参与相应学段的国家奖学金评定，原则上从入学第六年开始不再具备本专科生国家奖学金申请资格。

二是成绩要求：学习成绩排名与综合考评成绩排名均位于前10%（含10%）的学生，可以申请本专科生国家奖学金。学习成绩排名和综合考评成绩排名没有进入前10%，但达到前30%（含30%）的学生，如在其他方面表现非常突出，也可申请本专科生国家奖学金，但需提交详细的证明材料，证明材料须经学校审核盖章确认。

其他方面表现非常突出是指在道德风尚、学术研究、学科竞赛、创新发明、社会实践、社会工作、体育竞赛、艺术展演等某一方面表现特别优秀。具体是指：

① 在社会主义精神文明建设中表现突出,具有见义勇为、助人为乐、奉献爱心、服务社会、自立自强的实际行动,在本校、本地区产生重大影响,在全国产生较大影响,有助于树立良好的社会风尚。

② 在学术研究上取得显著成绩,以第一作者发表的通过专家鉴定的高水平论文,以第一、二作者出版的通过专家鉴定的学术专著。

③ 在学科竞赛方面取得显著成绩,在国际和全国性专业学科竞赛、课外学术科技竞赛、中国"互联网+"大学生创新创业大赛、全国职业院校技能大赛等竞赛中获一等奖(或金奖)及以上奖励。

④ 在创新发明方面取得显著成绩,科研成果获省、部级以上奖励或获得通过专家鉴定的国家专利(不包括实用新型专利、外观设计专利)。

⑤ 在体育竞赛中取得显著成绩,为国家争得荣誉。非体育专业学生参加省级以上体育比赛获得个人项目前三名、集体项目前二名;高水平运动员参加国际和全国性体育比赛获得个人项目前三名、集体项目前二名。集体项目应为上场主力队员。

⑥ 在艺术展演方面取得显著成绩,参加全国大学生艺术展演获得一、二等奖,参加省级艺术展演获得一等奖;艺术类专业学生参加国际和全国性比赛获得前三名。集体项目应为主要演员。

⑦ 获全国十大杰出青年、中国青年五四奖章、中国大学生年度人物等全国性荣誉称号。

⑧ 其他应当认定为表现非常突出的情形。

评审:特别优秀的学生从二年级起可申请获得国家奖学金,每学年评审一次,实行等额评审,坚持公开、公平、公正、择优的原则。各高校于每学年开学初启动评审工作,于当年10月31日前完成评审。高校要根据本办法的规定,制定具体评审办法,并报主管部门备案。高校学生资助管理机构具体负责组织评审工作,提出本校当年本专科生国家奖学金获奖学生建议名单,报学校评审领导小组审定后,在校内进行不少于5个工作日的公示。公示无异议后,每年10月31日前,中央高校将评审结果报中央主管部门,地方高校将评审结果逐级报至省级教育部门。中央主管部门和省级教育部门审核、汇总后,统一报教育部审批。

2. 申请国家奖学金的评审程序

各地各校要根据本办法,制定评审实施方案,成立本专科生国家奖学金评审领导小组,设立评审委员会。本专科生国家奖学金评审领导小组由各单位分管领导任组长,相关部门负责人为成员,全面领导评审工作。评审委员会由具有代表性的管理人员、专家学者和学生代表组成,具体负责评审工作,向评审领导小组提出本专科生国家奖学金评审意见。评审领导小组和评审委员会可根据本单位具体情况合并设立。

(1) 召开预备会。评审领导小组主持预备会,向评审委员会介绍有关情况,提出评审工作要求。

(2) 开展评审工作。评审委员会组织评审工作小组对各单位上报的评审材料进行书面审查,提出评审意见。

(3) 形成评审报告。评审工作小组完成评审工作后,由评审委员会汇总各评审工作小组的评审意见,讨论形成评审报告。

(4) 审定评审报告。评审报告经评审委员会主任委员签字同意,报评审领导小组审定。

(5) 公布评审结果。评审领导小组审定同意后,由教育部公告获奖学生名单。

公示无异议后,每年 10 月 31 日前,中央高校将评审结果报中央主管部门,同时抄送全国学生资助管理中心。地方高校将评审结果逐级报至省级教育行政部门。中央主管部门和省级教育行政部门审核、汇总后,于当年 11 月 10 日前统一报教育部审批。每年 12 月 31 日前将当年国家奖学金一次性发放给获奖学生,并将获得国家奖学金情况记入学生学籍档案。同一学年内,获得国家奖学金的家庭经济困难学生可以同时申请并获得国家助学金,但不能同时获得国家励志奖学金。

(二) 国家励志奖学金

1. 申请国家励志奖学金的基本条件:

(1) 热爱社会主义祖国,拥护中国共产党的领导;

(2) 遵守宪法和法律,遵守学校规章制度;

(3) 诚实守信,道德品质优良;

(4) 在校期间学习成绩优秀;

(5) 家庭经济困难,生活俭朴。

2. 名额分配与下达

(1) 每年 5 月底前,中央主管部门和各省、自治区、直辖市要根据第三条的规定,提出所属高校国家励志奖学金名额分配建议方案,报财政部、教育部。财政部、教育部委托全国学生资助管理中心对中央主管部门和各省、自治区、直辖市报送的国家励志奖学金名额分配建议方案进行审核。

（2）每年7月31日前，财政部、教育部结合全国学生资助管理中心审核意见，将国家励志奖学金分配名额和预算下达中央主管部门和省级财政、教育部门。

（3）每年9月1日前，中央主管部门和省以下财政、教育部门负责将国家励志奖学金名额和预算下达所属各高校。

3. 申请与评审

（1）国家励志奖学金实行等额评审，坚持公开、公平、公正、择优的原则。

（2）国家励志奖学金申请与评审工作由高校组织实施。高校要根据相关文件的规定，制定具体评审办法，并报中央主管部门或省级教育行政部门备案。高校在开展国家励志奖学金评审工作中，要对农林水地矿油核等国家需要的特殊学科专业学生予以适当倾斜。

（3）国家励志奖学金按学年申请和评审。申请国家励志奖学金的学生为高校在校生中二年级以上（含二年级）的学生。同一学年内，申请国家励志奖学金的学生可以同时申请并获得国家助学金，但不能同时获得国家奖学金。试行免费教育的教育部直属师范院校师范类专业学生不再同时获得国家励志奖学金。

（4）每年9月30日前，学生根据本办法规定的国家励志奖学金的基本申请条件及其他有关规定，向学校提出申请，并递交《普通本科高校、高等职业学校国家励志奖学金申请表》。

（5）高校学生资助管理机构负责组织评审，提出本校当年国家励志奖学金获奖学生建议名单，报学校领导集体研究通过后，在校内进行不少于5个工作日的公示。公示无异议后，每年10月31日前，中央高校评审结果报中央主管部门，地方高校评审结果逐级报至省级教育部门。中央主管部门和省级教育部门于11月15日前批复。

4. 奖学金发放、管理与监督

（1）高校于每年11月30日前将国家励志奖学金一次性发放给获奖学生，并记入学生的学籍档案。

（2）地方财政部门要按有关规定落实所负担的资金，及时拨付，加强管理。

（3）各高校要切实加强管理，认真做好国家励志奖学金的评审和发放工作，确保国家励志奖学金真正用于资助品学兼优的家庭经济困难学生。

（4）各省、自治区、直辖市、各有关部门和高校必须严格执行国家相关财经法规和本办法的规定，对国家励志奖学金实行分账核算，专款专用，不得截留、挤占、挪用，同时应接受财政、审计、纪检监察、主管机关等部门的检查和监督。

（三）国家助学金

1. 基本申请条件

（1）热爱社会主义祖国，拥护中国共产党的领导；

（2）遵守宪法和法律，遵守学校规章制度；

（3）诚实守信，道德品质优良；

（4）勤奋学习，积极上进；

（5）家庭经济困难，生活俭朴。

2. 名额分配与预算下达

（1）每年 5 月底前，中央主管部门和各省（自治区、直辖市）要根据国家确定的有关原则和本办法第三条、第五条的规定，提出所属高校国家助学金名额分配建议方案，报财政部、教育部。财政部、教育部委托全国学生资助管理中心对中央主管部门和各省（自治区、直辖市）报送的国家助学金名额分配建议方案进行审核。

（2）每年 7 月 31 日前，财政部、教育部结合全国学生资助管理中心审核意见，将国家助学金分配名额和预算下达中央主管部门和省级财政、教育部门。

（3）每年 9 月 1 日前，中央主管部门和省以下财政、教育部门负责将国家助学金预算下达所属各高校。

3. 申请与评审

国家助学金的评定工作坚持公开、公平、公正的原则。

（1）国家助学金申请与评审工作由高校组织实施。高校要根据相关文件的规定，制定具体评审办法，并报中央主管部门或省级教育部门备案。高校在开展国家助学金评审工作中，要对农林水地矿油核等国家需要的特殊学科专业学生予以适当倾斜。

（2）国家助学金按学年申请和评审。

（3）每年 9 月 30 日前，学生根据本办法规定的国家助学金的基本申请条件及其他有关规定，向学校提出申请，并递交《普通本科高校、高等职业学校国家助学金申请表》。在同一学年内，申请并获得国家助学金的学生，可同时申请并获得国家奖学金或国家励志奖学金。试行免费教育的教育部直属师范院校师范类专业学生,不再同时获得国家助学金。

(4) 高校学生资助管理机构结合本校家庭经济困难学生等级认定情况,组织评审,提出享受国家助学金资助初步名单及资助档次,报学校领导集体研究通过后,于每年11月15日前,将本校当年国家助学金政策的落实情况按隶属关系报至中央主管部门或省级教育部门备案。

4. 助学金发放、管理与监督

(1) 高校应按月将国家助学金发放到受助学生手中。

(2) 地方财政部门应按有关规定落实所负担的资金,及时拨付,加强管理。

(3) 各高校应切实加强管理,认真做好国家助学金的评审和发放工作,确保国家助学金用于资助家庭经济困难的学生。

(4) 各省(自治区、直辖市)、有关部门和高校必须严格执行国家相关财经法规和本办法的规定,对国家助学金实行分账核算,专款专用,不得截留、挤占、挪用,同时应接受财政、审计、纪检监察、主管机关等部门的检查和监督。

## 第二节 本专科学生奖助政策特点

### 一、设奖主体的范围不断扩大

高校奖助学金的资金来源由最初政府或学校(校级财政)单一主体演变为政府、高校、企业、社会组织、个人等多元主体。根据奖助学金的资金来源可以将资助模式划分为以下几类:第一类是国家财政出资委托学校具体执行,如国家奖学金、国家励志奖学金、国家助学金等。第二类是学校自行出资、自主设立并执行的,如学校自设奖助学金。第三类是企业、社会组织和个人等以捐赠或赞助形式设立并委托学校执行的,如各类企业奖助学金。第四类是企业或慈善基金会在校外设立并由高校初选申报、设奖方组织评审并颁发的。近年来,社会捐赠成为补充高校办学资源的重要途径,大量社会资金注入高等教育领域,社会主体出资设立的奖助学金总量较之以往大幅提升。

### 二、奖励内容和对象不断拓展

根据国家或学校对学生全面发展和精准资助的工作要求,奖助学金的资助也从经济救助转向能力培养与开发。从奖学金的申请条件可以看到，评选标准从原来的单一考察学业成绩到重视学生综合素质，助学金的资助范围也从资助学生生活费用到资助社会实践、出国学习交流、专业技能的锻炼和培养等，体现了发展型奖助学金体系的价值导向。在资助过程中，培养学生全面发展是资助育人工作的目标，在奖助学金评选发放的工作中聚焦加强励志教育、诚信教育和社会责任感教育，培养青年学生自立自强、诚实守信、知恩感恩、勇于担当的良好品质。帮助家庭经济困难学生正确面对困难，引导他们积极主动地利用国家资助完成学业，增强受助学生就业创业能力，促进受助学生成长成才。

### 三、严格的程序和时间节点要求

奖助学金工作对程序和格式要求严格，从名额下达、启动评审、公示、材料报备、金额发放等环节需要严格履行各项程序，在时间节点内完成各项工作。坚持评审工作的公平、公开、公正原则，高校等培养单位要严格按照规定的时间、标准、方式，及时足额将资助金发放到符合条件的学生手中。确因特殊情况不能按时发放的，应当提前向学生说明有关情况，积极采取措施尽快发放，并保证补发到位。按月发放的资助资金，应做好寒暑假、学生毕业等特殊时段的衔接工作，确保全年发放金额达到规定的资助标准。

## 第三节 不同区域的大学生奖助政策

### 一、东部地区奖助政策（浙江省、江苏省）

（一）浙江省在奖助学金管理、宣传等方面的工作

1. 奖学金设立

在2016年出台的《浙江省财政厅 浙江省教育厅关于印发浙江省普通本科高校 高等职业学校省政府奖学金管理办法的通知》（浙财教〔2016〕49号）中，浙江省宣布设立省政府奖学金。浙江省政府奖学金由省财政出资设立，用于奖励浙江省高校全日制本专科学生（以下简称学生）中特别优秀的学生。各高校省政府奖学金名额按高校类别、办学层次、办学质量、在校本专科人数和生源结构等因素确定。在分配名额时，向重点建设高校倾斜。省政府奖学金的奖励标准为每人每年6 000元。

### 2. 国家奖学金特别评审

浙江省国家奖学金特别评审活动已经成为学生资助工作的品牌活动。面向浙江省高校公开评选优秀的国家奖学金获得者，省内公开评选出10名国家奖学金获得者，不占用下达到各高校的国家奖学金名额指标。参选学生需要符合《财政部 教育部关于印发〈普通本科高校、高等职业学校国家奖学金管理暂行办法〉的通知》（财教〔2007〕90号）和《教育部办公厅关于进一步规范普通高校国家奖学金评审与材料填报工作的通知》（教财厅函〔2010〕16号）中国家奖学金申请的基本条件。学习成绩及综合考评成绩有一项或是两项都没有进入前10%，但均在前30%以内的参评学生，需上报在道德风尚、学术研究、学科竞赛、创新发明、社会实践、社会工作、体育竞赛、文艺比赛等某一方面表现特别优秀的详细证明材料。学术类或发明类证明材料需通过专家鉴定，并经过学校审查证实。

### 3. 奖助政策宣传

由浙江省学生资助管理中心主办、20所相关学校承办的浙江省高校2018年国家奖学金获奖学生典型事迹巡回报告会，在17所高校和3所重点普通高中举行。20场报告会，累计近2万名师生聆听，报告团成员和广大师生一起分享自己成长中的快乐、努力、汗水、挫折，每一个优秀学子成长的背后都是一个个感人心扉的故事。2018年，浙江省共有1 933位研究生和本专科学生获得国家奖学金，通过46位国家奖学金获奖学生代表现场专题报告传递青春正能量，同时通过国家奖助政策宣传展板和多媒体视频展播，充分体现党和国家政府给予莘莘学子的关怀关爱。

2018年，浙江省学生资助"最美爱心人物""最美爱心故事"（简称"两美"）风采推荐宣传活动得到了全省各地市、高校和省属高中学校的积极响应，收到推荐申报项目共计264个，从中遴选出31位"最美爱心人物"和31个"最美爱心故事"入围现场展示。7月至8月，浙江省学生资助主管部门与浙江卫视联合制作并播出了入围"两美"事迹专题访谈节目。11月13日和14日，在浙江中医药大学举办了"两美"风采现场展示活动，方爱兰等20人（团体）入选2018年浙江省学生资助"最美爱心人物"TOP20；《爱心托起希望，宏志放飞梦想》等20个故事入选2018年浙江省学生资助"最美爱心故事"TOP20；王丛玮等11人（团体）入选2018年浙江省学生资助"最美爱心人物"；《百万压岁钱献爱心，温暖我同学》等11个故事入选2018年浙江省学生资助"最美爱心故事"。

(二) 江苏省在奖助学金管理、宣传等方面的工作

1. 助学金设立

江苏省"圆梦助学"活动的资助对象为苏北地区五市各县(市、区)参加高考,并被省内公办普通高校录取的建档立卡家庭经济困难的新生(含非建档立卡的家庭经济困难残疾学生、农村低保家庭学生和特困救助供养学生)。每生资助标准达5 000元,为一次性生活费补助。这项活动已经使2 400多位家庭特别困难的学生得到及时资助,帮助他们圆了上大学的梦,赢得各级教育部门和人民群众的广泛好评。

2. 江苏励志成才之星

江苏省学生资助管理中心、省教育基金会和江苏教育报刊总社联合下发了《关于开展"江苏励志成才之星"评选表彰活动的通知》(苏教助中心〔2018〕2号)。主办单位组织专家对各地各校上报的事迹材料开展评选,评出10位"江苏励志成才之星"及10个"江苏励志成才之星提名奖"。

3. 政策宣传

为切实做好国家资助政策宣传,确保家庭经济困难新生知晓国家资助政策,顺利跨入大学校门,江苏省学生资助管理中心开展了高校国家资助政策宣传周活动,组织学生利用课余时间,通过创作资助宣传画、诗歌、歌曲、微电影、微视频等作品,通过微信、微博、论坛、网页等媒介,向社会广泛宣传国家资助政策;印制6.6万张高校资助政策宣传海报,张贴到各社区和乡村,让国家资助政策宣传从校园走向田间地头;印制100万份《全国学生资助管理中心致普通高中毕业生的一封信》《全国学生资助管理中心致初中毕业生的一封信》,发给所有高中、初中毕业生,向他们宣传下一学段的国家资助政策。

淮阴工学院、苏州卫生职业技术学院、常州工学院等高校组织"学生资助宣传大使"志愿者团队奔赴多个省市开展学生资助宣传实践活动。淮阴工学院"动力青春,理想扬帆"学生资助宣传实践活动中,11名志愿者将学生资助政策送回母校、送进乡村;常州工学院的"资助宣传大使"志愿者团队积极参与当地资助中心生源地助学贷款受理工作,向大学新生介绍"绿色通道"、奖助学金等国家资助政策,志愿者们还在家乡开展爱心志愿活动,走访村镇社区,关爱周边弱势群体。

江苏第二师范学院、江苏信息职业技术学院、南京中医药大学等高校的辅导员,在暑期走访家庭经济困难学生。常州大学组建了15个小组,调研走访了18

个区县,慰问了22个困难学生家庭,重点走访了建档立卡学生家庭,并对实地走访的情况记录与问卷调查的信息进行分析整理,进一步完善现有资助政策,全方位保障家庭经济困难学生的各项需求;江苏大学制定10条走访线路,包括甘肃、吉林、贵州、广东、陕西、云南、四川、重庆、浙江、山东、安徽,走访学生共计23位,通过深入走访,全面了解家庭经济困难学生的家庭情况,加强家校之间的沟通,帮助家长了解学校目前针对家庭经济困难学生建立的奖助体系。

## 二、中部地区奖助政策(湖南省、河南省)

(一)湖南省在奖助学金管理、宣传等方面的工作

1. 工作要求

湖南省进一步加强学生资助管理,规范资助行为,改进工作作风,推进学生资助管理质量建设常态化,深化全省学生资助文化建设,研究制定了湖南省学生资助工作"八要""八不准",使其成为全省学生资助工作的共同准则。

湖南省学生资助工作"八要"

一要大力宣传资助政策,做到家喻户晓,人人皆知;
二要精准认定资助对象,做到底数清楚,应助尽助;
三要切实规范评审流程,做到程序透明,公平公正;
四要及时发放资助资金,做到集中统一,足额到位;
五要严格遵守财经纪律,做到专账核算,专款专用;
六要认真维护信息系统,做到数据真实,准确完整;
七要科学管理资助档案,做到资料完备,有据可查;
八要全面推进资助育人,做到立德树人,润物无声。

湖南省学生资助工作"八不准"

不准变更范围降低标准,
不准简化程序轮流坐庄,
不准暗箱操作优亲厚友,
不准公开比穷伤害自尊,
不准违规公示侵犯隐私,
不准虚报冒领套骗资金,
不准截留挪用抵扣收费,
不准雁过拔毛以权谋私。

2. 监管管理

湖南省学生资助管理中心向有关媒体公布了全省、市、县三级学生资助工作咨询投诉电话及电子邮箱,并下发通知,对全省有关部门和学校做好学生资助政策咨询及投诉举报受理工作提出具体要求。通知要求,各普通高等学校要设立学生资助工作咨询投诉电话和电子邮箱,并将学校设立的咨询投诉电话和电子邮箱及上级主管部门设立的咨询投诉电话和电子邮箱一并在校内公布。各市州、县市区学生资助管理中心应要求辖区内的各级各类学校(含幼儿园)将本级和上级(至省级)学生资助管理部门的咨询投诉电话和电子邮箱在校内公布。各高校、各级学生资助部门要安排人员负责接听咨询投诉电话,接收电子邮件,并按职能职责和有关政策规定,认真及时处理本校、本辖区内的每一件咨询投诉(信访)事项,把处理好咨询投诉与腐败专项整治工作结合起来,不断推进全省学生资助工作健康发展。

(二)河南省在奖助学金管理、宣传等方面的工作

河南省已在高等教育阶段建立起国家奖学金、国家励志奖学金、国家助学金、国家助学贷款(包括校园地国家助学贷款和生源地信用助学贷款)、师范生免费教育、高校大学生服义务兵役学费补偿贷款代偿、直接招收士官学费补偿贷款代偿及退役士兵教育资助、新生入学资助项目、勤工助学、学费减免等多种形式有机结合的学生资助政策体系。其中,解决学费、住宿费问题,以国家助学贷款为主,以国家励志奖学金等为辅;解决生活费问题,以国家助学金为主,以勤工助学等为辅。此外,还积极引导和鼓励社会团体、企业和个人面向高校设立奖学金、助学金,共同帮助高校家庭经济困难学生顺利入学并完成学业。河南省规定在省内就读的建档立卡家庭普通本专科学生,按照每生每年4 000元的标准发放国家助学金。国家助学金每学年评定一次。每年9月30日前,学生向学校提出申请,各高校于当年11月15日前完成评审,按月将国家助学金发放到受助学生手中。河南省学生资助管理中心要求各高校利用自有资金、社会组织和个人捐赠资金等,设立奖学金、助学金;对发生临时困难的学生发放特殊困难补助等。

根据相关规定,从2016年秋季学期开始,对在河南省就读的建档立卡家庭专科学生发放"雨露计划"助学补助。后续还出台相关规定,从2018年春季学期开始,对接受高等职业教育包括:全日制普通大专、高职院校、技师学院的建档立卡家庭学生,各地相关部门按照每生每年3 000元的标准发放"雨露计划"助

学补助,资金通过支农惠农"一卡(折)通"直接发放到困难家庭。受助资格由家庭所在地县级相关部门审核并公示,无需另外申请。

## 三、西部地区奖助政策(陕西省、四川省)

(一)陕西省在奖助学金管理、宣传等方面的工作

陕西省各高校,如西安交通大学、长安大学等,均已打造信息平台,助推精准资助科学化。学生资助网、家庭经济困难学生数据库、各个学段学生资助信息系统全部建成运行,资助对象、条件、标准和程序以及资金发放全部实行规范化、信息化、精准化管理。促进学生精准资助工作有效开展,让建档立卡学生得实惠。统筹实施高校精准资助政策,调整资金分配结构,确保家庭经济困难学生顺利就学。对于农村建档立卡家庭学生全部享受一等助学金,实行每生每年6 000元的标准,其中3 500元由国家助学金下拨资金支付,2 500元在各高校当年提取的6%的事业费以及此项费用历年结余费用中支出。这部分学生学费、住宿费高出国家助学贷款限额部分,也在各高校当年提取的6%的事业费以及此项费用历年结余费用中支出,解除家庭经济困难学生的后顾之忧。

陕西省教育厅要求,市、县(区)教育部门、高校要进一步强化精准资助领导责任,加强资助队伍建设;广泛宣传,营造氛围,确保资助政策人人皆知;加强监督考核,保证政策不走样;强化资助育人手段,拓展育人功能;主动与当地学生资助管理部门对接,全程做好家庭经济困难学生的精准识别、精准入库、精准施策、精准资助等工作。

(二)四川省在奖助学金管理、宣传等方面的工作

在四川省就读的家庭经济困难的全日制本、专科(含高职、第二学士学位)在校生和预科生,国家助学金覆盖比例为全省30%左右,分为3档,2 000元/3 000元/4 000元,按照学年申请和评定,每年9月开始申请,当年11月完成评审,流程为学生个人申请,院系评审公示,高校评审公示并报省教育厅、财政厅备案。

此外,对于四川省的家庭经济困难学生,省内院校录取的新生每人发放一次性资助500元,省外院校录取的新生每人发放一次性资助1 000元,按年申请和审核,录取当年7月开始申请,当年8月底完成审核工作。流程为学生申请,县级教育行政部门审查公示并发放受助资金,报省级学生资助管理部门备案,省级学生资助管理部门汇总受助名单,8月底前,一次性发放到学生银行卡。

## 第四节　不同类型高校的大学生奖助政策特点

### 一、中央部属本科院校奖助政策特点

完善国家奖学金制度。中央继续设立国家奖学金,用于奖励普通本科高校和高等职业学校全日制本专科在校生中特别优秀的学生,每年奖励 5 万名,奖励标准为每生每年 8 000 元,所需资金由中央负担。中央与地方共同设立国家励志奖学金,用于奖励资助普通本科高校和高等职业学校全日制本专科在校生中品学兼优的家庭经济困难学生,资助面平均约占全国高校在校生的 3%,资助标准为每生每年 5 000 元。国家励志奖学金适当向国家最需要的农林水地矿油核等专业的学生倾斜。

覆盖全部家庭经济困难学生。建立健全家庭经济困难学生资助政策体系的主要目标是:按照《中共中央关于构建社会主义和谐社会若干重大问题的决定》的有关要求,加大财政投入,落实各项助学政策,扩大受助学生比例,提高资助水平,从制度上基本解决家庭经济困难学生的就学问题。同时,进一步优化教育结构,维护教育公平,促进教育持续健康发展。

（一）加大财政投入

按照建立公共财政体制的要求,大幅度增加财政投入,建立以政府为主导的家庭经济困难学生资助政策体系。

（二）经费合理分担

国家励志奖学金和国家助学金由中央与地方按比例分担。中央对中西部地区给予倾斜。

（三）政策导向明确

在努力使家庭经济困难学生公平享有受教育机会的同时,鼓励学生刻苦学习,接受职业教育,学习国家最需要的专业,到艰苦地区基层单位就业;鼓励学校面向经济欠发达地区扩大招生规模。

中央部门所属高校国家励志奖学金所需资金由中央负担。中央与地方共同设立国家助学金,用于资助普通本科高校、高等职业学校全日制本专科在校生中家庭经济困难学生和中等职业学校所有全日制在校农村学生及城市家庭经济困

难学生。国家助学金资助面平均约占全国普通本科高校和高等职业学校在校生总数的20%。

## 二、省属本科院校奖助政策特点

地方政策支持力度不同。地方教育支出在很大程度上受政府财政规模的限制。除了学校层次和消费水平地区差异因素外,也与经济发展水平、政府财力等有密切关系。目前,我国高等教育已基本形成"两级管理"的行政管理体制,高等教育的投资责任主要依据学校的行政隶属关系划分,中央财政负责中央部属高校投资,受地方财政水平不同的影响,不同省市间生均地方财政拨款存在明显差异。华南、华东地区的生均地方财政拨款高于东北、华中、西北和西南地区,各省对省内高校的投入也直接影响了高校在奖助学金的资助力度和覆盖人数。因此,不同地区的经济发展水平或是对高校的教育投入对当地高校的发展影响很大。以国家助学金为例,地方高校的国家助学金由中央与地方分档按比例分担,不区分生源地区,第一档中央财政负担80%,第二档中央财政负担60%,第三档、第四档、第五档中央财政分别负担50%、30%、10%。

上述第一档包括内蒙古、广西、重庆、四川、贵州、云南、西藏、陕西、甘肃、青海、宁夏、新疆等12个省、市、自治区;第二档包括河北、山西、吉林、黑龙江、安徽、江西、河南、湖北、湖南、海南等10个省;第三档包括辽宁、山东、福建等3个省;第四档包括天津、江苏、浙江、广东等4个省、市以及大连、青岛、宁波、厦门、深圳等5个计划单列市;第五档包括北京、上海等2个直辖市。

(一)各方责任清晰

中央与地方、各相关部门及学校明确分工、各司其职、落实责任、完善制度,操作办法简便易行,并接受社会各界群众监督,确保各项政策措施顺利实施。地方政府结合本地经济发展水平、教育水平和实际情况,制定符合本地区的奖助学金指导政策,推动本地区人才培养发展。

(二)社会捐赠占比小

高校经费来源包括三个方面:国家专项资金和地方政府财政支持,国内外合作和科研成果转化的收益,社会各界包括校友和友好人士、慈善组织的捐赠。地方高校面临的问题是如何扩大教育经费的筹措渠道,形成多元化教育经费以投入更多的奖助学金。社会捐赠是高等教育奖助学金有效的获得途径。然而由于筹资水平、校友资源等各方面限制,导致各学校社会捐赠类奖助学金设立情况差异较大。

### 三、高职(高专)院系奖助政策特点

2007年5月,《国务院关于建立健全普通本科高校、高等职业学校和中等职业学校家庭经济困难学生资助政策体系的意见》(以下简称《意见》)发布。《意见》明确提出了扩大资助对象范围和比例,职业学校、民办高校学生都可列入资助范围,国家助学金资助学生比例由原来的3%提高到20%,加大了资助力度,这一意见的出台促进了民办院校的发展,体现了教育公平的原则。随着国家奖助学金政策的实施,民办院校家庭经济困难学生的认定工作在逐步完善,大多数民办高校已经建立了一套完整的评定流程,但是由于民办高校学费较高,实际助学金名额有限,导致"供需矛盾"。

由于民办院校近年来异军突起,成为我国高等教育不可或缺的一部分,但是由于人们传统观念和认识上的偏差,以及民办院校自身定位的原因,导致社会资源资助力度不足,民办院校的奖助学金体系一般包括国家奖助学金政策和各院校的学院奖助学金政策,社会捐赠类项目占比很低。由于民办院校的收入大部分来自学生的学费,学院为减少开支,分配到学院的奖助学金的金额和人数较少,加之缺少社会资源的投入,民办院校的整体奖助学金的数量和质量都处于相对较低水平。

**案例(来源于中国教育新闻网):**

**精准资助助力家庭经济困难学生茁壮成长**

刘小花(化名)来自陕西省咸阳市某县,家庭十分困难,父亲罹患恶性肿瘤多年。2017年8月,她收到梦寐以求的大学录取通知书后却一筹莫展,学费一年6 000元,住宿费1 500元,对于生活困顿的一家人来说,这是一笔负担不起的开支。家人在短暂的喜悦之后,陷入了"看病"还是"上学"的纠结之中。没想到几天之后,县教育局学生资助管理中心的工作人员来到了小花的家里,为小花详细介绍了国家的资助政策以及小花需要准备的材料。在县教育局的帮助下,小花申请并获得生源地信用助学贷款5 500元,社会爱心捐助7 000元。进入大学后,学校得知小花的情况之后,辅导员深入与其谈心,详细告知了小花在学校可以申请的资助。现在,大一的小花,不仅收到国家给予的3 000元助学金,还收到了一家爱心企业捐赠的6 000元资助金。这些帮扶让刘小花一下子摆脱了经济上的困难,心中重燃对美好未来的信心。

案例分析：党的十九大提出"健全学生资助制度,使绝大多数城乡新增劳动力接受高中阶段教育、更多接受高等教育",这是对学生资助工作提出的更高的要求。而随着《关于进一步落实高等教育学生资助政策的通知》《教育部办公厅关于进一步加强和规范高校家庭经济困难学生认定工作的通知》等政策文件的印发和实施,学生资助范围不断扩大,资助更加精准有效,资助育人成果显著。自2017年起,国家资助不再局限于普通高等院校学生。2017年4月印发的《财政部 教育部 中国人民银行 银监会关于进一步落实高等教育学生资助政策的通知》(财科教〔2017〕21号)明确,国家资助政策从普通高校拓展到科研院所、党校、行政学院、会计学院等各类研究生培养单位,资助对象从全日制普通本专科学生、研究生拓展到预科生。只要家庭经济困难,无论在哪个地方,无论在哪个学段,无论在哪所学校,都能找得到组织,都能享受到相应的资助政策。只要家庭经济困难学生发奋学习,国家完善的资助体系都可以为学生提供资助,学生再也不会因为家庭经济困难而上不起学。

# 第六章
# 研究生奖助政策及其实践

研究生教育是高等教育的重要组成部分,承担着培养高层次人才、创造高水平科研成果、提供高水平社会服务的重任。近年来,在国家全面实行研究生教育收费制度背景下,财政部、教育部等中央有关部门和各级地方政府,以及各级各类学校共同努力,我国研究生教育阶段奖助政策体系逐年完善,资金投入力度不断加大,奖助管理水平进一步提档升级,为保障研究生顺利完成学业奠定了坚实的经济基础。

## 第一节 研究生奖助政策的内容

### 一、政策概览

2013年3月,《财政部 国家发展改革委 教育部联关于完善研究生教育投入机制的意见》(财教〔2013〕19号,以下简称《意见》)印发。《意见》根据我国研究生教育情况,尤其是经费投入状况,重点为完善研究生教育财政拨款制度、完善研究生国家奖助政策体系、建立健全研究生教育收费制度三方面提供了指导。

党的十九大提出"健全学生资助制度,使绝大多数城乡新增劳动力接受高中阶段教育、更多接受高等教育",党的二十大进一步提出"办好人民满意的教育"的目标,对学生资助工作提出了新的、更高的要求。习近平总书记指出,教育公平是社会公平的重要基础,要不断促进教育发展成果更多更公平惠及全体人民,以教育公平促进社会公平正义,要让每一个孩子都对自己有信心、对未来有希望。

2018年3月教育部部长陈宝生在《人民日报》上撰文《进一步加强学生资助工作》,明确指出要把思想和认识统一到党的十九大精神和习近平总书记重要指示上来,充分认识到学生资助工作是一项重要的长期的工作,要清醒看到个别地方还存在不精准、不规范的问题,进一步增强做好学生资助工作的使命感、责任感、紧迫感,在政策制定、资金安排、管理力量配置等方面,突出学生资助、保障学生资助。文中就如何全面推进学生资助精准化、切实发挥学生资助育人功效以及努力提升学生资助科学化水平提出了明确的要求。

在习近平新时代中国特色社会主义思想的引领下,《关于进一步落实高等教育学生资助政策的通知》《关于进一步加强和规范高校家庭经济困难学生认定工作的通知》《学生资助资金管理办法》等政策陆续出台并实施,学生资助范围不断扩大,资助更加精准有效,资助育人成果显著。

聚焦于研究生奖助政策体系,将从以下三个方面进一步解读:

(一)研究生国家奖助政策出台的背景[①]

完善研究生教育投入机制,进一步提高培养质量。为贯彻落实《国家中长期教育改革和发展规划纲要(2010—2020年)》(以下简称《教育规划纲要》)的有关要求,有力支持研究生招生和培养改革,进一步提高研究生培养质量,为经济社会发展提供强大人才保障和智力支持,财政部、国家发展改革委员会、教育部相继出台系列政策制度,围绕财政拨款制度、奖助政策体系和收费制度,进一步完善研究生教育投入机制。

完善财政拨款制度,不是简单地增加财政投入,而是重在健全财政投入机制;完善奖助政策体系,不是简单地增加奖助经费,而是重在健全激励与资助机制;建立健全收费制度,不是简单地向学生收费,而是重在健全成本分担机制。财政拨款制度、奖助政策体系与研究生教育收费制度,是一揽子设计的,三位一体、相互联系。要深化研究生教育改革,提高研究生培养质量,必须完善研究生教育投入机制;要完善研究生教育投入机制,必须确定科学合理的经费分担机制,必须实行研究生教育收费制度;实行研究生教育收费制度,必须建立健全奖助政策体系,并且两者要统一设计、同步实施,从而解决好家庭经济困难研究生的经济困难,缓解全面收费带来的经济压力,切实促进教育公平。

---

① 全国学生资助管理中心.高等学校学生资助政策简介(研究生).[EB/OL]http://www.xszz.cee.edu.cn/index.php/shows/23/2566.html.

完善国家资助政策体系,进一步促进教育公平。教育公平是社会公平的重要基础,得到党和国家的高度重视与关注。《教育规划纲要》要求,"健全国家资助政策体系……建立健全研究生教育收费制度,完善资助政策,设立研究生国家奖学金"。

在完善研究生奖助政策体系之前,我国已经建立了覆盖学前教育、义务教育、普通高中教育、中等职业教育和高等教育等各教育阶段的资助政策。但在高等教育阶段,国家主要针对本专科学生建立了较为完善的资助政策体系,研究生奖助政策体系相对不完善。只有建立完善的研究生奖助政策体系,才能真正健全高等教育国家资助政策体系,使得国家资助政策覆盖所有普通高等教育阶段,国家资助政策才能实现真正意义上的全覆盖,才能切实维护广大研究生的利益,进一步促进教育公平。

(二) 全面实行研究生教育收费制度的依据①

我国普通高校各类本专科学生已在20世纪90年代实行了收费制度。多年来,一些高校在推进研究生培养机制改革过程中进行了收费探索,但总体上我国研究生教育收费制度并不健全。

我国《高等教育法》规定:"高等学校的学生应当按照国家规定缴纳学费。"研究生教育属于非义务教育,应实行以政府投入为主、受教育者合理分担培养成本、多渠道筹措经费的投入机制。完善研究生教育收费制度,有利于推动非义务教育成本分担机制的建立和完善;有利于财政增加研究生教育拨款,支持研究生教育改革与发展,提高研究生教育质量;也有利于建立健全收费与奖助并举的激励机制和保障制度。为此,《教育规划纲要》明确要求"建立健全研究生教育收费制度"。按照这一要求,决定从2014年秋季学期起,按照"新生新办法、老生老办法"的原则,向所有纳入全国研究生招生计划的新入学研究生收取学费。同时完善奖助政策体系,扩大奖助范围,提高资助标准。

(三) 建立健全国家奖助政策体系,普遍提高研究生待遇水平②

控制研究生教育收费标准。《意见》指出,研究生学费标准应综合考虑不同专业研究生培养成本、当地经济发展水平、办学条件、居民经济承受能力等因素,

---

① 全国学生资助管理中心. 高等学校学生资助政策简介(研究生). [EB/OL] http://www.xszz.cee.edu.cn/index.php/shows/23/2566.html.

② 全国学生资助管理中心. 高等学校学生资助政策简介(研究生). [EB/OL] http://www.xszz.cee.edu.cn/index.php/shows/23/2566.html.

并与本专科学费标准及已收费研究生学费标准衔接。原则上,现阶段全日制学术学位研究生学费标准,硕士生每生每年不超过 8 000 元,博士生每生每年不超过 10 000 元。全日制专业学位研究生以及目前已按规定实行收费政策的研究生,暂执行原收费政策。从上述内容看,国家充分考虑到了研究生对学费的承受能力,对研究生学费标准进行了合理、严格的控制。

在实行全面收费的同时,建立健全多元奖助政策体系,确保研究生特别是家庭经济困难研究生顺利完成学业。研究生可全面享受本专科生政策,奖助学金标准更高。

国家奖学金用于奖励特别优秀的研究生,每年奖励硕士生 3.5 万名,每生每年 2 万元;每年奖励博士生 1 万名,每生每年 3 万元。还设有研究生学业奖学金,其覆盖面、等级、奖励标准和评定办法由各高校确定。

研究生可申请国家助学金,资助纳入全国研究生招生计划的所有全日制研究生(有固定工资收入的除外)。硕士生每生每年不低于 6 000 元,博士生每生每年不低于 13 000 元。

此外,还设有研究生"三助"(助研、助教、助管)岗位津贴,并提供"三助"津贴;其他如研究生国家助学贷款、基层就业国家资助、服兵役国家教育资助等的申请条件、程序及其规定与本专科生基本相同,资助标准为每生每年不高于 16 000 元[①]。

综合衡量计算各项奖助政策的覆盖范围与奖助标准,总体上讲,研究生所获奖助资金额度超过缴纳学费额度,奖助政策不仅能够有效缓解全面收费给研究生带来的经济压力,更能够提高大部分研究生的经济待遇。

## 二、主要内容

(一)研究生国家奖学金

为发展中国特色研究生教育,促进研究生培养机制改革,提高研究生培养质量,根据《教育规划纲要》,设立研究生国家奖学金。研究生国家奖学金由中央财政出资设立,每年奖励普通高等学校(以下简称高等学校)中表现优异的全日制研究生 4.5 万名,其中博士研究生 1 万名,奖励标准为每生每年 3 万元;硕士研

---

① 财政部,教育部,人力资源社会保障部,退役军人部,中央军委国防动员部.关于印发《学生资助资金管理办法》的通知(财教〔2021〕310 号).[EB/OL] http://www.jiangan.gov.cn/jaxxw/zfxxgk/fdzdgk/shgysy_41394/jyly_41409/knxszz/202209/t20220905_2035540.shtml.

究生 3.5 万名,奖励标准为每生每年 2 万元①。

（二）研究生学业奖学金②

为激励研究生勤奋学习、潜心科研、勇于创新、积极进取,在全面实行研究生教育收费制度的情况下更好地支持研究生顺利完成学业,根据《财政部 国家发展改革委 教育部关于完善研究生教育投入机制的意见》(财教〔2013〕19 号)精神,从 2014 年秋季学期起,设立研究生学业奖学金。从 2014 年秋季学期起,中央财政对中央高校研究生学业奖学金所需资金,按照博士研究生每生每年 10 000 元、硕士研究生每生每年 8 000 元的标准以及在校生人数的一定比例给予支持,所需资金按照预算管理程序列入年度部门预算。

中央高校应统筹利用财政拨款、学费收入、社会捐助等,根据研究生学业成绩、科研成果、社会服务等因素,确定研究生学业奖学金的覆盖面、等级、奖励标准,并根据实际情况动态调整。研究生学业奖学金名额分配应向基础学科和国家急需的学科(专业、方向)倾斜。

（三）研究生国家助学金

为完善研究生奖助政策体系,提高研究生待遇水平,根据《财政部 国家发展改革委 教育部关于完善研究生教育投入机制的意见》(财教〔2013〕19 号)精神,自 2014 年秋季学期起,研究生普通奖学金调整为研究生国家助学金。

研究生国家助学金用于资助全日制研究生的基本生活支出。中央高校硕士研究生每生每年 6 000 元,博士研究生每生每年 15 000 元;地方所属高校研究生国家助学金资助标准由各省(自治区、直辖市、计划单列市,以下统称省)财政部门会同教育部门确定,硕士研究生每生每年不低于 6 000 元,博士研究生每生每年不低于 13 000 元。高校应足额按月将研究生国家助学金发放到符合条件的学生手中③。

（四）研究生"三助"岗位津贴

"三助"岗位津贴注重调动研究生参与科学研究、教学实践、管理工作的积

---

① 财政部,教育部,人力资源社会保障部,退役军人部,中央军委国防动员部. 关于印发《学生资助资金管理办法》的通知(财教〔2021〕310 号). [EB/OL] http://www.jiangan.gov.cn/jaxxw/zfxxgk/fdzdgk/shgysy_41394/jyly_41409/knxszz/202209/t20220905_2035540.shtml.

② 财政部,教育部,人力资源社会保障部,退役军人部,中央军委国防动员部. 关于印发《学生资助资金管理办法》的通知(财教〔2021〕310 号). [EB/OL] http://www.jiangan.gov.cn/jaxxw/zfxxgk/fdzdgk/shgysy_41394/jyly_41409/knxszz/202209/t20220905_2035540.shtml.

③ 《财政部 教育部 人力资源社会保障部 退役军人部 中央军委国防动员部关于印发〈学生资助资金管理办法〉的通知》(财教〔2021〕310 号.

极性,加强能力训练和培养,并补助学习生活支出。高校要按规定统筹利用教育拨款、科研经费、学费收入、社会捐助等资金,设置研究生"三助"岗位,并提供"三助"岗位津贴。原则上,助研津贴主要通过科研项目经费中的劳务费及科研间接费列支,助教津贴和助管津贴所需资金由高校承担。高校要重视助研岗位设置并加大助研津贴资助力度,建立健全导师责任制和导师项目资助制,充分调动研究生参与科学研究和社会实践的积极性。高校要加大基本科研业务费对研究生培养的支持力度,支持符合条件的研究生特别是博士生开展自主研究,并对人文社科、基础学科等给予倾斜支持。研究生"三助"岗位津贴标准由高校依据国家有关规定,结合当地物价水平等因素合理确定[①]。

(五) 其他政策

高校要综合采取减免学费、发放特殊困难补助、开辟入学"绿色通道"、设置各类帮困类助学金等方式,加大对家庭经济困难研究生的资助力度。

高校要进一步落实和完善鼓励捐资助学的优惠政策,积极引导和鼓励企业、社会团体和个人面向高校设立研究生奖助学金、专题研究项目,或提供实践实习岗位、就职锻炼机会等。鼓励有条件的高等学校设立留学生奖学金,吸引国外优秀学生来华攻读研究生学位[②]。

## 三、执行要点

(一) 研究生国家奖学金

研究生国家奖学金由中央财政出资设立,用于奖励纳入全国招生计划的高校中表现优异的全日制研究生。财政部、教育部根据各高等学校研究生规模、培养质量以及上一年度研究生国家奖学金执行情况,制定研究生国家奖学金年度分配名额和预算。

(1) 政策起始时间:2012年秋季学期。

(2) 奖励标准:硕士研究生国家奖学金奖励标准为每生每年2万元;博士研究生国家奖学金奖励标准为每生每年3万元。

---

[①] 财政部,教育部,人力资源社会保障部,退役军人部,中央军委国防动员部. 关于印发《学生资助资金管理办法》的通知(财教〔2021〕310号). [EB/OL]http://www.jiangan.gov.cn/jaxxw/zfxxgk/fdzdgk/shgysy_41394/jyly_41409/knxszz/202209/t20220905_2035540.shtml.

[②] 财政部,国家发展改革委,教育部. 关于完善研究生教育投入机制的意见(财教〔2013〕19号). [EB/OL]http://www.moe.gov.cn/jyb_xxgk/moe_1777/moe_1779/201303/t20130302_148129.html.

(3) 基本申请条件：

第一，具有中华人民共和国国籍；

第二，热爱社会主义祖国，拥护中国共产党的领导；

第三，遵守宪法和法律，遵守高校规章制度；

第四，诚实守信，道德品质优良；

第五，学习成绩优异，科研能力显著，发展潜力突出。

(4) 申请、评审与发放：

研究生国家奖学金每年评审一次。学生提交申请后，高校负责组织评审，于每年12月31日前将当年研究生国家奖学金一次性发放给获奖学生，记入学生学籍档案，并向获奖学生颁发国家统一印制的荣誉证书。

高等学校应建立健全与研究生规模和现有管理机构设置相适应的研究生国家奖学金评审组织机制；基层单位评审委员会主任委员负责组织委员会委员对申请国家奖学金的学生进行初步评审，评审过程中应充分尊重本基层单位学术组织、研究生导师的推荐意见。基层单位评审委员会确定本单位获奖学生名单后，应在本基层单位内进行不少于5个工作日的公示。公示无异议后，提交高等学校研究生国家奖学金评审领导小组进行审定，审定结果在高等学校全范围内进行不少于5个工作日的公示；研究生国家奖学金的评审工作，应坚持公开、公平、公正、择优的原则，加强研究生国家奖学金管理工作。

评审委员会成员在履行评审工作职责时应遵循以下原则：

平等原则，即在评审过程中，积极听取其他委员的意见，在平等、协商的气氛中提出评审意见；

回避原则，即发生与评审对象存在亲属关系、直接经济利益关系或有其他可能影响评审工作公平公正的情形时，应主动向评审委员会申请回避；

公正原则，即不得利用评审委员的特殊身份和影响力，单独或与有关人员共同为评审对象提供获奖便利；

保密原则，即不得擅自披露评审结果及其他评审委员的意见等相关保密信息。

(5) 申诉：

对评审过程和结果有异议的学生及相关人员，可在基层单位公示阶段向评审委员会提出申诉，评审委员会应及时研究并予以答复。如申诉人对评审委员会答复存在异议,可在学校公示阶段向评审领导小组提请裁决。如仍存异议,可向有关管理部门投诉①。

(二)研究生国家助学金

研究生国家助学金用于资助普通高校纳入全国研究生招生计划的所有全日制研究生(有固定工资收入的除外),补助研究生基本生活支出②。

中央部门所属高校研究生国家助学金所需资金,由中央财政承担;高校应足额按月将研究生国家助学金发放到符合条件的学生手中;研究生在学制期限内,由于出国、疾病等原因办理保留学籍或休学等手续的,暂停对其发放研究生国家助学金,待其恢复学籍后再行发放。超过规定学制年限的延期毕业生不再享受研究生国家助学金。

(1)政策起始时间:2014年秋季学期。

(2)资助对象及范围:所有纳入全国研究生招生计划且具有中华人民共和国国籍的全日制研究生(有固定工资收入的除外)。

(3)资助标准:国家助学金用于补助研究生基本生活支出。硕士研究生资助标准不低于每生每年6 000元,博士研究生资助标准不低于每生每年13 000元。中央部门所属高等学校硕士研究生资助标准为每生每年6 000元,博士研究生资助标准为每生每年15 000元。

(三)研究生学业奖学金

研究生学业奖学金是为激励研究生勤奋学习、潜心科研、勇于创新、积极进取而设立的奖学金。《财政部 教育部关于印发〈研究生学业奖学金管理暂行办法〉的通知》(财教〔2013〕219号)对中央高校研究生学业奖学金做出了具体规定,同时要求:"各省、自治区、直辖市、计划单列市财政、教育部门应根据本办法精神,确定地方财政对本省(自治区、直辖市、计划单列市)所属高校研究生学业奖学金的支持力度,制定地方所属高校研究生学业奖学金管理办法,报财政部、教育部备案。"在《关于印发〈学生资助资金管理办法〉的通知》(财教〔2021〕310号)中也有类似表述。

(1)政策起始时间:2014年秋季学期。

---

① 全国学生资助管理中心.高等学校学生资助政策简介(研究生).[EB/OL]http://www.xszz.cee.edu.cn/index.php/shows/23/2566.html.
② 全国学生资助管理中心.高等学校学生资助政策简介(研究生).[EB/OL]http://www.xszz.cee.edu.cn/index.php/shows/23/2566.html.

（2）奖励对象：中央高校纳入全国研究生招生计划且具有中华人民共和国国籍的优秀全日制研究生。

（3）奖励标准及范围：

第一，中央高校根据研究生学业成绩、科研成果、社会服务等因素，确定研究生学业奖学金的覆盖面、等级、奖励标准，报财政部、教育部备案。

自2019年起《学生资助资金管理办法》更新为：中央高校全日制研究生，中央财政按照硕士研究生每生每年8 000元、博士研究生每生每年10 000元的标准以及在校学生数的一定比例给予支持。

第二，研究生学业奖学金名额分配向基础学科和国家亟需的学科（专业、方向）倾斜。中央高校根据实际情况，对研究生学业奖学金覆盖面、等级和奖励标准进行动态调整。

（4）基本申请条件：

第一，具有中华人民共和国国籍；

第二，热爱社会主义祖国，拥护中国共产党的领导；

第三，遵守宪法和法律，遵守高校规章制度；

第四，诚实守信，品学兼优；

第五，积极参与科学研究和社会实践。

（5）评审与发放：

研究生学业奖学金每年评审一次，由高校负责组织评审。中央高校于每年12月31日前将当年研究生学业奖学金一次性发放给学生，并将研究生获得学业奖学金情况记入学生学籍档案。

中央高校应建立健全与本校研究生规模和管理机构相适应的研究生学业奖学金评审机制。中央高校应成立研究生学业奖学金评审领导小组，负责制定本校研究生学业奖学金评审实施细则，制定名额分配方案，统筹领导、协调和监督本校评审工作，并裁决有关申诉事项；中央高校下设的基层单位（院、系、所，下同）应成立研究生学业奖学金评审委员会，负责本单位研究生学业奖学金的申请组织、初步评审等工作；基层单位研究生学业奖学金评审委员会确定本单位获奖学生名单后，应在本基层单位内进行不少于5个工作日的公示。公示无异议后，提交学校研究生学业奖学金评审领导小组审定，审定结果在全校范围内进行不少于5个工作日的公示。研究生学业奖学金的评审工作应坚持公正、公平、公开、择优的原则，严格执行国家有关教育法规，杜绝弄虚作假。

## 第二节　研究生奖助政策的特点

### 一、研究生资助政策体系总体特点

当前,研究生资助政策体系总体呈现五大特点:

（一）保障基本生活

将普通奖学金调整为国家助学金,补助研究生基本生活费用,覆盖所有纳入全国研究生招生计划的全日制研究生,而且资助标准明显提高。

（二）加大激励力度

设立研究生国家奖学金,标准为博士研究生每生每年3万元、硕士研究生每生每年2万元。同时,设立研究生学业奖学金,由学校组织实施。

（三）鼓励全面发展

鼓励研究生积极参与教学、科研、管理。高校按规定统筹多渠道资金,建立健全导师责任制和导师项目资助制,加大对助教、助研、助管（即"三助"）岗位津贴资助力度,根据研究生参与教学、科研、管理的实绩给予相应资助。

（四）提高贷款额度

提高研究生国家助学贷款最高限额,确保符合条件的研究生可以申请并获得足额的国家助学贷款。

（五）完善配套政策措施

高等学校要综合采取减免学费、发放特殊困难补助、开辟入学"绿色通道"等方式,加大对家庭经济困难研究生的资助力度。进一步落实和完善鼓励捐资助学的优惠政策,积极引导和鼓励企业、社会团体和个人面向高等学校设立研究生奖助学金、专题研究项目,或提供实践实习岗位、就职锻炼机会等。

### 二、研究生奖助政策特点

聚焦于奖助政策的设计,呈现出以下特点:

（一）国家高度重视,财政投入占主导地位

截至2022年,全国学生资助金额累计超过2万亿元。其中,财政投入资金累计达1.45万亿元,占资助资金总额的72%。年资助金额从2012年的1322亿元,增加到2021年的2668亿元,翻了一番。财政投入资金从2012年的1020

亿元,增加到2021年的2 007亿元,增长97%。

**(二) 确保研究生奖助政策不留死角**

截至2022年,全国累计资助学生近13亿人次,年资助人次从2012年的近1.2亿人次,增加到2021年的1.5亿人次,实现了资助政策"所有学段、所有学校、所有家庭经济困难学生"全覆盖。

对于研究生,除高等院校外,我国进一步明确科研院所、党校(行政学院)、国家会计学院等研究生培养单位全面落实研究生奖助政策,确保符合条件的研究生给都能享受到相应的资助。

**(三) 各项研究生奖助政策功能定位明确,优化组合空间大**

国家奖学金、学业奖学金注重奖优,激励研究生潜心学习研究、积极进取;国家助学金、国家助学贷款注重公平,帮助研究生解决基本生活和学习费用;"三助"岗位津贴注重调动研究生参与科学研究、教学实践、管理工作的积极性,加强能力训练和培养,并补助学习生活支出;服兵役国家教育资助和基层就业学费补偿国家助学贷款代偿等,注重发挥资助政策的引导性和补偿性,鼓励学生投身到国家发展需要的行业和领域。

## 第三节　研究生"三助"工作实践

我国研究生"三助"工作开始于20世纪80年代,国家对"三助"工作的功能定位也几经演变,表6-1列出了"三助"工作从产生至今的相关政策文件。

表6-1　我国研究生"三助"工作相关政策文件

| 年份 | 文　件　名 | "三助"工作相关内容 | "三助"工作功能定位 |
| --- | --- | --- | --- |
| 1986 | 《关于改进和加强研究生工作的通知》 | 积极建立研究生兼做助教工作制度 | 教学实践能力培养 |
| 1988 | 《高等学校聘用研究生担任助教工作的试行办法》 | 明确研究生助教工作办法 | 能力培养、解决待遇问题 |
| 1989 | 《关于进一步做好研究生兼任教学、科研和行政管理工作的通知》 | 规范研究生参与"三助"工作的管理办法 | 能力培养、解决待遇问题 |

续 表

| 年份 | 文 件 名 | "三助"工作相关内容 | "三助"工作功能定位 |
|---|---|---|---|
| 1992 | 《关于加快改革和积极发展普通高等教育的意见》 | 继续推行和扩大研究生兼做助教、助管、助研的试点 | 提高实践能力、解决待遇问题 |
| 1994 | 《关于研究生近期工作要点》 | 逐步推行研究生兼任"三助"制度 | 提高实践能力、解决待遇问题 |
| 2005 | 《共青团中央、教育部关于进一步做好大学生勤工助学工作的意见》 | 积极推进学生兼任助教、助研、助管工作,力争用3—4年时间,使60%以上的在校研究生和部分本科生能够拥有"三助"岗位 | 助学 |
| 2009 | 《教育部办公厅关于进一步做好研究生培养机制改革试点工作的通知》 | 要进一步完善研究生"三助"制度,使承担"三助"工作成为研究生获得助学金的重要途径 | 助学 |
| 2014 | 《教育部关于做好研究生担任助研、助教、助管和学生辅导员工作的意见》 | 进一步突出"三助一辅"的培养功能 | 培养功能为主,其他功能为辅 |
| 2018 | 《教育部 财政部关于印发〈高等学校勤工助学管理办法(2018年修订)〉的通知》 | 强调勤助育人,规范管理制度 | 勤工助学是实现全程育人、全方位育人的有效平台 |

从表6-1可以看出,我国研究生"三助"工作相关政策几经演变,"三助"岗位的规模和资助力度不断加大,"三助"工作定位从助学功能逐渐转变为培养功能为主,其他功能为辅。

2014年,为贯彻落实《教育部 国家发展改革委 财政部关于深化研究生教育改革的意见》(教研〔2013〕1号)、《财政部 国家发展改革委 教育部关于完善研究生投入机制的意见》(财教〔2013〕19号),深化研究生教育综合改革,进一步提高研究生培养质量,教育部就进一步做好研究生担任助研、助教、助管和学生辅导员(以下简称"三助一辅")工作,发布《教育部关于做好研究生担任助研、助教、助管和学生辅导员工作的意见》(教研〔2014〕6号)(以下简称《"三助一辅"意见》)。《"三助一辅"意见》指出要重视发挥"三助一辅"对研究生能力培养的重要作用,进一步突出"三助一辅"的培养功能。研究生参加"三助一辅"工作,符合研究生培养规律和全面能力培养要求,并对培养单位的科研、教学以及管理具有重要的支撑或补充作用。进一步强化"三助一辅"的培养功能,改进和加强管理服务,对于推进研究生培养模式和培养机制改革,提高研究生培养质量具有重要意义。

## 一、研究生助管工作实践

《"三助一辅"意见》指出,要重视通过助管工作加强研究生管理能力锻炼。在适度发挥助困作用的同时,重视助管工作对研究生协调、沟通能力和责任意识的锻炼。积极探索将实验室管理、学生咨询服务等纳入助管工作范畴,增强助管工作与专业学习的相关性,支持研究生组成项目小组合作开展工作,为研究生提供提出问题、分析问题和解决问题的全面能力训练。

（一）助管岗位问题分析

目前国内高校研究生助管岗位尚存在如下问题：

第一,部分研究生认为研究生群体做助管工作是大材小用,没办法学以致用,更愿意申请助研和助教岗位。

第二,学校主要从助学帮困角度,提供助管岗位预算拨款。助管聘用部门主要从补充人力资源角度,分配给助管重复性、低难度的工作,例如复印、接电话、送文件等。助管个人多数以拿钱干活的态度从事工作,缺乏责任心和主动性。

第三,助管工作缺乏有力的抓手,管理和考核比较松散,助管聘用部门对助管的要求不统一,担任助管工作的研究生缺乏系统的培训。

（二）助管管理优化措施

第一,坚持"能力培养为主,助学帮困、人力资源补充功能为辅"的原则。要求助管聘用单位科学设计助管岗位的岗位职责,制订详细的助管培养计划,使研究生在担任一个阶段的助管工作后能够获得管理、协调、沟通能力和责任意识的锻炼。

第二,建立研究生助管培训体系。要求助管聘用单位负责对研究生助管进行必要的业务指导和培训。学校层面可为研究生助管设置办公基本技能培训课,例如行政礼仪、沟通技巧、办公软件应用、公文写作等。

第三,建立考核和激励机制。助管岗位每年年终进行考核,同时对助管聘用单位、助管带教老师、担任助管工作的研究生进行评分。对助管聘用单位、助管带教老师的考核意见将影响其将来申请设置助管岗位的机会。对研究生助管的考核结果将记录入个人档案,作为评奖评优的参考。对于考核优秀的助管可考虑设置优秀助管奖金,对于考核不合格的助管取消其以后的申请资格。

## 二、研究生助教工作实践

《"三助一辅"意见》指出,要"提升助教对研究生能力培养和知识掌握的有效作用"。研究生担任助教工作,有助于培养研究生从事教学工作的能力,增强研究生对相关知识的系统掌握和理解,是研究生在实践中培养的有效途径。要根据本单位研究生培养目标定位和不同学科特点,结合教学方法改革和教学工作实际需要,对研究生参加助教工作做出要求。要在承担作业批改和一般答疑工作的基础上,科学设计和充实助教工作内容,从工作、培养两方面提出要求和进行考核。通过更多参与课程教学准备,更多参与研讨式教学、案例教学的组织工作等,加大对研究生教学能力的培养力度,加深研究生对知识的系统掌握和理解。

### (一) 助教岗位问题分析

目前国内高校研究生助教岗位存在的问题:

第一,由于课程类型和授课方式千差万别,有的助教工作量很大,有的助教工作量较小。助教酬金如果采用"一刀切"的标准则有失公平性。

第二,由于助教酬金一般是由学校出资,任课教师对于助教的管理缺乏积极性,有些助教表现不佳也仍然能够继续工作、获得酬金。

第三,研究生担任助教的任职的资格尚未明确和统一,国内高校少有具体的规定。国外很多大学不仅对于申请助教工作的研究生的绩点做出最低明确要求,同时还要求研究生接受系统的助教培训后才能担任相关工作。

### (二) 助教管理优化举措

基于我国高校研究生助教岗位的现状,借鉴国外高校助教制度的经验,提出助教岗位管理制度优化举措:

第一,助教岗位分级。按照助教工作量和难易程度,设置不同酬金标准的岗位。由各教学单位根据每学期教学工作安排,按需申报岗位需求量,由学校进行统一预算和分配。

第二,建立考核和激励机制。按学期对助教工作进行总结和考核,对参加助教工作的研究生、带教的任课教师、教学单位三方都要进行考核和评价,评价结果作为下一个学期助教申请的参考。

第三,建立研究生助教培训体系。该培训体系包括必修课、提高课、小组讨论等。要求所有申请助教工作的研究生满足一定的绩点要求且完成助教培训必修课才能正式上岗工作。开始工作后还需参加提高课和小组讨论，不断提高教学能力，将助教培训情况记入研究生的学籍档案，为将来研究生毕业后从事教学工作打下良好的基础。

### 三、研究生助研工作实践

《"三助一辅"意见》指出：坚持把助研作为研究生科研能力培养的重要途径。"在科研和实践中培养"是培养研究生的基本模式。对于适合以助研方式进行科研训练的学科，研究生均应参加助研工作。要以培养目标和学位基本要求为依据，以有利于研究生成才成长和长远发展为目标，合理安排研究生的助研工作，避免单纯服从科研任务需要、工作内容简单重复，或缺乏必要的科研工作支撑、研究生不能参与足够科研训练等问题，保证研究生接受全面、系统的能力培养和训练。

（一）助研岗位问题分析

目前国内高校研究生助研岗位尚存在如下问题：

第一，培养机制改革后，很多高校规定全日制学术型研究生每人都享受助研岗位，使得研究生认为获得助研酬金天经地义，将助研酬金视同为生活补助，参与助研工作的态度不端正，管理部门也缺乏考核和激励手段。

第二，理工科与文科在科研经费来源上存在天然的差距，文科专业的导师对于设置助研岗位、为学生提供助研经费有较大意见。部分导师认为学生并没有对自己的科研起到辅助作用，甚至对招收研究生持消极态度，招生变成了完成任务。

第三，导师与研究生的关系也对助研工作产生一定影响。有的研究生与导师关系恶化，研究生长期不与导师联系，不参与导师科研工作，导师提出终止其助研酬金。此时学校作为"三助"工作管理方，还需在导师和研究生之间进行仲裁和调解。

第四，近年来高校对外交流日益频繁，研究生群体中很大比例在学习期间有出国交流的机会。部分导师认为，研究生出国交流期间，并没有为导师的科研项目作出贡献，应该停止发放助研酬金；而学生则认为出国期间的工作也是为导师的科研工作做积累，应该获得助研酬金。

（二）助研岗位管理优化举措

基于我国高校研究生培养机制改革的目标，同时借鉴国外高校助研制度的经验，提出助研岗位管理制度创新的思考：

第一，建立项目负责人制。对于理工科，可以根据科研项目设置助研岗位而不是根据导师或者导师招生研究生人数设置助研岗位。仿照 PI 制（Principal Investigator），项目负责人可以根据项目预算情况申请设置助研岗位数目、工作期限和具体要求，并提交详细的助研培养计划，学校可以在项目预算基础上增加拨款。

第二，设立扶持基金。对于文科或其他科研经费来源较少的学科，采取"学校设置扶持基金＋导师申请"的形式，扶持基金每年申请一次，相应的助研岗位工作期限也是一年。导师申请扶持基金需提供详细的助研培养计划、助研岗位数目及要求。

第三，建立考核和激励机制。助研岗位每年年终进行考核，考核由学校统一组织，对设置助研岗位的项目负责人和参加助研工作的研究生同时进行考核。对于参加助研工作的研究生的考核结果将计入其学籍档案，在奖学金和其他荣誉评选时作为参考和依据。对于项目负责人的考核结果将影响其未来设置助研岗位的机会。

## 第四节　研究生奖助政策的思考

### 一、研究生奖助政策体系存在的不足

（一）激励导向存在偏差，缺乏有效激励

目前高校奖助制度中奖助学金类别单一，主要以国家奖学金、学业奖学金和国家助学金为主，研究生学习和科研积极性未完全被调动起来，奖助学金没有产生应有的激励效用。

奖助学金的项目设置仍存不合理，分配标准趋同。

第一，奖助对象的无差别性。现有的奖助标准忽略学生之间存在的学科、学位类别和学习阶段等各类客观差异，但目前对所有学生采用同一奖助政策，教育成本差异考虑不全。在学科方面，工科专业的项目经费与未来预期收益普遍高于人文学科及理论研究型学科，现有的奖助政策对不同学科奖助学金的额度设置相同，导致不同学科之间教育资源分配不公。在学位类别方面，与学术型学位研究生不同，专业学位研究生侧重执业和实践能力的培养，当前奖助体系倾向于

奖励科研成果突出的学术型学位研究生，专业学位研究生处于相对弱势，甚至由于奖助政策的导向使很多专业学位研究生对自身所接受的教育模式产生了质疑。在学习阶段方面，低年级研究生主要以课程学习为主，很少有精力参与科研项目，高年级研究生多数时间进行的是学术性与创造性的科研，他们相对低年级研究生来讲需要更多的资金支持。

第二，奖助金额的同一性。我国大多数高校的学业奖学金级差偏小，且国家奖学金的覆盖面窄。在助学金方面，仍采取"撒胡椒面式""多点开花"的分散助学模式，使资助效率大打折扣，虽覆盖面广，但却成了"大锅饭"式的平均主义，很难让学生意识到助学金制度的真正价值，无法激发学生追求卓越的积极性，更无法集中优势力量把有限的资金用在刀刃上，更无法发挥助学金育人的作用。

(二) 奖助经费财政依赖性高，资金来源单一

《中国统计年鉴2016》显示，截至2016年，我国研究生的招生规模比十年前增长了近四成，随着消费水平的不断提升，原有的奖助项目和金额已无法满足日益增长的研究生群体需要。研究生奖助的资金来源虽较之前多元化，但从各项资金来源占奖助总比重看还是相对单一，研究生教育经费的投入仍以政府拨款和学校投入为主，并未完全调动社会的积极性。教育规模飞速扩大，相应的财政支持却止步不前，直接导致对研究生的资助力度难以提升。企业、社会组织及个人无法有效参与，社会资源的进入渠道有限，使国家助学金发放额度受限。因此在资金筹措方面应重点考虑如何"开源"，积极拓展研究生奖助资金筹措渠道。目前，因资金筹措渠道有限，人文学科和理论研究型学科的导师资助制度缺乏资金支持，培养经费捉襟见肘，"导师资助制"作为现行奖助体系中的重点举措之一却难以开展实施。

(三) 特殊群体奖助政策不健全，缺乏财政支撑保障

第一，基本学制外的研究生奖助工作缺乏政策保障。高校大多实施弹性学制，放宽学生修学年限。但在参评资格确认方面，现行奖助体系大多排除了基本学制之外的研究生，如2013年发布的《研究生国家助学金管理暂行办法》第十五条明确规定"超过规定学制年限的延期毕业生不再享受研究生国家助学金"，而在实际培养工作中，博士研究生延期毕业已成为普遍现象，在基本学制内毕业的博士研究生较少。现有的奖助体系内并没有针对基本学制外研究生的规定，这些学生的资助资金主要来源于导师和学校。

第二，收支两条线原则下，欠费学生不参评奖助学金的规定难以实现。2017

年教育部颁布的《普通高等学校学生管理规定》明确指出："未按学校规定缴纳学费或者有其他不符合注册条件的，不予注册。"按现行奖助学金管理办法，欠费的学生无法参加奖助学金的评定。然而这项规定很难在实际操作中施行，一方面，恶意欠费与因家庭经济困难欠费无明确评判标准，不能一概而论，采取相同处理方式；另一方面，欠费研究生中的家庭经济困难学生需利用奖助学金来冲抵学费，而大部分学校的财政均采取"收支两条线"的原则，这便导致欠费学生不得参评的规定成为空谈。

（四）政策宣传不到位，社会认知存在偏差

研究生奖助政策关系到每个研究生的实际利益，政策宣传工作不到位，学生便无法全面领会政策精神，对政策难以接受执行，进而导致政策的实现和落实大打折扣。当前大部分学生及家长对奖助制度的了解并不详尽，再加上各二级学院的评定方式不尽相同，容易产生奖助政策认知上的偏差。例如，部分学生及家长不认可全面收费制度，片面认为全面收费制度等同于取消了基本奖学金制度，使得部分学生因经济困难无法继续求学；同时，部分学生受利益驱使，学术不端行为频频出现，对学风建设造成不利影响。此外，"无过即奖"模式导致报酬论盛行，相比较"奖""助"来说，很多学生更看重"金"，认为奖助学金是自己本就应得的资金奖励，甚至全面收费政策开展以来，部分学生把学费制度和奖助制度联系起来，理所当然地认为奖助资金就是在分担培养教育成本，大大违背了奖学金以奖促学的初衷，这与没有切实做好政策内容及精神解读宣传有关。

## 二、研究生奖助政策如何进一步发挥育人效果

（一）健全以激励为导向的研究生精准奖助制度

为了调动研究生的积极性、主动性和创造性，进一步鼓励、激发、调动其内生动力，达到鼓励鞭策、引导广大研究生共同进步的目的，需健全以激励为导向的研究生精准奖助制度。一方面，提倡奖助学金个性化，增设奖助学金种类。设立专项奖学金，包括科研、文体活动等多方面的奖项，鼓励学生个性化发展，切实达成奖助学金"以奖促学""以奖助学"的目的，提升奖助学金的激励导向作用。另一方面，全面落实精准资助，实行资助包制度。把提供给学生的包括奖、助、贷、补等全部资助混合成一个"包"，合理分配奖助资源，精准识别资助对象，"对症下药"地确保每一位学生都能获得最大限度的资助及最佳的适配资助方案。

为了让学生切实体会到竞争感与荣誉感，实现研究生奖助体系的功能定位，

可允许出现一个较大的级差。同时可采取参评学生公开答辩的评定策略,依据答辩结果分配奖学金。通过参与答辩,让参评学生切身体会荣誉的来之不易,意识到自身努力的重要性,感受到来自社会各界的关心,正确了解奖助学金的性质,从而树立正确的价值观,进一步提升奖助学金的激励导向作用。

(二)建立多元化立体化的奖助补助机制

在保证政府主导地位的同时,应积极寻找外来资金拓宽研究生奖助资金来源渠道,争取更多的社会力量参与到研究生奖助工作中,达到研究生奖助体系的互利共赢及成本分担效果。国外研究生资助体系中,政府的作用在于引导社会资源流向高等教育,这对我国的奖助体系有着很重要的启示。

第一,加强校企合作。采取与企业联合培养办学、产学研合作等方式争取更多社会资源。企业可设立专项奖学金资助学生从事科研,也可为学生提供更多与专业相符的"三助"岗位,让其在获得专业相关实践机会的同时获得资助,而这些学生在该过程中也为企业提供了服务,实现双赢。

第二,建立良性循环的捐赠机制。通过成立校友基金会、校企合作处等机构联系和吸引校友、企业及个人访校,令其明晰学校的培养目标、科研成果与发展前景,积极提供各类奖助资金。政府也可对捐赠者实行税收优惠、科技服务优先等政策补偿,调动捐赠方积极性,形成良性循环。

第三,进一步落实"导师资助制"。赋予导师更多自主权,在承担补助责任的基础上行使自由调控的管理权利,让导师根据学生参与科研的情况调整导师资助额度。高校也可为人文学科及理论研究型学科设置助研基金,引导和提升各学科导师主动承担保障研究生基本生活及科研的自觉性,进一步达到分担中央财政压力的目的。

(三)设置灵活明确的评判标准

目前博士研究生延期毕业已趋于常态化,这种延期大部分是属于需要时间进行更加深入的科学研究的合理延期。因此,针对基本学制外的研究生尤其是博士研究生的奖助工作,需要进一步细化。政府在完善相应拨款制度的同时,学校和导师也应当对合理延期的研究生予以配套资助,以保障该类学生的基本生活与科研经费。在对合理延期研究生资助的过程中,要注意不能单纯加大对该类学生的经济投入,虽有利于减轻他们的经济压力,但过高的资助可能会降低学生就业的积极性,并不一定能改善博士研究生完成学业的情况。因此,对合理延期研究生的资助应当达权知变,按实际情况实行。

对未按学校规定缴纳学费的研究生,学校应当具体情况具体分析,对他们逐一进行材料审查,明确判别欠费原因,区分无故恶意欠费和因家庭经济困难欠费。同时对家庭经济困难的研究生采取建档立卡的方式动态管理,鼓励他们通过"绿色通道"、生源地贷款等方式及时缴纳学费,或允许该类学生发放奖助学金后再进行缴费。而对无故恶意欠费的学生,采取取消其奖助学金参评资格的办法,或保留其参评资格,在交纳学费后,按照缴纳的时间扣除一定比例的滞纳金等方式以示惩戒。

(四)构建研究生奖助政策宣传工作长效机制

为实现政策目标,应在宣传贯彻国家各类研究生政策文件、不断增进奖助工作人员及研究生对改革的认知与理解的基础上,进一步加大对研究生奖助制度的宣传力度。一方面,建立健全政策宣传体系,把握各个关键宣传时段。在新生入学前,在招生目录及录取通知书等文件中附上奖助政策细则,也可充分利用新媒体平台及时发布相关资讯,使新生提前了解奖助政策与理念。在研究生报到时设立咨询点,为研究生及家长提供奖助政策咨询服务,让他们了解最新政策,避免任何一个学生因家庭经济困难而失学。在研究生入学后,采用班会、研讨会等形式进行集中宣传学习,让学生尽快了解奖助政策,充分发挥奖助政策的导向功能。

另一方面,建设校园研究生奖助政策信息服务平台。提供即时咨询服务,跟踪回复学生的问题,及时传达最新的奖助细则,积极吸纳导师及学生对于奖助制度意见的最新反馈,不断完善奖助制度,帮助政策的执行方和受益方明确奖助理念,令政策深入人心,保证政策的顺利施行。

**案例:**

2016年,某大学多名学生发帖称,按学校规定,硕士研究生每生每月发放500元国家助学金,每年6 000元。但该校毕业学年的研究生助学金只发到6月,7月和8月的助学金共1 000元未发放。

对此,教育部表示,国家关于研究生助学金的相关政策是清晰明确的。此情况是由于一些学校在发放环节的操作问题所致,不涉及政策调整。

教育部随后发布通知表示,各高校要认真贯彻落实财政部、国家发展改革委员会、教育部《关于完善研究生教育投入机制的意见》的文件精神,完善研究生国家助学金发放办法,确保计划内全日制博士研究生资助标准不低于每生每年10 000元(当前标准为13 000元),硕士研究生资助标准不低于每生每年6 000

元,对执行中存在的问题,要及时妥善处理,消除影响,维护学校稳定。

随后,该大学对此做了两次解释。第一次解释了原因,即学校是按照学制内在校时间发放研究生国家助学金的,因此造成了国家助学金存在结余,研究生同学产生疑问是正常的。在第二次解释中,学校决定向 2015 年及 2016 年硕士毕业生,补发研究生国家助学金,每人 1 000 元。

案例分析:

根据财政部、教育部 2013 年印发的《研究生国家助学金管理暂行办法》,自 2014 年秋季学期起,研究生普通奖学金调整为研究生国家助学金,所有纳入全国研究生招生计划且具有中华人民共和国国籍的全日制研究生(有固定工资收入的除外)均在资助范围内。

资助的标准为,博士研究生资助标准不低于每生每年 10 000 元(当前标准为 13 000 元),硕士研究生资助标准不低于每生每年 6 000 元。对于中央部属高校来说,博士研究生资助标准为每生每年 12 000 元(当前标准为 15 000 元),硕士研究生资助标准为每生每年 6 000 元,所需资金全部由中央财政承担。

至于这笔资金如何发放,根据要求,高校应按月发放到符合条件的学生手中。但具体怎么发放、每月发放多少,则未明确规定。

在这种情况下,各高校大多采用月发 500 元,一年发放 12 个月,或者月发 600 元,一年发放 10 个月的举措。对于前者而言,就会存在当年 7 月、8 月学生实际已经毕业,但未能足额发放的情况。相信在最初制定发放细则时,相关部门并非恶意克扣,而是对相关政策细节思虑不周,虽考虑了毕业即停发,却未考虑是否足额的问题。

一方面,这个案例提醒资助工作者,必须对相关政策进行细致的研讨,在制定操作细节时应反复推敲,确保每一个环节都不违背政策文件的相关规定,保障学生的切实利益。另一方面,国家助学金政策实行多年后才有学生提出质疑,这在一定层面上也反映出学校对于资助政策宣传讲解不足、学生未能详细了解相关政策等问题,这就需要资助工作者在资助政策宣传方面进一步提升工作的主动性,加强宣传的实效性,更应调动、发挥学生的监管作用,以确保各项工作按规合法地顺利展开。

# 第七章
# 国家助学贷款政策及其实践

国家助学贷款作为高校学生资助体系的一个重要组成部分,对资助高校家庭经济困难学生顺利完成学业发挥了重要作用。据全国学生资助管理中心发布的《2020年中国学生资助发展报告》显示,2020年,全国发放国家助学贷款506.43万人,发放金额378.12亿元,占普通高等教育资助资金总额的30.40%。其中,发放生源地信用助学贷款494.17万人,发放金额368.51亿元。全国共有800.90万人享受国家助学贷款贴息。由此可见,每年数百万家庭经济困难学生在国家助学贷款资助下圆了大学梦、升学梦。面向新时代,国家助学贷款政策在全面普及教育公平、深入实施人才强国战略中正发挥着日益突出的作用。

## 第一节 我国国家助学贷款政策的概述

自美国教育经济学家约翰斯通于20世纪70年代提出高等教育成本分担理论以来,学生及其家庭承担部分高等教育的成本逐渐在世界绝大多数国家形成共识。在市场经济条件下,由于国家经济社会诸多因素,高等教育严格意义上是一种准公共产品,个人接受高等教育,自身能够从中获益,同时,整个社会随着个体受教育程度的提高也会获得整体效益,因而,高等教育需要政府和个人共同分担成本。国家助学贷款政策作为高等教育成本分担理论的一种实践形式,能够有效帮助家庭经济困难学生顺利完成学业。从国家助学贷款政策出台的背景,到国家助学贷款政策的历史变迁,可以看出随着国内外高等教育改革发展和经济社会环境变化,我国国家助学贷款政策也在不断进行相应的变革和调整。

## 一、国家助学贷款政策出台的背景

20世纪90年代初,为适应经济体制改革的深入推进,不断为我国社会主义市场经济发展积累人力资本和提供智力支持,我国高等教育进入新的改革发展阶段。"211工程""985工程"相继推出,并于1997年实施了高等教育收费。1999年,我国高校开始大规模扩招,按当年统计,全国普通高校招生160万人,比1998年增加了52万人,增幅高达48%。随着我国高等教育收费体制的改革和招生规模的逐步扩大,国家财政经费有限,难以满足高等教育庞大的资金需求量,高等教育成本不得不由政府、个人及其家庭共同分担,越来越多的家庭感受到经济上的压力,尤其是家庭经济困难学生上学难的问题日益凸显。

随着进入高校就读的家庭经济困难学生越来越多,经济的压力导致部分学生被迫中止、放弃学业,或者选择进入收费低的高校、专业就读,由此造成高等教育入学机会的不公平,同时,整体上不利于我国经济社会的平衡发展。为充分实现教育的公平公正,避免因家庭经济困难而导致学生失学的情况发生,我国种类多样的助学政策相继出台并实施。1999年,国家层面成立了由教育部、财政部、中国人民银行三部门组成的全国助学贷款部际协调小组,并在教育部设立了全国学生贷款管理中心。同年5月13日,我国正式出台国家助学贷款制度,即《关于国家助学贷款的管理规定(试行)》,试点工作正式在北京、上海、天津、重庆、沈阳、武汉、西安、南京等8个城市启动。①

## 二、国家助学贷款政策的变迁

国家助学贷款政策作为高等教育改革和高校大规模扩招的配套举措,自1999年我国正式出台国家助学贷款制度至今,其大致经历以下四个发展阶段:

### (一) 1999—2000年的试点、推行阶段

为保障家庭经济困难学生能够顺利完成学业,1999年6月,国务院办公厅转发由中国人民银行、教育部、财政部制定的《关于国家助学贷款的管理规定(试行)》(国发办〔1999〕58号),指定中国工商银行为国家助学贷款的承办银行,决定从1999年9月1日起,先行在北京、上海、天津、重庆、武汉、沈阳、西安、南京等8个城市的中央部委所属高校中进行国家助学贷款试点工作。学生申请国家

---

① 赵建军.国家助学贷款:实践科学发展的一项重大决策[J].中国高等教育,2009(Z3):65-67.

助学贷款必须提供担保,还贷期限为毕业后 4 年内,财政部门对贷款利息的 50%予以补贴,其余 50%由学生个人负担。这个文件的出台,拉开了国家助学贷款的序幕。2000 年 8 月 26 日,《国务院办公厅转发中国人民银行等部门关于助学贷款管理补充意见的通知》(国办发明电〔2000〕27 号)附件中规定,国家助学贷款由 8 个试点城市拓展到全国,经办银行由中国工商银行扩大到中国工商银行、中国农业银行、中国建设银行和中国银行四大国有商业银行,贷款手续进一步简化。贷款范围由全日制本、专科学生扩大至还包含研究生。至此,我国的学生贷款制度已经基本形成。

(二)2001—2003 年的调整、探索阶段

2001 年 7 月,国家再次对助学贷款政策进行调整,下发了《中国人民银行、财政部、教育部、国家税务总局关于进一步推进国家助学贷款业务发展的通知》(银发〔2001〕245 号),助学贷款实行无担保的信用贷款,取消"一校一行"的规定,免征助学贷款利息收入营业税,对于失信学生,可记录在案,将来纳入全国个人信用信息系统。2002 年 2 月,国家又出台了《中国人民银行、教育部、财政部关于切实推进国家助学贷款工作有关问题的通知》(银发〔2002〕38 号),实行"四定"和"三考核",确保家庭经济困难学生能够及时得到国家助学贷款。同时调整了财政贴息办法,加强贷款管理,建立风险防范机制。截至 2002 年底,助学贷款余额达到 23.4 亿元。然而随着 2003 年的到来,8 个试点城市的国家助学贷款进入了第一个还贷期,结果却让许多银行措手不及。中国人民银行的统计数据显示,截至 2003 年底,全国助学贷款逾期 90 天以上的贷款违约率平均为 20%,有些高校违约率甚至高达 80%。根据《中国人民银行关于下达 2003 年度国家助学贷款指导性贷款计划的通知》(银发〔2003〕153 号),经办银行对于借款人违约比例达到 20%,且违约毕业人数达到 20 人的高校可以暂停贷款业务。据此,很多经办银行暂停了国家助学贷款业务,新入学的家庭经济困难学生对此普遍不满。由高违约率导致的停贷风波背后,也折射出了助学贷款政策的部分弊端,从而引发了 2004 年国家助学贷款政策的大幅调整。

(三)2004—2006 年的逐步完善阶段

2004 年 1 月,国家紧急出台了《关于加强和改进国家助学贷款工作的通知》(银发〔2004〕13 号),要求经办银行的国家助学贷款业务不能擅自停办。在随后的 6 月,《国务院办公厅转发教育部 财政部 人民银行 银监会关于进一步完善国家助学贷款工作若干意见》(国办发〔2004〕51 号)发布,于 2004 年 9 月开始执行

新的规定。新规定做了一系列重大调整：一是改变财政贴息方式，由原来对学生贷款利息给予50%的财政补贴改为在校期间贷款利息全部由财政补贴，毕业后全部自付的办法；二是延长还款年限，由4年内还清改为6年内还清；三是可以办理国家助学贷款业务的银行由原来的国家指定改为通过招投标方式确定经办银行；四是建立风险补偿机制，风险补偿专项资金由财政和高校各承担一半；五是加强贷后跟踪管理，让借款学生在享受政策优惠的同时，受到更严格的还款约束；六是加强国家和省级助学贷款管理中心建设。可以说，新政策的成效相当明显。2005年一年间，全国新增审批贷款学生65万多人，审批合同金额51.5亿元，几乎接近前5年的总量。

（四）2007年以后的深化阶段

尽管2004年实行国家助学贷款新机制以后，国家助学贷款工作有了较快进展，但离预定目标还有较大差距，主要表现在贷款覆盖率偏低，助学贷款在地区之间、高校之间、专业之间发放不均衡，贷款违约率较高等方面。为进一步完善国家助学贷款机制、体制和办法，实现家庭经济困难学生"应贷尽贷"的目标，2007年8月10日，国家出台了《教育部 财政部关于要求县级教育行政部门成立学生资助管理中心的紧急通知》（教财〔2007〕14号）后，随即又于8月13日下发了《财政部 教育部 国家开发银行关于在部分地区开展生源地信用助学贷款试点的通知》（财教〔2007〕135号），决定首先在江苏、湖北、重庆、陕西、甘肃等5省市开展生源地信用助学贷款试点。生源地贷款为信用贷款，学生和家长为共同借款人，指定国家开发银行作为承办银行，在学生入学前户籍所在县（市、区）办理。贷款学生在校期间利息全部由财政补贴，贷款期限延长至14年。同时设立生源地信用助学贷款风险补偿专项资金，风险补偿金比例按当年贷款发生额的15%确定。经过各方共同努力，生源地助学贷款试点工作进展顺利，取得了良好的效果，受到了试点省市学生、家长及社会有关方面的普遍认可。因此，2008年9月9日，《财政部、教育部、银监会关于大力开展生源地信用助学贷款的通知》（财教〔2008〕196号）发布，决定从2008年起进一步扩大生源地信用助学贷款覆盖范围，大力推进生源地信用助学贷款工作，继续以国家开发银行为主承办，同时，鼓励其他银行类金融机构开展此项业务。可以说，生源地信用助学贷款是在推行国家助学贷款过程中，探索出的比较符合金融属性、能够可持续发展的一个助学贷款品种。此后，我国国家助学贷款大体上形成校园地国家助学贷款（即常说的国家助学贷款）和生源地信用助学贷款两大类。

为继续加大对家庭经济困难学生的支持力度,进一步减轻贷款学生经济负担,近年来国家助学贷款政策在借贷范围、贷款额度、贷款和还款期限等方面进一步放宽条件。2020年7月,《教育部 财政部 中国人民银行 银保监会关于调整完善国家助学贷款有关政策的通知》(教财〔2020〕4号)规定,助学贷款还本宽限期从3年延长至5年。助学贷款期限从学制加13年、最长不超过20年调整为学制加15年、最长不超过22年。2021年9月,《财政部 教育部 人民银行 银保监会关于进一步完善国家助学贷款政策的通知》(财教〔2021〕164号)规定,每人每年申请贷款额度由不超过8 000元(最早6 000元)提高至不超过12 000元;全日制研究生每人每年申请贷款额度由不超过12 000元提高至不超过16 000元。随着国家助学贷款政策的不断适时调整和完善,我国国家助学贷款制度正日趋成熟。

**三、国家助学贷款政策的作用**

国家助学贷款政策作为国家对高等教育实施的一种财政金融资助手段,首要功能在于资助家庭经济困难学生顺利完成学业,充分保障这一部分学生平等的受教育权;其次,作为高校学生资助政策体系的一个重要组成部分,实施国家助学贷款政策,有助于完善高校学生资助政策体系,推动我国高等教育改革和发展;再次,国家助学贷款政策实质上是以国家财政贴息的方式进行高等教育投资,实施主要目的是为了促进人力资本积累,不断为社会主义市场经济发展而服务;最后,国家助学贷款作为一种信用贷款,通过引入市场机制运作,有助于借款学生养成市场经济责任意识。

# 第二节 我国国家助学贷款政策的内容

自1999年我国正式出台国家助学贷款制度以来,随着高等教育改革的不断推进、国内外经济社会发展的环境变化以及该规定在实践过程中不断出现的新情况、新问题,我国国家助学贷款政策也在不断地进行调整。目前来看,国家助学贷款政策的内容主要包括国家助学贷款的政策体系、实施范围、操作流程和执行要点四个部分,应该说,这些内容全面涵盖了我国国家助学贷款政策从制定、管理、执行到保障的全过程。

## 一、国家助学贷款的政策体系

改革开放以来,随着高等教育改革的不断推进和发展,我国高校学生资助政策体系也得到不断完善,各高校普遍采取了国家奖助学金、国家助学贷款、学费补偿代偿、校内勤工助学、临时困难补助、伙食补贴、学费减免、"绿色通道"等多种方式,对家庭经济困难学生予以资助,经过四十多年的发展逐渐形成"奖、贷、助、勤、补、免"全方位学生资助体系。国家助学贷款政策作为这一体系中的重要一环,一直扮演着十分重要的角色,也发挥着举足轻重的作用。

国家助学贷款是党和国家在社会主义市场经济条件下,利用金融手段完善我国高校学生资助政策体系,加大对家庭经济困难学生资助力度所采取的一项重大措施。为保证国家助学贷款制度的顺利实行,从最初的由教育部、财政部、公安部、人民银行、银监会等部门组成的全国助学贷款部际协调组到全国学生资助管理中心,再到各省、自治区、直辖市国家助学贷款协调组织,最后到各高校国家助学贷款专门管理工作机构,目前已经建立起比较完善的国家助学贷款管理体制。从中央到地方,从高校到银行,各级组织协调分工,层层推进,国家助学贷款政策得到有效落实,发挥出应有的作用。

从目前国家助学贷款政策实施来看,我国国家助学贷款主要有两类,分别是校园地国家助学贷款和生源地信用助学贷款。校园地国家助学贷款是由政府主导、财政贴息,银行、教育行政部门与高校共同操作的专门帮助高校家庭经济困难学生解决在校期间的学费和住宿费的银行贷款。借款学生不需要办理贷款担保或抵押,但需要承诺按期还款,并承担相关法律责任。生源地信用助学贷款是指国家开发银行等金融机构向符合条件的家庭经济困难的普通高校新生和在校生发放的、在学生入学前户籍所在县(市、区)办理的助学贷款。生源地贷款为信用贷款,也不需要担保或抵押,学生和家长(或其他法定监护人)为共同借款人,共同承担还款责任。① 校园地国家助学贷款早于生源地信用助学贷款。不过,从我国国家助学贷款政策实践来看,生源地信用助学贷款虽起步晚,但发展势头迅猛,目前已成为国家助学贷款的重要组成部分。

---

① 财政部,教育部,银监会.关于大力开展生源地信用助学贷款的通知(财教〔2008〕196号)[EB/OL]. http://www.moe.gov.cn/jyb_xwfb/xw_zt/s3639/moe_2871/moe_2872/tnull_49872.html.

## 二、国家助学贷款的实施范围

我国国家助学贷款的借贷对象是所有符合申请条件的全日制普通本专科学生(含第二学士学位、高职学生、预科生)、全日制研究生。[①] 校园地国家助学贷款和生源地国家助学贷款借贷对象都是一样的,但后者必须是已经开通生源地助学贷款省市的家庭经济困难学生。因此,相较于后者而言,前者的实施范围要更广泛些。

## 三、国家助学贷款的操作流程

从国家助学贷款制度具体执行过程来看,其操作流程主要包括申请、审核、发放和回收四个部分。

(一)贷款申请

在国家助学贷款的实施范围内,所有符合条件的新生和在校学生都可以申请国家助学贷款。申请校园地国家助学贷款的新生和在校生可以直接向所在学校的学生资助管理部门申请。申请生源地信用助学贷款的新生和在校生可以向学生入学前户籍所在县(市、区)的学生资助管理机构提出贷款申请(通常为教育局,有的地区直接到相关金融机构申请)。贷款可以采取一次申请、分期发放的方式,即学生可以与银行一次签订多个学年的贷款,但银行要分年发放;也可以采取按年度申请、审批和发放的方式,即若每年都需要生源地助学贷款,则每年都需要申请。不过,每位符合条件的学生在同一学年内不得重复申请获得校园地国家助学贷款和生源地信用助学贷款,只能选择申请办理其中一种贷款。全日制研究生原则上申请办理校园地国家助学贷款。[②]

一般而言,申请校园地国家助学贷款的新生和在校生,需要同时具备以下条件:

(1)家庭经济困难,所能获得的收入不足以支付在校期间完成学业所需的基本费用;

---

[①] 财政部,教育部,中国人民银行,银保监会.关于进一步完善国家助学贷款政策的通知(财教〔2021〕164 号)[EB/OL]. http://www.moe.gov.cn/jyb_xxgk/moe_1777/moe_1779/202112/t20211221_588921.html.

[②] 财政部,教育部,中国人民银行,银监会.关于调整完善国家助学贷款相关政策措施的通知(财教〔2014〕180 号)[EB/OL]. http://www.moe.gov.cn/jyb_xxgk/moe_1777/moe_1779/201407/t20140725_172275.html.

(2) 具有中华人民共和国国籍,且持有中华人民共和国居民身份证;

(3) 具有完全民事行为能力(未成年人申请国家助学贷款须由其法定监护人书面同意);

(4) 诚实守信,遵纪守法,无违法违纪行为;

(5) 学习努力,能够正常完成学业。①

申请生源地信用助学贷款的新生和在校生,除了需要满足以上条件,还要求"学生本人入学前户籍、其父母(或其他法定监护人)户籍均在本县(市、区)"②。

除自身符合上述条件之外,申请对象在提出贷款申请时,还需要向贷款管理部门提交相关证明材料。一般而言,校园地国家助学贷款材料有国家助学贷款申请书、借款学生身份证复印件(未成年人须提供法定监护人的有效身份证明和书面同意申请贷款的证明,在校生需提供学生证复印件)、本人对家庭经济困难情况说明、学生家庭所在地有关部门出具的家庭经济困难证明等③。生源地信用助学贷款提交材料各地有所差异,但主要包括系统导出的助学贷款申请表、录取通知书或学生证、借款学生及共同借款人身份证、户口簿原件及复印件(监护人也可以军人证或武警证为有效证件)等。

国家助学贷款每人每年申请贷款额度不超过 12 000 元;全日制研究生每人每年申请贷款额度不超过 16 000 元。学生申请的国家助学贷款应优先用于支付在校期间学费和住宿费,超出部分可用于弥补日常生活费。

(二) 贷款审核

高校学生资助管理部门负责审核校园地国家助学贷款申请对象提交的材料;学生户籍所在地的县(市、区)一级的学生资助管理机构负责审核生源地助学贷款申请对象提交的材料。根据申请对象提交的相关证明材料,贷款审核部门对拟借款学生家庭经济状况、材料真实性、合规性等情况进行初审。一旦通过初审,则进入贷款主管部门审核阶段。对于生源地信用助学贷款来说,贷款初审工作由学生户籍所在地学生资助管理机构完成,高校通常不用参与到学生申请贷

---

① 资助中心.申请校园地国家助学贷款需要具备什么条件?[EB/OL]. http://www.moe.gov.cn/jyb_xwfb/xw_zt/moe_357/jyzt_2016nztzl/2016_zt14/16zt14_rxjxs/16zt14_rxjxs_ldrdwt/201608/t20160831_277179.html.

② 财政部,教育部,银监会.关于大力开展生源地信用助学贷款的通知(财教〔2008〕196 号)[EB/OL]. http://www.moe.gov.cn/jyb_xwfb/xw_zt/s3639/moe_2871/moe_2872/tnull_49872.html.

③ 资助中心.申请校园地国家助学贷款需要提供哪些材料?[EB/OL]. http://www.moe.gov.cn/jyb_xwfb/xw_zt/moe_357/jyzt_2016nztzl/2016_zt14/16zt14_rxjxs/16zt14_rxjxs_ldrdwt/201609/t20160912_280800.html.

款的具体过程当中,只需按时收取借款学生贷款受理证明并帮助学生户籍所在地学生资助管理机构在系统中录入贷款回执信息、盖章寄回即可。

（三）贷款发放

经贷款主管部门审核通过,商业银行会在申请学年的第一学期内向申请对象一次性批准发放国家助学贷款额度。校园地国家助学贷款则由所在学校学生资助管理部门在全国学生资助中心招投标中标的银行中选择一家银行发放。生源地信用助学贷款的发放机构多为国家开发银行的各地分支机构,少数为地方银行(包括农信社等金融机构)。一次性发放的贷款原则上仅用于支付申请对象的学费和住宿费,超过贷款额度的部分,则由学生本人自行承担。

（四）贷款回收

借款学生在读期间贷款利息全部由财政补贴。借款学生毕业后,在还款期内继续攻读学位的,可申请继续贴息,但应及时向组织办理校园地国家助学贷款的高校或组织办理生源地信用助学贷款的县级教育部门等经办机构提供书面证明,经办机构审核后,报经办银行确认,继续攻读学位期间发生的贷款利息,由原贴息财政部门继续全额贴息。借款学生在校期间因患病等原因休学的,应向经办机构提供书面证明,由经办机构向经办银行提出申请,休学期间的贷款利息由财政全额贴息。

原则上,借款学生毕业即要履行国家助学贷款还款义务。不过,考虑其毕业时自身还款能力、家庭经济状况等因素,借款学生毕业当年不再继续攻读学位的,与经办机构和经办银行确认还款计划时,可选择使用还本宽限期,还本宽限期从还款计划确认开始。现阶段助学贷款还本宽限期从3年延长至5年。助学贷款期限从学制加13年、最长不超过20年调整为学制加15年、最长不超过22年。[①]借款学生毕业或终止学业时,应与经办银行和经办机构确认还款计划,还款期限按双方签署的合同执行。

各省级学生资助管理部门、各高校要合理利用国家助学贷款风险补偿金结余奖励资金、社会捐资助学资金或学生奖助基金,建立国家助学贷款还款救助机制,用于救助特别困难的毕业借款学生。对于因病丧失劳动能力、家庭遭遇重大自然灾害、家庭成员患有重大疾病以及经济收入特别低的毕业借款学生,如确实

---

① 教育部,财政部,中国人民银行,银保监会.关于调整完善国家助学贷款有关政策的通知(教财〔2020〕4号)[EB/OL]. http://www.moe.gov.cn/srcsite/A05/s7505/202007/t20200721_474049.html.

无法按期偿还贷款,可向经办机构提出救助申请并提供相关书面证明,经办机构核实后,可启动救助机制为其代偿应还本息。此外,借款学生在校期间应征入伍、毕业后到中西部地区和艰苦边远地区基层单位就业、服务期在3年以上(含3年)的等情况,可申请学费补偿和国家助学贷款代偿。①

### 四、国家助学贷款的执行要点

从目前高校学生资助政策体系实践来看,国家助学贷款政策能够直接帮助家庭经济困难学生实现读大学的梦想,直接推动社会的教育公平和机会平等。因此,在国家助学贷款的实施范围内,各级组织应当提高政治站位意识、端正工作态度,真正做到"应贷尽贷"。同时,国家助学贷款本质上是一种商业贷款,具有市场经济属性,借款学生具有明确的偿还义务,各级组织应当注意精准投放,加强失信防范机制建设,务必做到"应还尽还"。

国家助学贷款政策涉及政府、学校、银行和个人家庭多个主体,其操作流程相对比较为复杂,应当特别注意流程把控和各时间节点,保证申请对象能够顺利完成借贷。例如生源地信用助学贷款,先后经历学生本人及家庭申请、借款学生所在地学生资助管理部门审核、高校帮助确认回执、借款学生所在地学生资助管理部门再审核、经办银行再次审核确认放款,中间流程繁杂,准备材料较多,容易出现信息传递错乱、时间耽搁延误等问题。因此,各高校学生资助管理部门、负责资助的专项工作人员和各带班辅导员应当熟悉流程,保持彼此之间的通畅交流。

现阶段国家助学贷款政策既提高了贷款额度,也延长了贷款还款期限,进一步减轻了借款学生的毕业还贷压力。不过,高校学生资助管理部门和带班辅导员一方面应当及时提醒借款学生毕业时主动与经办银行和经办机构确认好还款计划,在还款期限内归还本息;另一方面要加强毕业生离校诚信教育,建立学生诚信档案,既要保护好借款学生的个人诚信记录,也要维护国家助学贷款政策的平稳运行。

---

① 财政部,教育部.关于印发《高等学校毕业生学费和国家助学贷款代偿暂行办法》的通知(财教〔2009〕15号)[EB/OL]. http://www.moe.gov.cn/jyb_xxgk/moe_1777/moe_1779/tnull_46550.html.
财政部,教育部,总参谋部.关于印发《应征入伍服义务兵役高等学校毕业生学费补偿国家助学贷款代偿暂行办法》的通知(财教〔2009〕35号)[EB/OL]. http://www.gov.cn/gongbao/content/2009/content_1481654.html.

## 第三节　我国国家助学贷款政策的特点

国家助学贷款是指由政府支持、商业银行或者其他金融机构经办的、用于家庭经济困难学生支付高等教育学费或生活费用,以学生的未来收入为第一还款来源的贷款。从我国国家助学贷款政策的制定和执行来看,政府起主导作用,政策性商业贷款具有准公共产品的属性,因此,国家助学贷款具有明显的公益性。国家财政的政策补偿,有利于平衡国家助学贷款各方的利益,实现相对的公平性。国家助学贷款涉及多个利益相关方,主体多元,管理具有复杂性。商业银行经办政策性贷款,"无抵押、无担保、无利息"确实给国家助学贷款政策自身带来诸多风险性。

### 一、政府主导,具有公益性

基于高等教育成本分担理论与世界各国高等教育实践而言,现阶段高等教育仍作为一种准公共产品,并不是纯粹的公共产品,由此,不应该由政府财政全部解决高等教育费用;同时,它也不是纯粹的私人物品,所以也不能由受教育者自己承担全部费用。因此,高等教育所兼具的公共产品与私人物品属性,决定了国家助学贷款应是在政府主导、个人与社会等多方面广泛参与下,共同分担高等教育成本的一种政策性贷款。国家对高等教育的投入应当作为一项长期投资,这种投资可以提高国家经济竞争力,增强社会凝聚力和促进文化发展。所以,按照"谁受益、谁投资"这一原则,国家有义务来担负高等教育的部分费用,表现在国家助学贷款政策方面,政府应参与提供担保,进行贴息等"政策性"[①]支持,由此体现出明显的公益性。

国家助学贷款政策作为高等教育投资的一种方式,可以释放出诸多正面效应。首先,家庭经济困难学生个人可以从中受益,他们可以通过国家助学贷款来获得接受高等教育的机会,从而能够顺利完成学业,增加取得较好工作和更高收入的机会;其次,其父母也是这一贷款政策的受益者,因为国家助学贷款政策可以减轻父母自身的经济负担与压力,子女未来工作和收入的提高并伴随社会地

---

① 韩召双.国家助学贷款政策制定的公平性研究[D].长春:东北师范大学,2012:10.

位的提高,父母也确实可以从中受益;最后,政府也是国家助学贷款政策主要受益者,助学贷款能够以相对较小的成本使高等教育"产出"更多高素质的社会人才,毕业学生进入社会岗位后,可以为社会创造出更多的物质财富和精神财富,使用人单位、企业和整个社会受益。

### 二、政策补偿,促进公平性

教育公平应当是现代社会公平的基础之一。每个人都应该享有平等的受教育权,并通过接受教育来平衡由家庭出身、财富占有和文化环境所造成的社会地位的倾斜。从实践的角度来看,教育确实不失为一种非常有效的手段和途径。作为社会公共物品的提供者和分配者,政府既要"一碗水端平",公平分配社会公共物品,也要有所兼顾,维持社会的总体平衡。国家助学贷款政策就是弥补由原生家庭形成的既定社会差距,让每个人获得缩小这种差距的机会,促进社会整体的公平性。健全国家助学贷款风险补偿机制,国家财政和高校共同承担贷款风险,有利于协调好国家助学贷款各方的利益关切,维持好国家助学贷款政策内在的平衡性,促进政策的相对公平性。

### 三、主体多元,管理复杂性

国家助学贷款政策主要涉及政府、商业银行、高校和学生及家庭等多个利益主体,每个主体都有不同的属性和利益关切,政府作为公共利益的代表方需要时刻注意平衡各方,商业银行存在政策性导向和商业性诉求之间的矛盾,不同的高校同时存在自身发展与社会效应的矛盾,学生及家长考虑着政策性帮扶和信用透支的问题,在国家助学贷款政策当中协调这样的多元主体关系本就可能面临多种困难。经过 20 多年的改革与完善,尽管我国国家助学贷款具有完备的管理体制,形成明确的分工体系,但是在具体管理和执行当中,多元主体形成的多方利益的纠葛,无形当中增加了国家助学贷款政策内部的协调成本,给具体事务的管理增添了复杂性,在一定程度上降低了国家助学贷款政策的执行效率。

### 四、商业运作,存有风险性

国家助学贷款作为一种商业运作方式,尽管由政府进行财政贴息和政策支持,但仍需商业银行自行筹集贷款资金,自行承担还款风险,自主运作,自负盈亏,因此,具有鲜明的商业性。然而,国家助学贷款与一般商业贷款相比,具有更大的风险。由于国家助学贷款发放的对象是没有任何经济收入来源,也没有任何抵押、任何担保和任何信用记录的在校家庭经济困难学生,经办银行一方面对家庭经济困难学生的家庭实际情况以及真实的还款意愿难以充分掌握,另一方面贷款的还款期限相对于一般商业贷款更长,加上市场上如物价上涨等不可预测的因素也较多,这之间本身就存在着信息不对称。这可能会存在以下风险:一是目前大学生就业越来越困难,刚参加工作时工资水平也普遍不高,这样势必导致借款学生的偿还贷款能力具有较大的不确定性,经办银行也就不得不被动地接受这部分找不到工作或工资低无力还贷的学生的贷款风险;二是由于借款学生毕业后流动性大,但社会信用体系不够健全、相关的配套措施还没有完全建立起来,导致不少经办银行和学校根本联系不上借款学生,对此经办银行也没有可行的应对措施,导致贷款风险无法规避和控制。[①]

## 第四节　我国国家助学贷款政策的思考

回顾 20 多年来的发展历程,国家助学贷款政策确实帮助了一大批家庭经济困难学生成功步入大学的殿堂,顺利完成高等教育阶段的学业。它不仅让寒门学子能够通过教育改变自身的命运,实现社会地位的提升,也为国家实施科教兴国战略、实现我国经济社会可持续发展积累了厚实的人力资本。不过,面对日趋激烈的世界各国之间的教育和人才竞争以及国内形势的深刻变化,国家助学贷款政策仍需要不断改革和完善,继续克服和解决实践当中已然存在和不断产生的种种问题。

### 一、国家助学贷款政策的现实瓶颈

首先,信贷风险增加,违约率居高不下。国家助学贷款政策实施 20 多年来,期间经历了 2003 年和 2007 年两个还贷高峰期,均出现了高违约率。国家助学贷款的性质是借款对象无需担保和抵押的信用贷款,尽管国家逐步建立起失信风险防范机制,但实质上并没有对借款对象实现强有力的约束。借款对象是家庭经济困难学生,对于贷款的偿还主要依靠学生的自觉性。国家助学贷款从本

---

[①] 韩召双.国家助学贷款政策制定的公平性研究[D].长春:东北师范大学,2012:10-11.

质上讲是学生个人的信用消费行为,它是学生在缺乏现时收入和财产暂时不能满足高等教育需求的情况下,通过贷款来满足教育消费需求的一种经济行为。学生未来偿还能力的不确定性,使得贷款面临较大的风险。现阶段我国个人信用制度还不够完善,社会信用体系不够健全,社会信用意识和观念相对淡薄,在整体信用环境欠佳的情况下,学生的信用意识也表现出矛盾和妥协的一面。

其次,风险补偿金规定不合理,高校实际承担违约风险。尽管 2004 年教育部、财政部、中国人民银行等国家部委对国家助学贷款风险补偿金的设立做出了具体规定:风险补偿专项资金按照行政隶属关系,由财政和高校各承担 50%,由国家助学贷款管理中心负责管理,专款专用。① 国家助学贷款主要目的是政府通过商业运作方式资助家庭经济困难学生顺利完成高等教育学业要求,不完全是一个金融业务,它的政策性、公益性使其具备了准公共产品的特征。作为一项政策性贷款,它属于政府的服务职能范畴。但由于政府干预手段的不足和力度的不强,在国家助学贷款政策实践中存在一些国家的责任在隐退,学校成为银行与学生借贷关系的介绍人或者担保人,无形当中高校也存在较高的违约风险责任。

最后,国家助学贷款制度仍不够完善。由于助学贷款制度在我国实施的时间相对不长,加之我国处在经济社会转型期,经济结构和社会分配不尽合理,国家助学贷款政策仍然显得不够成熟。制度的形成缺少借鉴国外先进经验,缺乏考虑一定时期的社会现状,出现诸如国家助学贷款商业化、还款方案死板单一、无优惠利率政策等现象。加之制度中风险补偿机制不健全和未建立全社会个人信用体系与贷款追偿制度,出现了不良贷款率居高不下、"扣证"等不良现象。此外,国家助学贷款是一项系统工程,需要各方面的协调配合和相关法律制度保障,但目前如综合社会需求与经济发展因素、政府对教育的投入、完善金融体系支持和法律制度等,这些方面的支持都还不充分。

## 二、国家助学贷款政策的典型案例

**案例 1:**

贷款人张某,于 2008 年 9 月 27 日以监护人的身份为其女儿申请一笔 6 000

---

① 国务院办公厅.国务院办公厅转发教育部财政部人民银行银监会《关于进一步完善国家助学贷款工作若干意见》的通知(国办发〔2004〕51 号)[EB/OL]. http://www.moe.gov.cn/srcsite/A05/s7052/200406/t20040623_181381.html

元的政府贴息助学贷款,贷款到期日为 2012 年 9 月 25 日。2009 年 8 月 31 日,张某又为其女申请该类助学贷款 6 000 元,到期日为 2012 年 9 月 25 日。截至 2013 年 7 月 25 日,张某两笔贷款均未偿还。在张某逾期 10 个月未还贷款,多次催收无果的情况下,某农村信用联社将张某诉诸当地人民法院,要求被告张某偿还两笔贷款总计 1.2 万元,并支付在两笔贷款产生的原助学贷款利率(0.9%)基础上加收 50% 的逾期利息。张某认为其助学贷款有展期,贷款到期后自动展期两年且仍是政府贴息,信用联社不应收取逾期利息。于是张某来到中国人民银行反映问题,并请求中国人民银行要求信用联社撤诉。

中国人民银行某中心支行金融消费权益保护中心办公室接到此案后,由投诉受理员及时填写投诉登记表,并根据业务范围填写了资料交接登记簿转交货币信贷科业务专员进行接待和解答,业务专员就助学贷款的相关政策向投诉人张某做了详细解答,贷款人张某很满意金融消费权益保护中心的接待和答复,并同意和某信用联社协商,偿还本金和逾期罚息。据金融消费权益保护中心投诉受理专员的跟踪了解,张某已经偿还了所欠本金和罚息,某信用联社也已经撤诉,案件在中国人民银行积极有效的调解下得到圆满解决。

《中国人民银行助学贷款管理办法》第七条规定:"助学贷款的期限一般不超过八年,是否展期由贷款人与借款人商定。"《国务院办公厅转发中国人民银行等部门〈关于国家助学贷款管理规定(试行)〉的通知》第二十四条规定:"借款学生不能按期偿还贷款本息的,按中国人民银行有关规定计收罚息。"本案中,张某与某农村信用联社签订的借款合同,双方已明确贷款期限,此两笔贷款没有展期。而且贷款到期前后张某也没有及时申请展期。张某逾期 10 个月未偿还本金,该信用联社加收逾期利息是符合法律规定的。

案例分析:从国家助学贷款政策实践来看,由于借款学生或监护人对国家助学贷款的相关政策法规了解不够、法律责任意识不强,此类案件时有发生。建议金融监管部门、各类银行业金融机构和高校学生资助管理部门加强对国家助学贷款优惠政策和金融法律法规知识的宣传和普及,提高借款学生及家庭的金融知识水平和法律意识,避免不必要的纠纷和争议。

**案例 2:**

2003 年年底至 2004 年年初,中国建设银行宁波某支行按照有关程序规定,考察了申请贷款人的家庭背景、经济收入等情况后,给在宁波就读的一批家庭经济困难大学生办理了国家助学贷款。双方签订了助学贷款借款合同,借款额度为3000元至6000元不等,约定借款期限为四年,从2004年2月到2008年1月,月利率4.65‰。这批借款的大学生大都是2003级的,到2009年年底银行起诉时,他们已经毕业两年半了,大多数借款人按时偿还了贷款本息。不过,到2009年底还有19人尚未还清,有的甚至失去了联系。在催讨无果后,银行只得将这19名大学毕业生告上了法院,要求他们还本付息,并承担律师费等相关费用。

江北法院受理案件后,根据银行提供的被告人地址,逐个向19名大学毕业生寄发了应诉通知书和起诉状副本,要求被告人按时到庭。其中9名大学毕业生在接到通知后,主动和银行联系,克服了经济上的困难,偿还了助学贷款的本金和利息。随后,银行撤销了对这9人的起诉。另有4份通知书因地址错误或无人签收而被退回。

近日,江北法院依法开庭审理了其余6名被告签收了应诉通知书的案件,6名被告人均未到庭。在法庭上,银行的代理律师向法院提交了欠款学生的证件复印件、成绩报告单、申请报告等符合助学贷款申请条件的文件,证明被告向原告申请了助学贷款;提交了户籍证明、身份证复印件,证明被告的身份及家庭成员;提交了贷款申请表、贷款审批表、见证人身份证复印件、《国家助学贷款借款合同》和贷款支付凭证等,证明原告和被告之间存在借贷关系;提交了贷款账户基本信息,证明被告至今仍欠原告贷款本息的数额。

最终,由于银行方面提供的证据齐全,案件事实清楚,法院当庭对这6起案件作出了缺席判决,判令汪某等6名被告人于判决生效后10天内偿还助学贷款的本金和利息。

案例分析:在国家助学贷款政策执行过程中,经办银行直接承担贷款还款和违约风险。对于借款学生无故违约行为,一方面需要加强对此行为的惩戒力度,另一方面也要做好事先违约风险的防范机制。建议政府、经办银行和高校加强联动,探索构建起违约失信纳入社会个人征信系统和违约失信限制行为的相关制度。

**案例3:**

(1) 中国银行某分行在个人征信系统正式运行后,到某大学进行了多次大规模的个人征信知识宣传活动。通过对个人征信系统运行前后毕业学生还款情况的比较,发现进行征信宣传后,2006届毕业生在离校后1个月内将联系函寄到中国银行的比例达到34%,是征信宣传前2005届毕业生在毕业后一年内将联系函寄到中国银行比例的 2 倍;2006 届毕业生首次还款日按时还款的比例为68.8%,是 2005 届毕业生还款比例的 1.6 倍。另外,2006 届毕业生主动打电话到银行询问贷款偿还情况的人数明显超过往届的毕业生。

(2) 学生张某在中国交通银行申请了一笔国家助学贷款,即将毕业进入还款期。他从相关报道中得知贷款违约情况将记录在个人征信系统中,对以后的工作和生活会产生影响。意识到个人信用记录的重要性后,为避免毕业后因疏忽等原因出现不良信用记录,该学生主动打电话联系贷款银行,商议还贷计划。该学生还向其他贷款学生宣传个人征信知识,提醒他们按约还贷,以免造成逾期,留下不良信用记录,影响以后的工作和生活。

(3) 学生贾某于 2004 年在中国银行某支行申请了一笔 6 000 元的国家助学贷款。该学生于 2005 年毕业。毕业前夕,中国银行到该生就读大学进行了个人征信知识的宣传,使该学生了解到个人信用记录的重要性。为避免出现不良信用记录,该学生毕业后在工作不理想的情况下,仍坚持拿出一半的工资还款。

(4) 2000 年 12 月,学生梁某在中国工商银行某支行办理了一笔 1.17 万元的国家助学贷款,首次还款日为 2003 年 12 月 20 日。该学生毕业后一直没与工行联系,也未偿还过贷款。截至 2004 年 12 月,累计逾期(逾期,指到约定还款时间而借款人未能及时还款;每一"期"指在分期还款情况下,在约定的还款日期如果借款人未能及时足额偿还当期应还款金额,商业银行一般将其视为逾期一期或逾期一次)13 期。2006 年,梁某得知个人征信系统已全国联网运行后,担心其在征信系统内的助学贷款逾期记录会影响其日后的房贷等信贷活动,于是在 2006 年 1 月主动到贷款行一次性还清贷款本息 1.25 万元。

(5) 中国工商银行某客户黄某上大学期间在该行贷了一笔金额为 8 800 元的国家助学贷款,至今未还。近日,该客户收到贷款行发出的催收函,函中明确告知其违约情况已被记录到个人征信系统,将对其今后的借贷活动和经济生活产生一定影响。得知此消息,黄某意识到按约还款的重要性,立即联系贷款行补齐了欠款,并保证今后将按约还贷。

(6) 2002 年,学生王某在中国银行某支行申请了一笔 1.5 万元的国家助学贷款。2004 年毕业后一直拖欠贷款,对该支行的多次催收及法律诉讼置之不理。近日,王某由于工作关系需要申办信用卡。在办卡过程中,王某了解到个人征信系统记录了自己助学贷款的违约情况,并得知自己的拖欠行为不仅会影响信用卡的审批,还可能对今后的经济生活产生影响,于是主动与贷款行联系,还清了全部的拖欠款项。

案例分析：个人信用对每个人来说是至关重要的。从国家助学贷款政策实践来看，家庭经济困难学生发生国家助学贷款还款违约行为，除去主观上故意为之，有些情况，可能在于他们并没有认清发生违约行为对自身所产生的影响。一旦认识到违约行为会被纳入社会个人征信系统，将对自己的信用产生巨大的负面影响，他们多数都会遵守信用承诺，及时还款。因此，从上述系列案例可以看出，征信宣教工作至关重要，建议商业银行和高校加强联动，从社会个人征信以及失信惩戒角度加强诚信宣传教育和相关制度建设，切实提高借款学生的还款责任意识和个人诚信意识。

### 三、国家助学贷款政策的实践探索

组建国家助学贷款政策性银行。国有商业银行是负责办理国家助学贷款业务的主力军，其以营利来评价业绩，助学贷款金额小、业务量大、交易成本高、违约率高，导致商业银行对助学贷款业务积极性不高。国家助学贷款的属性要求承担国家助学贷款业务的银行最好是国家政策性银行，但由于受现实条件限制，目前仍由商业银行负责该项业务。因此，建议我国尝试组建国家助学贷款政策性银行，由财政部、教育部、中国人民银行总行等国家部门参加，主要负责国家助学贷款业务的办理、还款管理、共同制定助学贷款政策等相关工作。国家赋予政策性银行一定行政权，统筹管理全国高校助学贷款业务，同时对高校学生资助管理中心进行直接监管，减少不必要的中间管理环节，提高助学贷款工作的管理效率和服务水平。国家助学贷款政策性银行的组建有利于推进国家助学贷款管理科学化、制度化与规范化，灵活地调整助学贷款的还款期限与还款方式，彰显国家助学贷款制度的人文关怀。

创造良好的信用环境，加快个人信用制度建设。建立高校学生征信系统是防范贷款学生违约的较好选择。诚信体系的建立要以规则为基础，将借款学生的还款情况与其身份系统、金融信用、个人档案乃至毕业证书、学位证书查询系统联网，对恶意没有按照协议约定的期限、数额归还国家助学贷款的学生，经办银行应对违约贷款金额计收罚息，并将其违约行为载入金融机构征信系统，金融机构不再为其办理新的贷款和其他授信业务。[①] 建立完善的违约公示制度，要

---

① 何牧. 我国高等教育助学贷款研究[J]. 教育与职业，2009(9)：158-160.

以法治建设为基础,完善违约公示制度,加大对违约行为的惩戒力度,降低贷款风险。

加强诚信教育,要继续把诚信教育作为大学生思想政治教育的重要内容,改革创新教育方式,切实加大工作力度。诚信教育关乎高校立德树人的根本任务和使命,也是国家助学贷款跟踪管理机制中不可或缺的环节。一是高校要开设专门的诚信教育课程,组织开展诚信教育专题讲座、实践活动等,特别是加强对受助学生诚信意识的培养,引导学生自觉将诚信意识内化于心,外化于行,做到诚信贷款、按期还款。二是加强全社会的诚信意识的宣传和普及工作,在全社会范围内营造诚信的舆论氛围。三是经办银行要密切与高校配合,积极开展国家助学贷款政策业务流程、金融和征信知识、操作规范方面的宣传教育活动,让在校大学生充分了解国家助学贷款方面的金融知识。[①]

建立多方分担风险机制,降低助学贷款风险。目前风险补偿金的建立原则上是由各级地方财政和学校共同承担,存在一定的问题,应建立第三方分担风险的机制,降低助学贷款风险。应由财政部和教育部出资建立"国家助学贷款风险基金",用于核销呆账,减少经办行损失。经办银行也应实行助学贷款准备金计提制度,积极弥补贷款损失。要积极探索和开发助学贷款资产证券化尝试,提高助学贷款的流动性,现阶段新的商业银行助学贷款已启动此措施。其他金融机构介入,可由保险公司承保,如华安财产保险公司在江苏推出"助学贷款保证保险",以帮助大学生顺利申请到银行贷款。要强化助学贷款的担保制度,如山东省国家助学贷款管理中心规定,生源地信用助学贷款须有学生家长或近亲属作为连带责任保证人;对恶意拖欠贷款的个别现象,可以申请专业律师介入等措施。这些规定虽然不尽完善,但无疑是向助学贷款多方分担风险的机制迈出的可喜的一步。[②]

除去前面介绍的校园地国家助学贷款和生源地信用助学贷款,目前我国助学类贷款还包括高校利用国家财政资金对学生办理的无息借款和一般性商业助学贷款。尽管国家助学贷款资助力度和规模最大,是助学贷款的主要内容,不过,后两种贷款形式在一定的条件下也起到重要的作用。为学生提供的无息借款主要是高校与合作银行开展的项目,家庭经济困难学生在被高校录取后,可以

---

① 徐英,白华.国家助学贷款制度的演变、缺陷与优化路径[J].教育评论,2017(12):62-66.
② 何牧.我国高等教育助学贷款研究[J].教育与职业,2009(9):158-160.

电话联系即将就读高校是否有相关政策。一般性商业助学贷款主要是由商业银行、农村信用联社等支持开展的，由学生凭借家庭经济困难证明和录取通知书等证实资料自主申请。总的来说，国家助学贷款政策，就是帮助每一名家庭经济困难学生圆大学梦、升学梦。

# 第八章
# 学费补偿和国家助学贷款代偿政策及其实践

基层就业学费补偿和国家助学贷款代偿是资助工作为引导和鼓励高校毕业生面向中西部地区和艰苦边远地区就业的重要政策,是解决高校毕业生就业问题的重要举措。

## 第一节 学费补偿和国家助学贷款代偿政策的溯源

### 一、定义

为引导和鼓励高校毕业生面向中西部地区和艰苦边远地区基层单位就业,自 2009 年起,对中央部门所属全日制普通高校应届毕业生到中西部地区和艰苦边远地区县以下基层单位就业、服务期在 3 年以上(含 3 年)的,其学费由国家补偿,在校学习期间的国家助学贷款本金及其全部偿还之前产生的利息,由国家财政代为偿还。

### 二、历史脉络

在国家层面上,追溯历史,早在 2006 年,就有关于学费补偿和国家助学贷款代偿政策出台。2006 年 9 月 1 日《财政部 教育部关于印发〈高等学校毕业生国家助学贷款代偿资助暂行办法〉的通知》(财教〔2006〕133 号)发布,其内容共计 16 条,旨在通过相关优惠政策,引导和鼓励高校毕业生面向西部地区和艰苦边远地区基层单位就业,其中的西部地区是指西藏、内蒙古、广西、重庆、四川、贵州、云南、陕西、甘肃、青海、宁夏、新疆等12个省(自治区、直辖市),湖南湘西、湖北恩施、吉林延边自治州,海南省原黎族苗族自治州所辖市县中的6个民族自治县以及东方市、五指山市的县级人民政府驻地以下地区。还规定了关于国家对获得国家助学贷款代偿资助资格的高校毕业生采取的办法为逐年代偿,即毕业后第一年和第二年各代偿助学贷款本息的30%,第三年代偿本息的40%,三年代偿资助完毕。每人代偿资助总额以该毕业生在校学习期间实际获得的国家助学贷款本金及其全部偿还之前产生的利息为限。

三年后,国家再次出台新政,2009年《财政部 教育部关于印发〈高等学校毕业生学费和国家助学贷款代偿暂行办法〉的通知》(财教〔2009〕15号)发布,其内容共计17条,旨在提供更为优惠的政策,引导和鼓励高校毕业生面向中西部地区和艰苦边远地区基层单位就业,与2006年出台的政策相比,本次覆盖的范围进一步扩大,新增地区包括河北、山西、吉林、黑龙江、安徽、江西、河南、湖北、湖南、海南等10个省。该办法还明确规定每个高校毕业生每学年代偿学费和国家助学贷款的金额最高不超过6 000元;毕业生在校学习期间每年实际缴纳的学费或获得的国家助学贷款低于6 000元的,按照实际缴纳的学费或获得的国家助学贷款金额实行代偿;毕业生在校学习期间每年实际缴纳的学费或获得的国家助学贷款高于6 000元的,按照每年6 000元的金额实行代偿。

2014年,为进一步健全普通高等学校家庭困难学生资助政策体系,更好地满足学生国家助学贷款需求,《财政部 教育部 中国人民银行 银监会关于调整完善国家助学贷款相关政策措施的通知》(财教〔2014〕180号)发布,通知要求,国家对每名毕业生每学年补偿学费或代偿国家助学贷款的金额,本专科生每人每年最高不超过8 000元,研究生每人每年最高不超过12 000元。在校学习期间每年实际缴纳的学费或获得的国家助学贷款低于8 000元或12 000元的,贷款额度可按照学费和住宿费标准总和确定。

2019年,为了规范和加强学生资助资金管理,提高资金使用效益,确保资助工作顺利开展,根据国家有关法律制度规定,财政部、教育部、人力资源社会保障部、退役军人部、中央军委国防动员部联合发布《关于印发〈学生资助资金管理办法〉的通知》(财科教〔2019〕19号),该办法指出学生资助资金由财政部、教育部、人力资源社会保障部按职责共同管理。财政部负责学生资助资金分配和预算下达,组织教育部、人力资源社会保障部等部门编制学生资助资金中期财政规划和年度预算草案。教育部、人力资源社会保障部负责完善学生信息管理系统,加强学生学籍和资助信息管理,组织各地审核上报基础数据,提出预算分配建议方案,会同财政部等部门对资金使用和政策执行情况进行监督管理。学校是学生资助资金使用的责任主体,应当切实履行法人责任,健全内部管理机制,具体组织预算执行。

### 三、原因及目标

探究学费补偿和国家助学贷款代偿政策不断更新的原因,要归根到国家层面大背景、大形势所发生的变化。2008年10月12日中国共产党第十七届中央委员会第三次全体会议通过了《中共中央关于推进农村改革发展若干重大问题的决定》,决定加快推进社会主义新农村建设,大力推动城乡统筹发展,全面贯彻党的十七大精神、深入贯彻科学发展观。实践充分证明,只有坚持把解决好农业、农村、农民问题作为全党工作重中之重,坚持农业基础地位,坚持社会主义市场经济改革方向,坚持走中国特色农业现代化道路,坚持保障农民物质利益和民主权利,才能不断解放和发展农村社会生产力,推动农村经济社会全面发展。国家十分重视农村建设,重视"三农"问题,在此背景下,鼓励高校毕业生走向基层、走向经济较为落后的地区,引进人才,谋求区域发展。2009年1月19日,国家发布了《国务院办公厅关于加强普通高等学校毕业生就业工作的通知》,明确指出了由于受国际金融危机影响,我国就业形势十分严峻,高校毕业生就业压力加大。要求各地区、各有关部门把高校毕业生就业摆在当前就业工作的首位,采取切实有效的措施,拓宽就业门路,鼓励高校毕业生到城乡基层、中西部地区和中小企业就业,鼓励自主创业,鼓励骨干企业和科研项目单位吸纳和稳定高校毕业生就业。总之,就是在这样的大环境和大背景下,《高等学校毕业生学费和国家助学贷款代偿暂行办法》应运而生,总体战略目标是引导和鼓励高校毕业生面向中西部地区和艰苦边远地区基层单位就业,从而缓解就业压力。

## 第二节 学费补偿和国家助学贷款代偿政策的内容

### 一、政策体系

本专科生教育阶段,国家资助政策体系是国家奖助学金、国家助学贷款、学费补偿、国家助学贷款代偿、校内奖助学金、勤工助学、困难补助、伙食补贴、学费减免、"绿色通道"等多种方式并存的混合资助体系,学费补偿和国家助学贷款代偿政策是其中的一项。

## 二、主要内容

《高等学校毕业生学费和国家助学贷款代偿暂行办法》的出台,旨在引导和鼓励高校毕业生面向中西部地区和艰苦边远地区基层单位就业。根据《中共中央关于推进农村改革发展若干重大问题的决定》(中发〔2008〕16号)和《国务院办公厅关于加强普通高等学校毕业生就业工作的通知》(国办发〔2009〕3号)有关精神,财政部、教育部决定自2009年起,对中央部门所属全日制普通高等学校应届毕业生,自愿到中西部地区和艰苦边远地区县以下基层单位工作、服务期达到3年以上(含3年)的学生,实施相应的学费和国家助学贷款代偿。

值得一提的是,后续发布的《财政部 教育部 中国人民银行 银监会关于调整完善国家助学贷款相关政策措施的通知》(财教〔2014〕180号)中进一步要求,国家对到中西部地区和艰苦边远地区县以下基层单位就业的获得学费补偿或国家助学贷款代偿资格的毕业生,每年补偿学费或代偿国家助学贷款总额的1/3,分3年补偿代偿完毕;《关于印发〈学生资助资金管理办法〉的通知》(财科教〔2019〕19号)也与时俱进地更新了相关毕业生补偿代偿的具体操作程序,可见国家层面对于赴基层单位就业毕业生的重视和鼓励。

(一)申请流程方面

根据《关于印发〈学生资助资金管理办法〉的通知》(财科教〔2019〕19号)的有关规定,学生申请补偿代偿的流程为:

第一步,学生申请。学生提出补偿代偿申请并填写《学费补偿国家助学贷款代偿申请表》,提交相关资料。

第二步,学院审查。各院系分别对本科生、研究生提供相关资料的真实性进行审查,由分管院领导签署意见并加盖公章。

第三步,财务处审核。财务部门对学生在校期间实际缴纳学费及获得国家助学贷款的情况进行审核,签署意见并加盖公章。

第四步,递交材料。申请学生将《学费补偿国家助学贷款代偿申请表》《就业协议书》复印件及相关材料递交学校学生资助管理中心。

第五步,学校评审上报。由学校学生资助管理中心对毕业生申报材料进行审核，确定拟推荐补偿代偿学生名单。每年 6 月 30 日前，由学校学生资助管理中心将学校拟推荐补偿代偿学生名单及材料上报全国学生资助管理中心审批。

对经过"二次定岗"后才符合代偿资格的毕业生，在毕业前按以上程序提出申请，各高校评审后于每年 12 月底前报全国学生资助管理中心审批。"二次分配"的申请，应由第一次接收单位人事部门和第二次接收单位共同出具证明，证明其工作地点和工作岗位性质符合补偿代偿条件。

（二）申请材料

《学费补偿国家助学贷款代偿申请表》一式两份；

毕业生本人、就业单位与学校三方签署的到中西部地区和艰苦边远地区基层单位服务 3 年以上（含 3 年）的就业协议复印件两份，没有就业协议的，须提供由申请学生和就业单位共同确立的（申请学生签字）、经学校毕业生就业指导与服务中心确认的服务期在 3 年以上（含 3 年）的其他书面材料；

由基层单位出具的能够证明申请人就业的工作岗位或实际工作地点符合中西部地区或艰苦边远地区县以下基层单位且服务 3 年以上（含 3 年）的相关书面材料。

### 三、实施范围

（一）对申请对象的要求

早在《财政部 教育部关于印发〈高等学校毕业生学费和国家助学贷款代偿暂行办法〉的通知》（财教〔2009〕15 号）中就已明确，高校毕业生是指中央部门所属普通高校中的全日制本专科生（含高职）、研究生、第二学士学位应届毕业生（定向、委培以及在校期间享受免除全部学费的学生除外），符合以下条件可以申请学费补偿和国家助学贷款代偿：

拥护中国共产党的领导、热爱社会主义祖国，遵守宪法和法律；

在校期间遵守学校各项规章制度，诚实守信，道德品质良好，学习成绩合格；

毕业时自愿到中西部地区和艰苦边远地区基层单位工作，服务期在 3 年以上（含 3 年）。

（二）对地域的要求

《财政部 教育部关于印发〈高等学校毕业生学费和国家助学贷款代偿暂行办法〉的通知》（财教〔2009〕15 号）规定：

西部地区是指西藏、内蒙古、广西、重庆、四川、贵州、云南、陕西、甘肃、青海、宁夏、新疆等12个省（自治区、直辖市）。

中部地区是指河北、山西、吉林、黑龙江、安徽、江西、河南、湖北、湖南、海南等10个省。

艰苦边远地区指除上述地区外，国务院规定的艰苦边远地区；山东、辽宁、北京、天津、江苏、浙江、上海、广东、福建等东部9省不在政策范围内。

基层单位包括两类：第一类是中西部地区和艰苦边远地区县以下机关、企事业单位，主要指乡（镇）政府机关、农村中小学、国有农（牧、林）场、农业技术推广站、畜牧兽医站、乡镇卫生院、计划生育服务站、乡镇文化站等；第二类是工作现场地处中西部地区和艰苦边远地区县以下的中央单位艰苦行业生产第一线。

## 四、执行要点

结合《高等学校毕业生学费和国家助学贷款代偿暂行办法》和《学生资助资金管理办法》，以国家部属院校为例：

高校毕业生所在高校要建立与就业单位和国家助学贷款经办银行定期联系制度。高校需在每年6月30日前将获得学费和国家助学贷款代偿资格的高校毕业生当年在职在岗情况报送全国学生资助管理中心。

需要注意的是，除因正常调动、提拔、工作需要换岗而离开中西部地区和艰苦边远地区基层单位外，对于未满3年服务年限，提前离开中西部地区和艰苦边远地区基层单位的高校毕业生，就业单位人事部门应要求其及时向办理代偿的原高校申请取消学费和国家助学贷款代偿资格。

对于已被取消学费和国家助学贷款代偿资格的毕业生，高校应及时将有关情况报送全国学生资助管理中心，全国学生资助管理中心从当年开始停止对其学费的补偿和国家助学贷款的代偿，改由其本人负责偿还余下的国家助学贷款本息。就业单位应当及时将有关情况通报给高校，并凭毕业生重新签订的国家助学贷款还款计划书为其办理离职手续。

高校应将有关情况及时通知全国学生资助管理中心和国家助学贷款经办银行；对于未及时向高校提出取消学费和国家助学贷款代偿资格申请、不与银行重新签订还款计划书、擅自提前离岗的高校毕业生，一律视为严重违约，国家有关部门要将其不良信用记录及时录入国家金融业统一征信平台相关数据库。

例如，某高校毕业生从国家部属高校毕业，已赴艰苦边远地区基层单位就业

3年以上，则其能够提交相关申请材料，高校将其当年在职在岗情况报送全国学生资助管理中心审核通过后，该生能每年获得学费补偿或国家助学贷款总额的1/3，分3年补偿代偿完毕；但若未满3年服务年限，该生因个人原因离开该基层单位，应当及时向高校提出取消学费补偿和国家助学贷款代偿资格，高校应及时报送相关情况，从当年起停止对其的学费补偿和国家助学贷款代偿，改由本人负责偿还余下的国家助学贷款本息。

## 第三节 不同区域学费补偿和国家助学贷款代偿的地方政策介绍

### 一、中部地区相关政策（以河北省为例）

河北省作为中部地区的一个省，河北省财政厅、教育厅出台了《河北省高等学校家庭经济困难毕业生学费和国家助学贷款代偿暂行办法》(冀财教〔2016〕59号)。

（一）适用对象

该办法主要针对的对象是享受城乡低保政策家庭的省属高校应届毕业生。也明确规定了这套办法适用的是省级部门所属高校全日制普通本专科生（含高职）、研究生、第二学士学位当年的毕业生。定向、委培以及在校学习期间已享受国家免除或代偿学费政策的学生除外。中央部属院校高校毕业生学费和国家助学贷款代偿按国家有关政策执行，不在本办法范围内。避免了政策的重复性。

（二）实施范围

在该办法中，基层单位是指：河北省艰苦边远地区县以下（县政府所在乡镇除外）机关、企事业单位，包括乡（镇）政府机关、农村公办中小学（幼儿园）、国有农（牧、林）场、农业技术推广站、畜牧兽医站、乡镇卫生院、计划生育服务站、乡镇文化站；工作现场地处河北省艰苦边远地区的气象、地震、地质、水电施工、核工业省属单位艰苦行业生产第一线。

申请学费和国家助学贷款代偿的高校应届毕业生，应同时符合以下条件：

（1）拥护中国共产党的领导，热爱社会主义祖国，遵守宪法和法律；

（2）在校期间遵守学校各项规章制度，诚实守信，道德品质良好，学习成绩合格；

(3)自愿到河北省艰苦边远地区基层单位就业,服务期在3年及以上(含36个月),且服务期间工作考评合格。

(三)资助标准

省属高校本专科毕业生每生每年补偿学费和代偿国家助学贷款的金额最高不超过8 000元、研究生最高不超过12 000元。毕业生在校学习期间,每年实际缴纳的学费或获得的国家助学贷款低于代偿最高金额的,按照实际缴纳的学费或获得的国家助学贷款实行代偿。毕业生在校学习期间,每年实际缴纳的学费或获得的国家助学贷款高于代偿最高金额的,分别按照8 000元、12 000元实行代偿。与国家政策层面保持一致。

## 二、西部地区相关政策(以广西壮族自治区为例)

2015年,根据国家层面政策及广西壮族自治区人民政府《广西壮族自治区人民政府关于进一步做好新形势下就业创业工作的通知》(桂政发〔2015〕29号)精神,制定了《关于广西高等学校毕业生学费和国家助学贷款补偿暂行办法》(桂财教〔2015〕243号)。

(一)适用对象

自2015年起,对毕业后自愿到广西壮族自治区基层单位就业、服务期在3年以上(含3年)的高校毕业生,其在校学习期间学费或国家助学贷款(含校园地国家助学贷款和生源地信用助学贷款)由国家实行补偿或代偿。

中央部属院校或其他省份院校毕业已享受中央或其他省份财政资金学费补偿或国家助学贷款代偿的学生不享受该政策。

(二)实施范围

基层单位指的是广西壮族自治区县级人民政府驻地以下地区(不含县级人民政府驻地)机关、事业单位和国有或国有控股中小企业单位,包括乡(镇)政府机关、农村中小学、国有农(牧、林)场、农业技术推广站、畜牧兽医站、乡镇卫生院、计划生育服务站、乡镇文化站等;工作现场地处该区县级人民政府驻地以下地区的气象、地震、地质、水电施工、煤炭、石油、航海、核工业等中央和自治区直属单位艰苦行业生产第一线。

(三)资助标准

每个高校毕业生每年获得补偿学费和代偿国家助学贷款的金额本专科学生最高不超过8 000元,研究生最高不超过12 000元。

### 三、东部地区相关政策(以上海为例)

**(一)高校毕业生学费补偿和国家助学贷款代偿**

为引导和鼓励上海市高校毕业生面向中西部地区和艰苦边远地区基层单位就业,根据《中共中央关于推进农村改革发展若干重大问题的决定》(中发〔2008〕16号)、《国务院办公厅关于加强普通高等学校毕业生就业工作的通知》(国办发〔2009〕3号)、《财政部 教育部关于印发〈高等学校毕业生学费和国家助学贷款代偿暂行办法〉的通知》(财教〔2009〕15号)有关精神,制定了《上海市高等学校毕业生学费补偿和国家助学贷款代偿办法》(沪财教〔2013〕70号)。

1. 适用对象

在上海所制定的补偿办法中规定,高校毕业生是指上海地方所属普通高等学校中的全日制本专科生(含高职)、研究生、第二学士学位应届毕业生。定向、委培以及在校期间已享受免除学费政策的学生除外。

2. 实施范围

在上海所制定的补偿办法中规定,西部地区是指西藏、内蒙古、广西、重庆、四川、贵州、云南、陕西、甘肃、青海、宁夏、新疆等12个省(自治区、直辖市);中部地区是指河北、山西、吉林、黑龙江、安徽、江西、河南、湖北、湖南、海南等10个省;艰苦边远地区是指除上述地区外,国务院规定的艰苦边远地区。

在上海所制定的补偿办法中规定,基层单位是指:

中西部地区和艰苦边远地区县以下机关、企事业单位,包括乡(镇)政府机关、农村中小学、国有农(牧、林)场、农业技术推广站、畜牧兽医站、乡镇卫生院、计划生育服务站、乡镇文化站、乡镇企业等。县城中学、县城医院以及县政府派出街道(社区)等可以纳入补偿代偿申请范围。

工作现场地处中西部地区和艰苦边远地区县以下的气象、地震、地质、水电施工、煤炭、石油、航海、核工业等中央单位艰苦行业生产第一线。因上述行业分布广、地区跨度大和流动作业性强,工作现场可以包含中西部地区和艰苦边远地区县政府所在地。

对于化工、电力、航天、邮政、交通、机械制造、冶炼加工、土建施工、高新科技等艰苦行业生产第一线,补偿或代偿申请人应出具工作现场地处中西部地区乡镇以下的相关就业证明,即上述行业工作现场不含县政府所在地。

通信、金融、烟酒等行业不属于补偿代偿申请范围。工作单位或现场在县政府所属委办局等机关单位、地级市市辖区及以上城市所辖街道(社区)的,不在补偿代偿申请范围。

西藏自治区除拉萨市市辖区外的地区的相关单位。

在上海所制定的补偿办法中规定,凡符合以下全部条件的高校毕业生,可申请补偿代偿:

(1)拥护中国共产党的领导,热爱社会主义祖国,遵守宪法和法律;

(2)在校期间遵守学校各项规章制度,诚实守信,道德品质良好,学习成绩合格;

(3)毕业时自愿到中西部地区和艰苦边远地区基层单位工作、服务期在3年以上(含3年)。

3. 资助标准

每个高校毕业生每学年补偿代偿的金额最高不超过6 000元。毕业生在校学习期间每年实际缴纳的学费或获得的国家助学贷款低于6 000元的,按照实际缴纳的学费或获得的国家助学贷款金额实行补偿代偿。毕业生在校学习期间每年实际缴纳的学费或获得的国家助学贷款高于6 000元的,按照每年6 000元的金额实行补偿代偿。获得国家助学贷款的学生可以在学费补偿和国家助学贷款代偿两项中选择就高申请。

依据最新颁布的《上海市教育委员会 上海市财政局 上海市退役军人事务局 上海市人民政府征兵办公室关于印发〈上海市普通高等学校学生资助资金管理实施办法〉的通知》(沪教委规〔2020〕2号)文件要求,本专科生和研究生的每年学费补代偿金额的上限已分别调整至8 000元和12 000元,与国家层面的《学生资助资金管理办法》规定的部属高校保持一致。同时申请流程得到进一步明晰与便于实际操作,在此不予赘述,可参见具体法规。

(二)高校毕业生到农村基层涉农单位就业学费补偿和国家助学贷款代偿

上海市为鼓励和引导本市高校毕业生到市农村基层涉农单位工作,根据《中共上海市委 上海市人民政府关于贯彻〈中共中央、国务院关于加快推进农业科技创新持续增强农产品供给保障能力的若干意见〉的实施意见》(沪委发〔2012〕6号)、《上海市高等学校毕业生学费补偿和国家助学贷款代偿办法》(沪财教〔2013〕70号)和《关于调整完善国家助学贷款相关政策措施的通知》(沪财教〔2014〕56号)等文件有关精神,特制定《上海市高校毕业生到农村基层涉农单位就业学费补偿和国家助学贷款代偿实施办法》(沪财教〔2014〕80号)。

1. 适用对象

在上海市所制定的实施办法中规定,毕业生是指本市全日制普通高等学校本专科生(含高职)、研究生、第二学士学位应届毕业生。定向、委培以及在校期间已享受免除学费政策的学生除外。

2. 实施范围

在上海市所制定的实施办法中规定,农村基层涉农单位是指乡镇农业公共服务中心、乡镇农村经营管理站、行政村、农民专业合作社,以及工作场所在农业地区的从事农业生产、农产品加工和销售、农业科技研发和推广服务等的涉农企业单位。

上海市农业地区专指崇明、金山、奉贤、青浦、松江5个区以及闵行、嘉定、宝山、浦东4个区中的农业地区。

在上海市所制定的实施办法中规定,凡符合以下全部条件的本市高校毕业生,可申请补偿代偿:

(1)拥护中国共产党的领导,热爱社会主义祖国,遵守宪法和法律;

(2)在校期间遵守学校各项规章制度,诚实守信,道德品质良好,学习成绩合格;

(3)毕业后自愿到农村基层涉农单位工作、服务期在3年(含3年)以上。

3. 资助标准

本专科生最高不超过8 000元,全日制研究生最高不超过12 000元。毕业生在校学习期间每年实际缴纳的学费或获得的国家助学贷款低于规定标准的,按照实际缴纳的学费或获得的国家助学贷款金额实行补偿或代偿;实际缴纳的学费或获得的国家助学贷款高于规定标准的,按照规定的标准金额实行补偿或代偿。获得国家助学贷款的学生可以在学费补偿和国家助学贷款代偿两项中选择就高申请。

(三)高校毕业生到农村学校任教列入学费补偿和国家助学贷款代偿范围

为鼓励和引导高校毕业生到本市农村学校任教,2015年起,上海市高校应届毕业生到本市农村学校任教列入学费补偿和国家助学贷款代偿范围,同步出台了《上海市教育委员会 上海市财政局关于将上海市高校毕业生到本市农村学校任教列入学费补偿和国家助学贷款代偿范围的通知》(沪教委学〔2016〕15号)。

1. 适用对象

上海市出台的该通知中确定的适用对象为上海市全日制普通高等学校本专

科生(含高职)、研究生、第二学士学位应届毕业生。定向、委培以及在校期间已享受免除学费政策的学生除外。

2. 实施范围

上海市出台的该通知中确定的实施范围为上海市高校毕业生取得教师资格并到本市农村学校任教,服务期在 3 年(含 3 年)以上的,并符合以下条件:

拥护中国共产党的领导,热爱社会主义祖国,遵守宪法和法律;

在校期间遵守学校各项规章制度,诚实守信,道德品质良好,学习成绩合格。

这里的农村学校具有明确的范围,上海市教育委员会会以发文的形式定期更新后予以公布详细名单。

3. 资助标准

高校毕业生每学年学费补偿和国家助学贷款代偿的金额,本专科生最高不超过 8 000 元,全日制研究生最高不超过 12 000 元。毕业生在校学习期间每年实际缴纳的学费或获得的国家助学贷款低于规定标准的,按照实际缴纳的学费或获得的国家助学贷款金额实行补偿或代偿;实际缴纳的学费或获得的国家助学贷款高于规定标准的,按照规定的标准金额实行补偿或代偿。获得国家助学贷款的学生可以在学费补偿和国家助学贷款代偿两项中选择就高申请。

在校学习期间获得国家助学贷款(含校园地国家助学贷款和生源地信用助学贷款)的,补偿代偿费用优先用于偿还国家助学贷款本金及其全部偿还之前产生的利息。

## 四、其他地区相关政策(以新疆维吾尔自治区为例)

新疆维吾尔自治区为引导和鼓励高校毕业生面向基层和艰苦边远地区就业,减轻家庭经济困难学生负担,根据《国务院办公厅关于加强普通高等学校毕业生就业工作的通知》(国办发〔2009〕3 号)、《财政部 教育部关于印发〈高等学校毕业生学费和国家助学贷款代偿暂行办法〉的通知》(财教〔2009〕15 号)、《财政部 教育部 中国人民银行 银监会关于调整完善国家助学贷款相关政策措施的通知》(财教〔2014〕180 号)、《财政部 教育部关于〈高等学校毕业生学费和国家助学贷款代偿暂行办法〉的补充通知》(财科教〔2016〕44 号)以及自治区人民政府办公厅《关于贯彻落实国办发 3 号文件抓好大专院校毕业生就业工作的通知》(新政办发〔2009〕23 号)精神,制定了《新疆维吾尔自治区高等学校毕业生学费和国家助学贷款代偿办法》(新财教〔2018〕16 号)。

### (一)适用对象

在新疆维吾尔自治区所制定的办法中规定的适用对象为国家承认学历的普通高等学校中的全日制本专科生(含高职)、研究生、第二学士学位应届毕业生。定向、委培以及在校期间已享受免除学费政策的学生除外。

### (二)实施范围

在新疆维吾尔自治区所制定的办法中规定的基层单位是指:

工作单位地处县以下机关、事业单位(不含企业),包括乡(镇)政府机关各部门、村级各行政部门和农村中小学、幼儿园以及教育、民政、司法、公安、气象、水文、地震、茧业、林业、畜牧业等基层第一线部门;

塔什库尔干塔吉克自治县各级各类单位均视同基层单位。

在新疆维吾尔自治区所制定的办法中规定,符合以下全部条件的高校毕业生可申请自治区学费和国家助学贷款代偿:

(1)拥护中国共产党的领导,热爱社会主义祖国,维护祖国统一,反对民族分裂,遵守宪法和法律;

(2)本人和直系亲属在学习和工作期间未参加过任何宗教活动;

(3)在校期间遵守学校各项规章制度,诚实守信,道德品质良好,学习成绩合格。

自治区党委组织部招聘的"天池计划人员""内地高校优秀毕业生""选调生",且符合上述三条的高校毕业生均可申请自治区学费和国家助学贷款代偿。

### (三)资助标准

凡符合代偿条件的高校毕业生每学年代偿的学费和国家助学贷款的金额最高不超过8 000元,毕业生在校学习期间每年实际缴纳的学费或获得的国家助学贷款低于8 000元的,按照实际缴纳的学费或获得的国家助学贷款金额实行代偿;高于8 000元的,按照每年8 000元的金额实行代偿。

### (四)申请流程

在新疆维吾尔自治区所制定的办法中规定,符合条件的非中央部属院校毕业生按以下程序申请学费和国家助学贷款代偿:

高校毕业生本人在办理离校手续后,在次年的3月31日前向所就业的地(州、市)学生资助管理中心递交《新疆维吾尔自治区高校毕业生学费和国家助学贷款代偿资助申请表》和毕业证复印件、身份证复印件、在校表现证明、国家助学贷款借款合同、助学贷款还款确认书、就业协议、录用通知书、缴纳学费的发票原件等材料。

在校学习期间获得国家助学贷款的高校毕业生,如果获得代偿资格,应先自行向银行还款,并提供还款确认书。

各地(州、市)学生资助管理中心根据上述材料,按《新疆维吾尔自治区高等学校毕业生学费和国家助学贷款代偿办法》的相关规定,审查毕业学生的申请资格,在次年的 6 月底之前,将符合条件的高校毕业生汇总表报送自治区学生资助管理中心审批。自治区学生资助管理中心在 30 个工作日内将审批确定的学生名单通知各地(州、市)学生资助管理中心。

"天池计划"人员在岗前培训期间,由各地(州、市)党委组织部门统一办理学费和国家助学贷款代偿手续,各地(州、市)党委组织部门按《新疆维吾尔自治区高等学校毕业生学费和国家助学贷款代偿办法》的相关规定,审查毕业学生的申请资格,在次年的 6 月底之前,将符合条件的高校毕业生汇总表由自治区党委组织部报送自治区学生资助管理中心审批。自治区学生资助管理中心在 30 个工作日内将审批确定的学生名单反馈自治区党委组织部门。

综上,在适用对象上,相对于其他地区,河北省出台的《河北省高等学校家庭经济困难毕业生学费和国家助学贷款代偿暂行办法》(冀财教〔2016〕59 号)针对的对象是享受城乡低保政策家庭的省属高校应届毕业生;在实施范围及资助标准上,各地区出台的政策基本和国家资助政策层面保持一致。

## 第四节　学费补偿和国家助学贷款代偿政策的思考

### 一、学费补偿和国家助学贷款代偿政策实施中存在的瓶颈

(一)生源地信用助学贷款还款流程不畅

长期以来,有关学费补偿和国家助学贷款代偿的政策都规定,高校毕业生所在的高校要建立与就业单位和国家助学贷款经办银行定期联系制度。高校要专门为经资格审查合格的学生和国家助学贷款代偿的高校毕业生建立完整准确的档案,并将高校毕业生在本学段学习期间获得学费和国家助学贷款代偿情况书面通知毕业生本人、就业单位人事部门及国家助学贷款经办银行。这意味着,还款主体责任主要落实在学生所在的高校,而不是学生本人。而在实际操作过程中,由于办理贷款学生人数体量较大及还款程序等相对复杂,各个高校负责资助

工作人手有限导致国家助学贷款管理难度较大,高校需要与多部门联系配合,在具体操作层面上也有一定的困难。

（二）分年度代偿办法操作困难

国家对中西部地区和艰苦边远地区基层单位就业的获得学费和国家助学贷款代偿资格的高校毕业生采取分年度代偿的办法,学生毕业后每年代偿学费或国家助学贷款总额的1/3,3年代偿完毕。但这一政策在具体操作过程中存在一定的困难。举个典型案例：某同学毕业后从事航海工作,经常出海作业,长期在海上工作。在其工作的过程中,常规通讯方式难以联系到本人,联系沟通十分困难。高校与其联系办理代偿手续,经常因无法联系到本人而错过办理时间。针对这类特殊的群体,分年度代偿办法操作异常困难。上述典型案例说明,部分学生从事类似工作流动性大,工作也较为艰苦,对其而言逐年办理代偿学费相对困难,建议三年一补,避免学生因特殊工作,本人无法按常规程序办理而造成困境。

（三）国家助学贷款存在潜在不公平性

国家助学贷款在投入的地区结构上不平衡。不同地区学生对国家助学贷款申请的了解程度不同。从家庭经济困难学生和所获得贷款的学生比例情况来看,经济发达的省份,特别是东部沿海城市与省份,国家助学贷款的投入情况较好,浙江省高校家庭经济困难学生获得贷款的人数占高校家庭经济困难学生人数的90.16%,高出全国平均水平57.79个百分点,位居全国之首。而西部大部分省区在这一指标上远远低于平均水平。西部省区由于经济发展水平相对较低,家庭经济困难学生占在校生的比重较大,加之获得贷款人数的比例偏低,家庭经济困难学生上学难的问题十分突出。举个典型案例：同学A与同学B家庭条件同样困难,困难程度相同,同学A申请了国家助学贷款,但同学B未申请国家助学贷款,两人同时可以享受学费补偿和国家助学贷款代偿政策。按照现有政策的规定,最终导致同学A可以获得8 000元的补贴,而同学B只能获得6 000元补贴。

## 二、完善学费补偿和国家助学贷款代偿的政策建议

第一,建议还款主体为学生本人,提倡学生自主还款。此举可以有效解决高校还款困难的难题,也利于学生承担相应的社会责任。

第二,建议分年度代偿办法改为三年一补,一次性办理。

针对上述从事航海工作学生的典型案例,部分学生从事类似工作流动性大,工作也较为艰苦,每年都要办理代偿学费手续繁杂,建议三年一补,一次结清,避

免学生因特殊工作,本人无法按常规程序办理而造成困难。

第三,建议统一代偿和补偿标准。

在实际生活中,由于国家助学贷款由学费和生活费两部分组成,只要不超过国家规定的金额上限,就会有学生办理贷款数额大于实际学费需求的情况出现。按照近几年的有关学费补偿和国家助学贷款代偿的政策规定,可以在学费补偿或者国家助学贷款代偿中选择其一。那么,实际上选择国家助学贷款代偿的学生往往会得到比选择学费补偿的学生资助经费高的情况,等于多资助了一笔生活费。大学四年或硕士三年的经费累积,也是一笔不小的金额。故存在一定的不公平性,建议统一代偿和补偿标准。

# 第九章
# 高校学生的其他奖助政策

党和国家对高校大学生奖助工作高度重视,随着我国高等教育改革不断深化,奖助政策体系日臻完善,除了此前各章节介绍的奖助学金、家庭经济困难认定、助学贷款等各类有效举措之外,还有许多政策加以辅助和补充,形成多元混合的奖助体系,旨在进一步做好高校大学生的奖助工作,促进教育公平,引导大学生健康成长成才。

## 第一节 勤工助学政策[①]

### 一、实施范围

《高等学校勤工助学管理办法(2018年修订)》所称的高等学校是指根据国家有关规定批准设立、实施高等学历教育的全日制普通本科高等学校、高等职业学校和高等专科学校(以下简称学校)。所称的学生是指学校招收的本专科生和研究生。

### 二、主要内容

勤工助学活动是指学生在学校的组织下利用课余时间,通过劳动取得合法报酬,用于改善学习和生活条件的实践活动。勤工助学活动是学校学生资助工作的重要组成部分,是提高学生综合素质和资助家庭经济困难学生的有效途径,

---

① 教育部,财政部.关于印发《高等学校勤工助学管理办法(2018年修订)》的通知(教财〔2018〕12号)[EB/OL]. http://www.moe.gov.cn/srcsite/A05/s7505/201809/t20180903_347076.html.

是实现全程育人、全方位育人的有效平台。

（一）组织机构

学校设学生资助工作领导小组，全面领导勤工助学工作，负责协调学校的宣传、学工、研工、财务、人事、教务、科研、后勤、团委等部门配合学生资助管理机构开展相关工作。学校设学生资助管理机构，下设专门的勤工助学管理服务组织，具体负责勤工助学的日常管理工作。

（二）学校职责

学校要在工作安排、人员配备、资金落实、办公场地、活动场所及助学岗位设置等方面给予大力支持，为学生勤工助学活动提供指导、服务和保障。加强对勤工助学学生的思想教育，培养学生热爱劳动、自强不息、创新创业的奋斗精神，增强学生综合素质，充分发挥勤工助学的育人功能。

（三）勤工助学管理服务组织职责

学校勤工助学管理服务组织要确定校内勤工助学岗位，开发校外勤工助学资源，接受学生参加勤工助学活动的申请，安排学生勤工助学岗位，为学生和用人单位提供及时有效的服务。在学校学生资助管理机构的领导下，配合学校财务部门共同管理和使用学校勤工助学专项资金，制定校内勤工助学岗位的报酬标准，并负责酬金的发放和管理工作。

（四）校内勤工助学岗位设置

校内勤工助学岗位设置应以校内教学助理、科研助理、行政管理助理和学校公共服务等为主。按照每个家庭经济困难学生月平均上岗工时原则上不低于20小时为标准，测算出学期内全校每月需要的勤工助学总工时数（20工时×家庭经济困难学生总数），统筹安排、设置校内勤工助学岗位。

（五）校外勤工助学活动管理

校外用人单位聘用学生勤工助学，须向学校勤工助学管理服务组织提出申请，提供法人资格证书副本和相关的证明文件。经审核同意，学校勤工助学管理服务组织推荐适合工作要求的学生参加勤工助学活动。

（六）勤工助学酬金标准及支付

学生参与校内非营利性单位的勤工助学活动，其劳动报酬由勤工助学管理服务组织从勤工助学专项资金中支付；学生参与校内营利性单位或有专门经费项目的勤工助学活动，其劳动报酬原则上由用人单位支付或从项目经费中开支；学生参加校外勤工助学，其劳动报酬由校外用人单位按协议支付。

## 三、执行要点

**（一）统一组织**

勤工助学活动由学校统一组织和管理。学生私自在校外兼职的行为，不在《高等学校勤工助学管理办法（2018年修订）》规定之列。

**（二）规范管理**

各学校要结合实际情况，制定完善本校学生勤工助学活动的实施办法。根据国家有关规定，筹措经费，设立勤工助学专项资金，并制定资金使用与管理办法。

**（三）尊重学生**

安排勤工助学岗位，应优先考虑家庭经济困难的学生。对少数民族学生从事勤工助学活动，应尊重其风俗习惯。不得组织学生参加有毒、有害和危险的生产作业以及超过学生身体承受能力、有碍学生身心健康的劳动。

**（四）法律意识**

学生在校外开展勤工助学活动的，勤工助学管理服务组织必须经学校授权，代表学校与用人单位和学生三方签订具有法律效力的协议书。在勤工助学活动中，若出现协议纠纷或学生意外伤害事故，协议各方应按照签订的协议协商解决。如不能达成一致意见，按照有关法律法规规定的程序办理。

**（五）适度适量**

勤工助学岗位既要满足学生需求，又要保证学生不因参加勤工助学而影响学习。时间原则上每周不超过8小时，每月不超过40小时。寒暑假勤工助学时间可根据学校的具体情况适当延长。

## 四、实例展示[①]

### 例1：S大学R学院张同学勤工助学实例

张同学为S大学R学院2018级硕士研究生，男，河南人。2018年10月，张同学报到入学后的一个月，来到校研究生工作部，与老师诉说了他目前的状况……

他告诉老师，他的家庭收入一般，父母辛苦大半辈子供他读书，终于考取研究生后，来到上海，圆了自己的读研梦，但是读研后，还要继续向父母伸手要生活费用，而且上海的生活成本又较高，他感觉到给父母和家庭带来了负担。虽然父

---

① 实例展示部分的内容来源于作者工作实践，仅供参考。

母非常支持他,但是他作为一名男生,还是感觉到无形的压力,他希望学校能给予他一定的资助,但是又想到还有许多家庭困难、特殊的同学更需要帮助,所以心中矛盾不已,今天来就是想问问,像他这样的情况学校能否给予补助。

老师听了张同学的情况后,马上鼓励他参与学校的勤工助学活动,利用自己的课余时间在学校提供的学生勤工助学岗位上发挥作用,既充实了课余生活,又增加了收入。张同学觉得自己是一个文科生,只会写写文章,不知自己能做些什么,老师拿出适合他的相关的部门和岗位,让他找找有没有既能发挥专业特长,自己又感兴趣的。

没过几天,张同学又来到了研究生工作部,这一次他的脸上洋溢着笑容,他说他想去研究生新媒体中心试一试,但是这和他的专业不符合,他还不具备媒体技术,不知能否胜任。这个想法马上得到了老师的大力支持,研究生工作部的老师找来有经验的学长帮助他学习相关技术,带着他现场踩点、拍摄,手把手教他后期制作。没过多久,张同学不仅掌握了一系列技能,而且他扎实的文字功底,使得他编辑的栏目别具特色,引人注目,受到了广大师生的喜爱。看着他一天天自信、自强起来,老师们都感觉非常欣慰。现在张同学已经凭借自己谦虚好学和认真踏实的作风,被同学们选为研究生新媒体中心的负责人。今年,张同学还被一所中学录用为实习生,该中学除了看中他的专业知识外,还有一个重要原因——他的新媒体技能。张同学现在有了两份课外收入,他担心的不再是他的经济问题,而是他今后努力的方向和人生的规划了。

案例分析:上面的这个例子充分地说明,高校勤工助学岗位的设立,不仅仅是一个工作和薪酬的简单模式,它承载着更多的育人功能。高校本来就是一个培养人的地方,我们要在年轻人感到迷茫和困惑的时候,对他们进行指导,帮助他们成为自强不息、创新奋斗的人,不能在有困难时"等、靠、要",而是要树立起通过自身努力来改善生活、促进发展的理念。

**例2:S大学研究生勤工助学岗位的设立**

为了更好地做好研究生勤工助学工作,S大学研究生勤工助学的岗位设置采取:"用人部门申报—职能部门审核—用人部门考核"的模式,时间为一年一次。每年年初,由用人部门填写《研究生勤工助学岗位设岗单位统计表》进行岗位申报,由校研究生工作部审核,审核通过的岗位才可以录用研究生。研究生勤工助学岗位的数量、勤工助学的金额将视经费情况等统筹设置,学生勤工助学的劳务费按月划拨到学生的卡中。用人单位每年做好对在岗位工作的勤工助学研究生的考勤和考核工作。

_____年研究生勤工助学岗位设岗单位统计表

| 设岗单位 | | 联系人 | |
|---|---|---|---|
| 联系电话 | | | |
| 设岗理由 | | | |
| 用工时段 | | | |
| 需求岗位名称及需求研究生人数 | | | |
| 岗位详细要求 | | 用工时间：<br>岗位性别：<br>年　　级：<br>技能要求：<br>其他要求： | |
| 勤工助学学生来源 | | 1. 设岗单位自选；<br>2. 研究生院（部）选拔推荐<br>（请打钩选择） | |
| 建议金额（每人每月） | | 设岗单位支付：　　研究生院（部）支付： | |
| 设岗部门领导意见 | | 签名：<br>单位公章 | |
| 研究生院（部）审核意见 | | | |

图 9-1　S大学研究生勤工助学岗位设岗单位统计表样式

案例分析：高校勤工助学岗位有许多，从教学科研助理到行政助理；从机关岗位到学院事务；从图书馆管理到后勤服务保障，原则上每个部门和单位都可以设立相应的勤工助学岗位，但实际上并不能这样毫无限制地将岗位和工作交由学生来处理，所有的勤工助学岗位一定要反复核实是否具备岗位的合理性、是否符合财务制度，因此，采取先申报再审核的方式更为妥当。且由于每年岗位的变化和学生的不同需求，一年需要申报一次，以符合最新的情况。在勤工助学过程中也有评价和考核机制，这种评价和考核机制的设立，对于正确合理地设置岗位、师生的双向选择、下一年度的申报审核工作都是非常有益的参考。

## 第二节 师范生免费教育政策①

### 一、实施范围

《教育部直属师范大学师范生公费教育实施办法》所称师范生公费教育是指国家在北京师范大学、华东师范大学、东北师范大学、华中师范大学、陕西师范大学和西南大学六所教育部直属师范大学（以下简称部属师范大学）面向师范专业本科生实行的，由中央财政承担其在校期间学费、住宿费并给予生活费补助的培养管理制度。

### 二、主要内容

贯彻落实《中共中央国务院关于全面深化新时代教师队伍建设改革的意见》，建立健全师范生公费教育制度，吸引优秀人才从教，培养大批有理想信念、有道德情操、有扎实学识、有仁爱之心的"四有"好教师，进一步形成尊师重教的浓厚氛围。

（一）选拔录取

各地、各部属师范大学要加大政策宣传和引导力度，通过发放招生简章、开展政策宣讲等多种方式，为高中毕业生报考公费师范生营造良好环境。部属师范大学根据国家相关政策，制定在校期间公费师范生进入、退出的具体办法。部属师范大学招收公费师范生实行提前批次录取，重点考察学生的综合素质、职业倾向和从教潜质，择优选拔乐教、适教的优秀高中毕业生加入公费师范生队伍。有志从教并符合条件的非师范专业优秀学生，在入学2年内，可在教育部和学校核定的公费师范生招生计划内转入师范专业，签订协议并由所在学校按相关标准返还学费、住宿费，补发生活费补助。公费师范生可按照所在学校规定的办法和程序，在师范专业范围内进行二次专业选择。

（二）履约任教

公费师范生、部属师范大学和生源地所在省份省级教育行政部门签订《师范生公费教育协议》，明确三方权利和义务。公费师范生毕业后一般回生源地所在省份中小学任教，并承诺从事中小学教育工作6年以上。到城镇学校工作的公

---

① 国务院办公厅.关于转发教育部等部门《教育部直属师范大学师范生公费教育实施办法》的通知（国办发〔2018〕75号）[EB/OL]. http://www.moe.gov.cn/jyb_xxgk/moe_1777/moe_1778/201808/t20180810_345023.html.

费师范生,应到农村义务教育学校任教服务至少1年。公费师范生由于志愿到中西部边远贫困和少数民族地区任教等特殊原因不能回生源地所在省份任教的,应届毕业前可申请跨省就业,经所在学校、生源地所在省份和接收省份省级教育行政部门审核同意后,按有关规定程序办理跨省就业手续。公费师范生在协议规定服务期内,经省级教育行政部门同意,可在学校间流动或从事教育管理工作。

(三)激励措施

国家根据经济发展水平和财力状况,对公费师范生的生活费补助标准进行动态调整。优秀公费师范生可享受其他非义务性奖学金。鼓励设立公费师范生专项奖学金。支持部属师范大学遴选优秀公费师范生参加国内外交流学习、教学技能比赛等活动。各地要将公费师范生履约任教后的在职培训纳入中小学教师国家级培训计划,落实五年一周期的教师全员培训制度,支持公费师范生专业发展和终身成长。各地要落实乡村教师生活补助、艰苦边远地区津贴等优惠政策,吸引公费师范生毕业后到农村中小学任教。各地和农村学校要为公费师范生到农村任教提供办公场所、周转宿舍等必要的工作生活条件。

(四)条件保障

各地要加强组织领导和制度保障,妥善解决公费师范生到中小学任教所需编制。各地、各部门和各有关学校要切实加强协调,建立分工明确的责任管理体系。各地、各部属师范大学要构建地方政府、中小学校与高校共同培养公费师范生的机制,遴选一批县(区)建设教师教育改革创新实验区,公费师范生主要到实验区中小学进行教育实习。推进部属师范大学统筹各类资源,建设国家教师教育基地,打造公费师范生教育教学技能实训平台,探索优秀教师培养新模式,集中最优质的资源用于公费师范生培养,全面提高公费师范生培养质量。各地对毕业后长期从事中小学教育的公费师范生给予鼓励和支持。各地可探索免费培养、到岗退费、学费补偿和国家助学贷款代偿等多种方式,开展地方师范生公费教育。教育部会同相关部门按照国家有关规定,对师范生公费教育工作成绩突出的单位予以表彰,并及时总结推广成功经验。

## 三、执行要点

(一)德育为先

部属师范大学要根据基础教育发展和课程改革的要求,加强公费师范生师德教育,引导公费师范生树立先进的教育理念,热爱教育事业,坚定长期从教的职业理想,为将来成为优秀教师和教育专家打下牢固根基。

### (二) 据实调整

录取后经考察不适合从教的公费师范生,在入学一年内,按照规定退还已享受的学费、住宿费和生活费补助,并由所在学校根据当年高考成绩将其调整到符合录取条件的非师范专业。

### (三) 诚信为人

公费师范生要严格履行协议,未按协议从事中小学教育工作的,须退还已享受的公费教育费用并缴纳违约金。省级教育行政部门要建立健全公费师范生履约动态跟踪管理机制,建立公费师范生诚信档案。

### (四) 升学须知

公费师范生按协议履约任教满一学期后,可免试攻读非全日制教育硕士专业学位。公费师范生本人向本科就读的部属师范大学提出申请,经任教学校考核合格并批准,部属师范大学根据任教学校工作考核结果、本科学习成绩等进行综合考核后,录取为非全日制硕士研究生,以非全日制形式学习专业课程。任教考核合格并通过论文答辩的,授予相应的学历、学位证书。除上述情形以外,公费师范生在协议规定服务期内不得报考研究生。

### (五) 特殊情况

公费师范生因生病、应征入伍等原因不能履行协议的,须提出中止协议申请,经省级教育行政部门同意后,暂缓履约。待情况允许后,经省级教育行政部门核实后可继续履行协议。公费师范生如确因身体原因需终止协议的,按协议约定解除协议。除特殊原因办理休学无法正常毕业等情形以外,公费师范生未按规定时间取得相应学历学位证书和教师资格证书的,按违约处理。

## 第三节 "绿色通道"政策[①]

### 一、实施范围

普通高等学校家庭经济困难新生。

---

[①] 教育部.《关于切实做好 2011 年普通高等学校家庭经济困难新生入学"绿色通道"等资助工作的通知》(教财〔2011〕8 号)[EB/OL]. http://www.moe.gov.cn/srcsite/A05/s7052/201108/t20110805_181270.html.

## 二、主要内容

切实做好新形势下高校家庭经济困难学生资助工作,是促进教育公平、办好人民满意教育的具体体现。各地教育部门、各高校要切实加强领导,健全工作机制,采取有效措施,把家庭经济困难学生资助工作作为重要的全局性工作抓实抓好,确保家庭经济困难学生"应助尽助"。

(一)确保资助经费到位

各地教育部门要会同当地财政部门,严格按照国家政策规定,足额落实各项资助经费,科学合理地及时逐级分解下达预算,务必保证应分担的资助专项资金在开学前及时到位。各高校应严格按照国家政策规定,从事业收入中按比例足额提取经费用于资助家庭经济困难学生,不得提而不支、多提少支或直接列支。要采取有效措施,鼓励社会各界捐资助学,拓宽经费来源渠道。

(二)确保"绿色通道"畅通

"绿色通道"是确保高校家庭经济困难新生顺利入学的最直接、最有效的措施。各公办和民办普通高校在招生录取工作结束后,要尽快全面了解录取新生的家庭经济状况,有针对性地提前做好家庭经济困难新生入学工作预案。要进一步加强对"绿色通道"工作的组织和领导,主管校领导要亲自抓,校内各有关部门要密切配合,分工明确,细化工作程序,明确责任人,在新生报到现场设立专门的"绿色通道"区域,保证提出申请且符合条件的家庭经济困难新生都能通过"绿色通道"顺利入学。

(三)确保国家助学金及时发放

各地教育部门、各高校要切实关心家庭经济困难学生。秋季学期开学后,要及时向家庭经济困难学生发放国家助学金,并通过多种方式帮助其解决基本生活费用,确保家庭经济困难新生入学后的正常生活和学习。

(四)确保"应贷尽贷"目标

各地教育部门要积极配合当地财政、银监等部门和有关金融机构,加大工作力度,进一步推进生源地信用助学贷款。县级学生资助管理机构是做好生源地信用助学贷款工作的关键,要配合具体经办银行切实做好组织申请、信息录入、审核批准等相关工作;在暑假集中办理期间,要组织更多的人力,提供必要场所,加强政策宣传和解读工作,合理安排办理批次,为家庭经济困难学生及其法定监护人提供周到服务,严防因工作不到位而引发群体性事件。秋季学期开学后,各高校要配合县级学生资助管理机构和经办银行做好生源地信用助学贷款有关工作,同时,继续做好校园地国家助学贷款工作,并加强对助学贷款学生的诚信教育和征信知识宣传。

(五)确保反映渠道畅通

各地教育部门、各高校开通学生和社会各界的反映渠道,接受有关政策咨询和问题投诉,并对投诉的问题及时进行核查处理。对于影响面大、敏感程度高的投诉问题,要及时向上级教育主管部门报告。

(六)确保政策宣传到位

各地教育部门、各高校要进一步加大国家资助政策及成效的宣传力度,努力扩大宣传的覆盖范围,把党和国家对家庭经济困难学生的关心和爱护带入千家万户。宣传工作要积极利用当地受众广、影响大的网络、广播、电视等新闻媒体,充分运用广大人民群众和学生喜闻乐见的形式,全方位、多角度、深层次地将政策宣传辐射到所有城市和农村,尤其是偏远地区,不留死角,确保资助政策入校、入村、入户。各高校在向新生发放录取通知书时,必须按照要求一并寄送《高等学校学生资助政策简介》宣传手册,务必做到人手一册。

## 三、执行要点

(一)保障到位

普通高等学校要认真做好组织落实和监督检查工作,确保各项资助政策落实到位,确保所有家庭经济困难新生都能按时入学。

(二)开设专区

在新生报到现场设立专门的"绿色通道"区域,保证提出申请且符合条件的家庭经济困难新生都能通过"绿色通道"顺利入学。

(三)加强管理

要切实加强对各项资助经费的管理,不得以任何形式、任何理由截留、挤占、挪用资助资金。

(四)把握时机

要注意政策宣传的时效性,重点把握招生录取和新生入学两个关键的时间节点。

## 四、实例展示[①]

**例1:H大学某年度新生入学"绿色通道"工作**

H大学为切实做好某年度新生入学"绿色通道"工作,组织因家庭经济困难

---

① 实例展示部分的内容来源于作者工作实践,仅供参考。

等原因无法及时缴纳学费的新生填写"绿色通道"申请表,以利于规范管理,确保家庭经济困难新生能够顺利入学。

**新生入学"绿色通道"申请表**

| 姓名 | | 性别 | | 出生年月 | |
|---|---|---|---|---|---|
| 生源地 | | 学号 | | 专业及班级 | |
| 本人联系电话 | | | | | |
| 家庭地址 | | 省县(市) 乡镇(办事处) 村(街道) | | | |
| 本人申请原因: <br><br><br><br>本人承诺以上陈述的情况及本人提供的全部证明材料均属实,并承担由于不实材料所造成的一切后果。(注:家庭经济困难材料附在表后) <br><br>本人本次应缴纳学费及其他费用共计_____元,因家庭经济困难,现只能暂交_____元,剩余部分将通过生源地信用助学贷款(  )或校园地国家助学贷款(  )予以交清。(括号内用"√")表示 <br><br>学生家长签字:    学生签字:    年  月  日 ||||||
| 辅导员意见 | 签字:   年  月  日 |||||
| 学院意见 | 签字(盖章):   年  月  日 |||||
| 学校意见 | 签字(盖章):   年  月  日 |||||

说明:本表及家庭经济困难材料一式三份,一份学院留存,一份交财务处,一份交学工部。

图 9-2 H 大学某年度新生入学"绿色通道"申请表样式

案例分析：高校新生"绿色通道"的设置对于家庭经济困难新生有着极大的帮助，是确保家庭经济困难新生顺利入学的有效措施。在新生入校时由辅导员组织有需要的学生填写《新生入学"绿色通道"申请表》，持填写完整的表格和相关材料到学校"绿色通道"办理处和财务处办理相关手续。辅导员、老师也可以通过该表格详细了解家庭经济困难学生的情况，为开学后落实好家庭经济困难学生认定、国家助学贷款发放等各项资助政策打下基础。

## 第四节　高校学生服兵役国家教育资助政策

习近平总书记指出："强国必须强军，军强才能国安。"人类文明发展史和中国近代革命史充分印证了这一条铁律。中共中央总书记、国家主席、中央军委主席习近平在2021年中央军委人才工作会议上强调：强军之道，要在得人。人才是推动我军高质量发展、赢得军事竞争和未来战争主动的关键因素，对实现党在新时代的强军目标、把我军全面建成世界一流军队具有重大现实意义和深远历史意义。党的十八大以来，习近平主席把人才强军纳入强军布局，与政治建军、改革强军、科技强军、依法治军一体运筹，领导人民军队重振党管人才政治纲纪，立起为战育人鲜明导向，优化人员队伍结构布局，创新人力资源政策制度。同时，国家创新人力资源政策制度，陆续制定和出台了一系列保障和惠及高校大学生应征入伍服兵役、退役士兵接受高等教育学历提升的利好政策，从国家法律层面为增强人民军队吸引力、凝聚力、战斗力提供了法律保障。因此，各级教育行政管理部门和各高校全面贯彻落实高校学生服兵役国家教育资助政策，切实维护和保障应征入伍大学生和退役士兵的法定资助权利，是立足本职，参与新时代强军战略的一个有机组成部分，需秉持政治自觉和守土有责的态度，畅通和提高大学生服兵役国家教育资助工作的执行力，汇聚成国家强军建设的合力。

### 一、政策沿革

国家正式制定法律，对高校学生服义务兵役实施统一的资助政策，始于2009年财政部、教育部、总参谋部印发的《应征入伍服义务兵役高等学校毕业生学费补偿国家助学贷款代偿暂行办法》（财教〔2009〕35号），决定从2009年起实施学费补偿和国家助学贷款代偿，但资助对象仅限全日制普通高等学校的应届毕业生。

2011年,《财政部 教育部 总参谋部关于印发〈应征入伍服义务兵役高等学校在校生学费补偿国家助学贷款代偿及退役复学后学费资助暂行办法〉的通知》(财教〔2011〕510号)发布,规定从当年秋季学期始,增加高校在校生入伍资助和退役复学的资助内容。同年,《财政部 教育部 民政部 总参谋部 总政治部关于实施退役士兵教育资助政策的意见》(财教〔2011〕538号)出台,规定从2011年秋季学期开始,对自主就业的退役士兵实施教育资助政策。

2013年,财政部、教育部、总参谋部统一了大学生服义务兵役的资助法规,发布了《关于印发〈高等学校学生应征入伍服义务兵役国家资助办法〉的通知》(财教〔2013〕236号),资助对象增加了往届高校毕业生,同时废止了其先前制定的《应征入伍服义务兵役高等学校毕业生学费补偿国家助学贷款代偿暂行办法》和《应征入伍服义务兵役高等学校在校生学费补偿国家助学贷款代偿及退役复学后学费资助暂行办法》。同年,在高职学校考试招生制度改革的背景下,全国学生资助管理中心发布了《关于将全日制普通高等职业学校单独考试招生退役士兵学生纳入学费资助对象的通知》(教助中心〔2013〕100号),进一步扩大资助对象范围,增加了高职单招的退役士兵。

2015年,财政部、教育部、总参谋部又发布了《关于对直接招收为士官的高等学校学生施行国家资助的通知》(财教〔2015〕462号),明确自2015年起,对直接招收为士官的高等学校学生(含定向生)施行国家资助。

至此,涵盖全日制普通本专科(含高职)和研究生教育阶段的入学新生、在校生、应(往)届毕业生以及自主就业考取高校的退役士兵的高校学生服兵役国家教育资助政策的现代框架基本建成。

在此基础上,为强化国家对学生资助资金的规范管理、使用、监督,提高资金使用效益,2019年,财政部、教育部、人力资源和社会保障部、退役军人部、中央军委国防动员部联合发布了《关于印发〈学生资助资金管理办法〉的通知》(财科教〔2019〕19号),其附件7即为《服兵役高等学校学生国家教育资助实施细则》,从国家层面上统一整合和明确了大学生服兵役国家资助以及退役士兵教育资助政策,不仅引导和激发学生携笔从戎、参军报国的爱国热情,且减轻了服兵役学生继续教育的经济压力,同时大幅提高了兵员征集质量,对推进国防和军队现代化建设,建立强大的人民军队具有深远和现实的重大意义。

在立足新发展阶段、贯彻新发展理念、构建新发展格局的形势任务下,进一步改革完善退役军人教育培训政策制度体系的要求已十分迫切。随着《中华人民共和国退役军人保障法》的出台，2021年9月9日，《退役军人事务部等七部门关于全面做好退役士兵教育培训工作的指导意见》（退役军人部发〔2021〕53号）发布，支持从高校应征入伍士兵退役后复学深造，鼓励高中、初中学历退役士兵提升学历，为退役士兵带来更多的政策优惠，进一步帮助退役士兵提升就业竞争力创造良好的条件。

顺应新时代发展，做好退役士兵教育资助等新政策的立法衔接工作，确保学生资助工作顺利开展，2021年12月30日，财政部、教育部、人力资源和社会保障部、退役军人部、中央军委国防动员部修订后颁布了新的《学生资助资金管理办法》（财教〔2021〕310号），这是目前学生资助工作领域最新最权威的政策规范。为此，本章节介绍的高校学生服兵役国家教育资助政策，即以此管理办法及其附件7《服兵役高等学校学生国家教育资助实施细则》为主要政策依据而展开。

## 二、资助内容

根据新的《学生资助资金管理办法》（财教〔2021〕310号）规定，应征入伍服兵役高校学生国家教育资助，是指国家对应征入伍服义务兵役、招收为士官的高校学生，在入伍时对其在校期间缴纳的学费实行一次性补偿或用于学费的国家助学贷款实行代偿；对应征入伍服义务兵役前正在高等学校就读的学生（含按国家招生规定录取的高校新生），服役期间按国家有关规定保留学籍或入学资格、退役后自愿复学或入学的，实行学费减免；对退役一年以上，自主就业，通过全国统一高考或高职分类招考方式考入高等学校并到校报到入学的新生，实行学费减免。

（一）资助类型

从以上释义分析，若按时间节点划分，可以分为批准入伍时的教育资助（资助对象为应征入伍服义务兵役和招收为士官这两类高校学生群体）和退役后的教育资助（资助对象为退役后复学或入学的原高校已录取的大学生和退役后考入高校的士兵这两类高校学生群体）。

若按具体受资助的学生个体，即按资助对象划分，一般可分为三类：

第一类，应征入伍服义务兵役及退役后自愿回校复学的高校学生（含按国家招生规定录取的高校新生）；

第二类，直接招收为士官的高校学生，一般招收的是本专科应届毕业生；①

第三类，自主就业并考入全日制普通高等学校（包括全日制普通本科学校、全日制高等专科学校和全日制高等职业学校）就读的退役士兵。

在日常执行过程中，一般根据资助对象处于不同的时间节点进行相应的教育资助业务办理。

（二）资助项目

综合《学生资助资金管理办法》（财教〔2021〕310号）的规定，高校学生可以享受的服兵役国家教育资助项目共有三项：一是学费补偿或国家助学贷款代偿；二是学费减免；三是本专科生国家助学金。

需要说明的是，退役复学或退役考入全日制普通高等学校攻读研究生阶段（含硕士和博士）的退役士兵，由于国家早已施行普惠制的助学金政策（即给予每一名全日制研究生每年一定金额的国家助学金），所以退役士兵在硕士或博士阶段享有国家助学金不是基于服兵役的特殊情况。而在全日制专科或本科阶段，大学生是基于其家庭经济困难而获得国家助学金的，并非人人享有的普惠政策，所以新的《学生资助资金管理办法》（财教〔2021〕310号）增加了全日制在校退役士兵学生全部享受本专科生国家助学金的新规，是给予复学或考入本专科退役士兵学生的特殊待遇，体现了国家对退役士兵的教育资助力度。

根据不同的资助对象对应不同的时间节点，服兵役高校学生所能获得的资助汇总情况详见表9-1。

表9-1 服兵役高校学生所能获得的资助汇总

| 资助对象 \ 时间节点 | 批准入伍时 | 退役后 |
| --- | --- | --- |
| 应征入伍服义务兵役大学生 | 学费补偿或国家助学贷款代偿 | 复学后学费减免和享受本专科生国家助学金 |
| 直招士官 | 学费补偿或国家助学贷款代偿 | / |
| 退役士兵 | / | 考入后学费减免和享受本专科生国家助学金 |

---

① 按照《关于对直接招收为士官的高等学校学生施行国家资助的通知》（财教〔2015〕462号），直接招收为士官的高校学生，是指直接从非军事部门招收为部队士官的全日制应（往）届高校毕业生，以及成人高校的应（往）届毕业生；纳入全国高等学校招生统一考试、直接招录或选拔补充为部队士官的定向生。

### （三）资助标准

按照《学生资助资金管理办法》（财教〔2021〕310号）的规定：

学费补偿、国家助学贷款代偿及学费减免标准，本专科生每人每年最高不超过12 000元，研究生每人每年最高不超过16 000元。此项资助标准相较前法规，各阶段均提高4 000元资助额度。

学费补偿或国家助学贷款代偿金额，按学生实际缴纳的学费或用于学费的国家助学贷款（包括本金及其全部偿还之前产生的利息）两者金额较高者执行，据实补偿或者代偿。退役复学或新生入学后学费减免金额，按学校实际收取学费金额执行。超出标准部分不予补偿、代偿或减免。新规对国家助学贷款代偿的范围进行了限定，明确只能用于学费支出。

全日制（本专科）在校退役士兵学生全部享受本专科生国家助学金，资助标准为每生每年3 300元。此项为新规新增的条款，吸收了《关于全面做好退役士兵教育培训工作的指导意见》（退役军人部发〔2021〕53号）的有关内容，从2019年秋季学期开始执行。

### （四）资助资格

要获得上述资助项目和资助资金，资助对象必须具备以下条件（资格）：

(1) 入伍时，应征入伍服义务兵役或直接招收为士官的高校学生，需具有全日制高校学生学籍的身份，同时应提供兵役机关出具的《入伍通知书》。

(2) 退役后，原应征入伍服义务兵役大学生自愿回校办理了复学手续，或者按国家招生规定被录取保留了入学资格的高校新生自愿回校办理入学手续的，同时应提供兵役机关出具的退伍证明。为做区分，这类学生简称退役复学学生。

(3) 退役后，自主就业，通过全国统一高考或高职分类招考方式考入高等学校并到校报到入学的新生，同时应提供退役军人部门出具的退伍证明。这类学生简称退役入学学生。

高等学校学生是指高校全日制普通专科（含高职）、本科、研究生、第二学士学位的毕业生、在校生和入学新生，以及成人高校招收的全日制普通专科（含高职）、本科的毕业生、在校生和入学新生。在实践中，一般由高校教务处认定学生的学籍身份。

申请学费资助的学生入伍身份由中央军委国防动员部负责组织各地兵役机关做好相关认证工作，第一时间发放《入伍通知书》；自主就业退役士兵的身份由退役军人部负责组织认证。

此外，另有部分高校学生应征入伍服义务兵役不享受国家教育资助：一是在校期间已通过其他方式免除全部学费的学生；二是定向生（定向培养士官除外）、委培生和国防生；三是其他不属于服义务兵役或招收士官到部队参军的学生。

（五）资助期限

用于学费补偿、国家助学贷款代偿或学费减免的资助年限，为全日制普通高等学历教育一个学制期。具体的资助年限，按照国家对专科（含高职）、本科、研究生和第二学士学位规定的基本修业年限据实计算。以入伍时间为准，入伍前已完成规定的修业年限，即为学费补偿或国家助学贷款代偿的年限；退役复学后接续完成规定的剩余修业年限，即为学费减免的年限。退役后考入高校的新生，规定的基本修业年限，即为学费减免的年限。

需要辨析的是：

第一，对于复学或入学后再攻读更高层次学历的不在减免学费范围之内；攻读更高层次学历后二次入伍，可以类比第一次入伍享受更高层次学历教育阶段的资助。

第二，对于连读升学的人才培养模式，入伍资助仍以入伍时间为准，资助相应学段的一个周期。即专升本、本硕连读学制学生，在专科或本科学习阶段应征入伍的，以专科或本科规定的学习时间实行入伍资助；在本科或硕士学习阶段应征入伍的，以本科或硕士规定的学习时间实行入伍资助。中职高职连读学生入伍资助，按照高职阶段实际学习时间计算。专升本、本硕连读、中职高职连读、第二学士学位毕业生学费补偿或国家助学贷款代偿的年限，分别按照完成本科、硕士、高职和第二学士学位阶段学习任务规定的学习时间计算。

第三，对于全日制在校退役士兵，不管是退役复学、退役入学或是攻读更高层次学历性质，全体人员都可以在攻读本专科学历阶段的基本修业年限内享受本专科生国家助学金，但这也意味着若属于家庭经济困难的退役士兵，同一本专科学习期间只能享受一份本专科生国家助学金而不能重复获得政策资助。

### 三、执行要点

（一）学费补偿国家助学贷款代偿的办理程序

第一步，申请。征兵报名的高校大学生登录全国征兵网，按要求在线填写、打印《应征入伍服兵役高等学校学生国家教育资助申请表Ⅰ》（以下简称《申请表

I》）并提交学校学生资助管理部门。在校期间获得国家助学贷款的学生，需同时提供《国家助学贷款借款合同》复印件和本人签字的偿还贷款计划书。

第二步，审核。学校相关部门对《申请表I》中学生的资助资格、标准、金额等相关信息审核无误后，对《申请表I》加盖公章，一份留存，一份返还学生。

第三步，认证。学生在征兵报名时将《申请表I》交至入伍所在地县级人民政府征兵办公室（以下简称县级征兵办）。学生被批准入伍后，县级征兵办对《申请表I》加盖公章并返还学生。

第四步，寄回。学生将《申请表I》原件和《入伍通知书》复印件一并寄送至原就读高校的学生资助管理部门。

第五步，办理。高校学生资助管理部门在收到学生寄送的《申请表I》原件和《入伍通知书》复印件后，对各项内容进行复核，符合条件的，应及时向学生进行学费补偿或国家助学贷款代偿。

对于办理校园地国家助学贷款的学生，由学校按照还款计划，一次性向银行偿还学生校园地国家助学贷款本息（学费部分），并将银行开具的偿还贷款票据寄给学生本人或其家长。偿还全部贷款后如有剩余资金，汇至学生指定的地址或账户。

对于入学前在户籍所在县（市、区）办理了生源地信用助学贷款的学生，由学校根据学生签字的还款计划，将代偿资金一次性汇至学生指定的地址或账户。

另外，应征入伍服兵役的往届毕业生，申请国家助学贷款代偿的，应由学生本人继续按原还款协议自行偿还贷款，学生本人凭贷款合同和已偿还的贷款本息银行凭证向学校申请代偿资金。

需要提醒学生的是，若入伍资助资金不足以偿还国家助学贷款的，学生应与经办银行重新签订还款计划，偿还剩余部分国家助学贷款。

（二）学费减免的办理程序

第一步，申请。退役后自愿回校复学或入学的学生和退役后考入高校的入学新生，到高校报到后向高校一次性提出学费减免申请，填报《应征入伍服兵役高等学校学生国家教育资助申请表II》并提交退役证书复印件。

第二步，审核。高校学生资助管理部门在收到申请材料后，及时对学生申请资格进行审核。符合条件的，及时办理学费减免手续，逐年减免学费。

（三）出资方式与资助管理

出资方式：服兵役高等学校学生国家教育资助资金由中央财政承担。中央高校资金按照财政国库管理有关制度规定支付,地方高校资金由中央财政拨付各省级财政部门,采取"当年先行预拨,次年据实结算"的办法,中央财政每年对各省份上一年度实际支出进行清算,并以上一年度实际支出金额为基数提前下拨各省份当年预算资金。

管理流程:每年10月31日前,中央高校应将本年度入伍资助经费使用等情况报全国学生资助管理中心审核;地方高校应将本年度入伍资助经费使用等情况报各省(自治区、直辖市、计划单列市,以下统称省)学生资助管理中心;各省学生资助管理中心审核无误后,于每年11月10日前,报送全国学生资助管理中心。

具体管理操作流程详见图9-3。

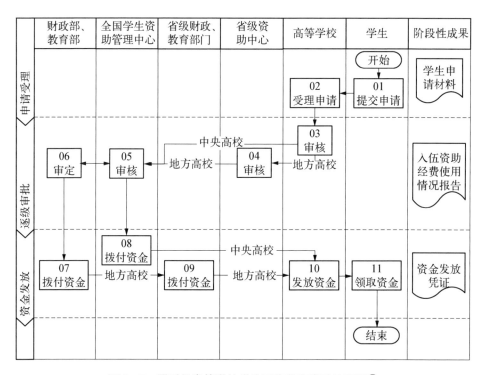

图9-3 服兵役高等学校学生国家教育资助流程图①

退兵管理:故意隐瞒病史或弄虚作假、违法犯罪等行为造成退兵的学生,及因拒服兵役被部队除名的学生,高校应取消其受助资格。被部队退回或除名并

---

① 摘自全国学生资助管理中心高校处培训PPT"服兵役高等学校学生国家教育资助"。

被取消资助资格的学生,如学生返回其原就读高校,已补偿的学费或代偿的国家助学贷款资金由学生原就读高校会同退役安置地县级征兵办收回后,及时逐级汇总上缴全国学生资助管理中心。收回资金按规定作为下一年度学费补偿或国家助学贷款代偿经费。

特殊情况:因部队编制员额缩减、国家建设需要、因战因公负伤致残、因病不适宜在部队继续服役、家庭发生重大变故需要退役等原因,经组织批准提前退役的学生,仍具备受助资格。其他非正常退役学生的资助资格认定,由高校所在地省人民政府征兵办公室会同同级教育部门确定。

**四、主要特色**

党的十八大以来,在实施新时代人才强军的战略指引下,我国高校学生服兵役国家教育资助政策力度越来越大,不断提高对服兵役大学生和退役士兵的经济保障,更为他们提升学历、能力等个人综合素质创造有利条件,呈现出三大亮点:

(一)服兵役学生实现100%政策覆盖率

具体表现在"三类对象"同待遇,即应征入伍服兵役高校学生、直接招收为士官的高校学生和自主就业考入全日制普通高校的退役士兵均给予教育学费资助;"四个层次"全覆盖,服兵役国家资助政策实现了高等教育专科(含高职)、本科、硕士、博士四个学历层次全覆盖;"五类学生"统纳入,应征入伍服兵役的高校新生、在校生、应届毕业生、往届毕业生、退役后考入高校的新生等五类学生,符合条件的均可申请国家资助。

(二)资助人数和资助资金逐年提高

笔者查阅了近些年全国学生资助管理中心网站发布的"中国学生资助发展报告",调取了相关数据,制成2009—2020年全国普通高校学生应征入伍服兵役(含直招士官)人数和国家资助金额(图9-4)以及2009—2020年退役士兵考入普通高校享受学费资助人数和国家资助金额(图9-5)。从图中不难发现,近几年高校学生服兵役国家教育资助的人数和资金都出现了"量价"齐增的现象。

随着最新的《学生资助资金管理办法》(财教〔2021〕310号)出台,高校学生应征入伍服兵役(含直招士官)的学费补偿、国家助学贷款代偿以及学费减免标准进一步提高,加之退役士兵在校全部享受本专科生国家助学金,国家对于高校学生服兵役教育的资金投入有增无减。

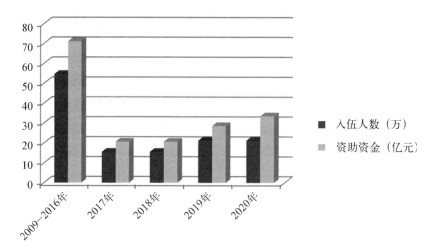

图 9-4　2009—2020 年全国普通高校学生应征入伍服兵役
（含直招士官）人数和国家资助金额①

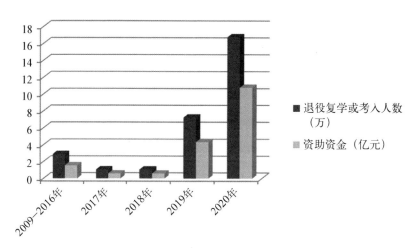

图 9-5　2009—2020 年退役士兵考入普通高校享受
学费资助人数和国家资助金额②

（三）更加重视和保护退役士兵的再发展权益

退役军人为国防和军队建设作出了重要贡献，是社会主义现代化建设的重要力量。为保护他们的合法权益，提升综合素质和就业竞争力，《中华人民共和国退役军人保障法》第三十二条规定："国家建立学历教育和职业技能培训并行

---

① 相关数据根据全国学生资助管理中心网站公布的历年《中国学生资助发展报告》整理得到。
② 相关数据根据全国学生资助管理中心网站公布的历年《中国学生资助发展报告》整理得到。

并举的退役军人教育培训体系"。《退役军人事务部等七部门关于全面做好退役士兵教育培训工作的指导意见》(退役军人部发〔2021〕53号)中明确"支持从高校应征入伍士兵退役后复学深造",并在转专业、课程免修、修业年限、入学方式和参加全国硕士研究生招生考试等多方面予以政策照顾;"鼓励高中、初中学历退役士兵提升学历",退役士兵报考高职院校免文化素质考试。符合条件的退役士兵参加全国普通高考、成人高考,按规定享受加分照顾。高等学校可按规定通过单列计划、单独招生等方式招考退役士兵等。以上措施突破了经济资助的单一维度,给服兵役大学生和退役士兵学历再提升提供了更多的有利条件,同时也给高校管理以及兵役资助工作带来一定的复杂情况,为此,全国高校应提高政治站位,充分认识大学生服兵役资助政策的贯彻落实并不仅仅是学生资助部门一家之事,而应统筹协调学校对外对内相关部门的相互配合与协同推进,切实畅通并提高工作的执行力,保障高校学生服兵役国家教育资助政策的有效落地和实施。

# 第十章
# 民办高校资助工作研究与实践

民办高校是民办高等学校的简称。根据国家教育部颁布的《民办高等学校设置暂行规定》及《中华人民共和国民办教育促进法》(以下简称《民办教育促进法》)中的有关规定,民办高校指除国家机关和国有企业、事业组织以外的各种社会组织以及公民个人自筹资金,依照《民办高等学校设置暂行规定》设立的实施高等学历教育的教育机构[①]。民办高等教育在办学形式上主要包括普通民办高等学校、民办高等职业技术学校、与境外教育机构合作办学以及独立学院等几个类别。

本部分所指的民办高校学生资助工作仅限于"普通民办高等学校""民办高等职业技术学校"和"独立学院"三类学校中进行分析研究。

## 第一节 民办高校学生资助工作的意义

### 一、顺应时代背景

党的十八大以来,习近平总书记指出,保障贫困地区办学经费,健全家庭经济困难学生资助体系。要推进教育精准脱贫,重点帮助贫困人口子女接受教育,阻断贫困代际传递,让每一个孩子都对自己有信心、对未来有希望[②]。伴随着脱贫攻坚战取得全面胜利,在第二个百年奋斗目标的时间点上,教育系统严格按照中央决策部署,精确瞄准"办好人民满意的教育"的目标,以更大的决心、更强的

---

① 国家教育委员会.《民办高等学校设置暂行规定》(教计〔1993〕129号)[EB/OL]. http://www.moe.gov.cn/srcsite/A02/s5911/moe_621/199308/t19930817_81912.html.
② 习近平. 在北京市八一学校考察时的讲话[N]. 人民日报,2016-9-10(1).

力度、更有力的政策举措,坚持以人民为中心发展教育,加快建设高质量教育体系,发展素质教育,促进教育公平。加快义务教育优质均衡发展和城乡一体化,优化区域教育资源配置,强化学前教育、特殊教育普惠发展,坚持高中阶段学校多样化发展,完善覆盖全学段学生资助体系。为此,民办高校学生资助工作者学习领会习近平总书记重要指示精神,在习近平新时代中国特色社会主义思想指引下,坚持贯彻落实党的二十大精神,以学生为中心的发展思想,加强学生资助规范管理,全面推进精准资助和资助育人,促进学生资助工作取得新的成就,确保"不让一个学生因家庭经济困难而失学"。

## 二、体现教育公平

教育公平是社会公平的重要基础,实现教育公平是教育发展的目标追求,是人的全面发展和社会公平正义的客观要求。保证家庭经济困难学生能够上得起学、能够上好学,是促进教育公平的重要方面。公办院校办学经费由政府财政支持,而政府的财政收入来自全体纳税人,那么纳税人的子女不管就读于公办高校还是民办高校,均应享有公共教育的权利。作为半公共产品或准公共产品的非义务教育,特别是高等教育,仍需政府增加教育投入。由于国家制度安排、高等教育发展不均衡、资助主体能动性缺失等方面的局限,造成了弱势学生群体接受高等教育的入学机会和进入重点大学接受高质量教育的机会相对不均等的情况,高等教育中家庭经济困难学生的资助措施在不同地区、不同类型高校存在一定差距,所有这些直接关系到社会公平教育目标的形成,关系到和谐社会的建设。因此,为保证高等教育的公平性,民办高校的家庭经济困难学生与公办高校受助学生一样需要享受到国家的教育资助政策。

## 三、展现育人功能

董艳和陈金燕认为资助工作的最终价值诉求在于有效挖掘其育人功能,不断丰富资助育人工作体系,提升资助工作这一育人载体的有效性。不断探讨资助育人功能的有效实现机制,可以凸显资助工作意义,强化受助自信,塑造资助形象,优化资助载体[①]。资助育人工作实际上是人与人之间的一种互动关系,能

---

① 董艳,陈金燕.民办高校资助育人功能的实现机制探究[J].宿州教育学院学报,2015,18(4):100-101.

否顺利实现资助工作的育人功能,关键是在资助过程中活动的有效性,而资助育人本身就蕴含着丰富的育人功能。民办高校的学生资助政策体系作为一种教育资源,在资助政策中发挥好其德育功能,通过多种方式,教育和引导家庭经济困难的学生正确面对困难,培育学生"自立自强、诚实守信、爱国奉献"的品德,培养受助学生的实践能力、创新能力和社会责任感,促进学生全面发展,才能真正提高思想政治教育工作的有效性。

### 四、满足个体需求

民办高校的不断兴起,带动报考民办高校的学生增加,其中不乏有家庭经济困难学生为了能够进一步深造,选择进入民办高校求学。

从办学经费上看,公办高校办学经费来源于政府财政,民办高校则是自负盈亏。《国务院关于建立健全普通本科高校高等职业学校和中等职业学校家庭经济困难学生资助政策体系的意见》(国发〔2007〕13号)明确,"除国家另有规定外,今后五年各级各类学校的学费、住宿费标准不得高于2006年秋季相关标准"。2013年,广西、福建、山东、天津、贵州等地就先后上调了高校学费。2014年,上海、浙江、江苏、宁夏等地纷纷上调高校学费。在这种背景下,部分省份民办高校学费出现上涨,且上涨幅度高于公办高校。

即使在支付高标准学费的情况下,民办高校学生所获得的学习条件仍然与公办高校存在较大差距。在朱一鸥和祁君杰于2008年的一项研究中,对比上海8所公办高校和民办高校间高等教育成本发现,公办高校的生均成本为5.18万元,民办高校仅为4.25万元,民办高校个人直接成本所占总成本比例为47.5%,公办学校仅为24.71%。由于出资人投入不可持续,财政优惠政策无法落实,所有民办高校用于教学和科研活动的经费较少,生均教育成本低于公办高校近20%。上海作为全国经济情况最好的省份之一,民办高校中的家庭经济困难学生在全校学生中的比例同样在10%—12%之间。[1] 由此可见,民办高校的家庭经济困难学生的被资助需求同样需要进一步满足。

---

[1] 朱一鸥,祁君杰.从高等教育成本看我国民办高校的发展现状[J].浙江树人大学学报(人文社会科学版),2011,11(01):20-24.

## 第二节 民办高校资助政策的特点

随着我国高校收费制度的实行及招生制度的改革,民办高校中家庭经济困难学生的问题和公办高校一样突出。国家、社会和学校针对家庭经济困难学生采取了各种措施以解决其上学难的问题。大多民办高校对家庭经济困难学生都非常关心,建立了学生资助管理中心。党的二十大指出,坚持以人民为中心发展教育,加快建设高质量教育体系,发展素质教育,促进教育公平。教育主管部门积极引导规范民办教育发展,民办高校的资助政策和形式也越来越鲜活,形成独有的特点。

### 一、规范性

不让一个学生因为家庭经济困难而失学,是国家教育部门作出的庄重承诺,民办高校在国家政策的指引下建立起完整的帮困资助体系,其主要内容涵盖奖学金、助学金、国家助学贷款、勤工助学、特殊困难补助、减免学费、学费补代偿等七部分。

同时,民办高校为了提升家庭经济困难学生的报考率,已逐渐重视学生资助工作,将学生资助工作纳入学校整体工作考核评估的体系,严格规范学生资助管理制度与政策执行,建立学生资助档案管理制度,规范学生资助档案的收集、整理、保管、使用与移交等工作。在监管责任方面,民办高校为保证学生资助工作队伍传承有序,夯实管理责任,建立责任追究制度,建立由纪检、审计、媒体和社会共同参与的监管机制,定期组织开展监督检查,切实落实了监管责任的规范性。

在实际资助工作中,民办高校学生资助工作者十分注重资助程序规范,首先做好资助政策的解读,加强资助政策的宣传,确保符合条件学生申请资助的权利。加强受助资格审查,坚决杜绝把明显不符合国家奖助资格条件的学生纳入资助范围。其次,民办高校的资助工作者竭力做到资助精准化,明确认定标准和资助档次,合理确定公示方式与内容,保护好受助学生尊严。最后,在资金使用上,民办高校建立明确的资金拨付机制,明确各级各类资助资金拨付时间节点,同时接受市教委和学校投资方的审计,确保资金规范合理使用。

民办高校学生资助工作在上级教育部门的指导下,严格规范工作中的各类行为,在工作团队中加强党的领导、全面贯彻党的教育方针、服务立德树人根本任务,提高政治站位。

## 二、灵活性

从教育的初衷来看,民办高校与公办高校并无本质差别,但是由于投资主体与经营主体的不同,便产生了差异。民办高校与公办高校的区别之一就是其拥有较大的决策自主权,可以自由分配自筹资金,同时可以根据自身情况调整招生标准。民办高校按照规定,从学费收入中按照不少于5%的比例提取帮困助学基金,用于家庭经济困难学生的经济支持。

总体来说,民办高校在自身财务内控制度的监督下,学生资助工作可以做到"一事一议""一人一案",即面对家庭经济特别困难的学生,学校董事会可以召开专门会议研讨如何进行更好的帮扶工作。如:遇到家庭经济困难学生突发重病,学校可以直接从爱心基金中给予支持;家庭经济困难学生的直系亲属有突发情况,学校及时给予无偿的经济援助,以便于学生后期在校期间能够安心学习。如遇到国家财政拨款未到位的情况,学校会先从校级帮困基金中,按规定提取相关资金及时下发给受助学生。因此,在民办高校财政制度的管控下,学生资助工作有较大的灵活性。

## 三、多样性

为保证民办高校的健康发展,保障民办高校学生的健康成长并顺利完成学业,民办高校学生工作部门始终重视家庭经济困难学生的资助工作。一般来说,民办高校的学生资助工作是指民办高校的投资方、举办者或者有助学意愿的个人和社会团体用资金的形式对家庭经济困难学生进行直接或间接的物质帮扶。经过几十年的发展,民办高校对于家庭经济困难学生的资助越来越重视,随着社会的发展,资助方式从无到有,资助种类也从单一逐渐呈现多样化。

一般来说,民办高校多由企业事业组织、社会团体及其他社会组织和公民个人利用非国家财政性教育经费,面向社会举办。因此,民办高校的投资方或举办者可以利用更多的社会资源资助家庭经济困难学生。如:上海中侨职业技术大学有"企业家结对"项目,即由投资方致达集团及下属各企业捐资与学校家庭经济困难学生结对资助。有百余名爱心企业家向该校家庭经济困难学生伸出了援助之手,解决了学生的经济问题。部分企业家不仅在经济上帮助家庭经济困难学生,还与学生爱心结对,在生活和学习上给予结对学生关怀,以自身的经历激励学生坚持理想、努力学习,用自己的拼搏去实现自己的梦想,这些点点滴滴不仅温暖、鼓舞了结对学生的心,也对周围其他学生产生了积极影响,带动他们在追求理想的道路上不断奋进。

例如,北京经贸职业学院的老校长于陆琳自建校初期长期担任学校校长,为学校的发展不辞劳苦、呕心沥血,且坚持不拿工资,并于1986年设立了"于陆琳教育基金"给予"思想好、学习好、经济上有困难"的学生。湖南信息学院设立了"湘信英才奖学金",奖学金奖励标准为当评学生本专业一年度的学费。厦门华夏学院创校名誉董事长蔡望怀设立了包括"洪涛助学金""常勋助学金""蔡望怀助学金""郑学檬助学金""厦门市教育基金会助学金"等18种校内助学金以及"新生奖学金""专业奖学金""洪涛奖学金""蔡望怀奖学金""常勋奖学金""创新奖学金""单项奖学金""蔡望怀锐进奖学金"等17种校内奖学金。

由此可见,随着我国民办高校自身的不断发展,以及政府发展民办高校政策的不断完善,民办高校学生资助的方式也越来越多,既有无偿资助,又有有偿资助;既有国家资助、高校资助,又有社会资助。民办高校学生资助工作已经形成一个多元格局,构建出科学合理、全方位的资助模式,在不同地域中都有所体现。同时,在各种因素的影响下展现出较之公办高校更为优越的典型资助做法。

## 第三节 各类因素影响下的民办高校资助特色

在教育部2021年10月25日公布的《全国普通高等学校名单》中[①],国家承认学历的民办高校一共有762所,其中民办本科高校有412所,民办专科高校有350所(见表10-1)。

---

① 中华人民共和国教育部.《全国高等学校名单》.[EB/OL]. http://www.moe.gov.cn/jyb_xxgk/s5743/s5744/A03/202110/t20211025_574874.html.

表 10-1 2021 年教育部公布的民办高校情况

| 序号 | 所属地 | 民办本科 | 民办专科 | 总数 | 备注 |
|---|---|---|---|---|---|
| 1 | 北京市 | 6 | 9 | 15 | 直辖市 |
| 2 | 天津市 | 11 | 1 | 12 | 直辖市 |
| 3 | 河北省 | 21 | 14 | 35 | 中部地区 |
| 4 | 山西省 | 8 | 4 | 12 | 中部地区 |
| 5 | 内蒙古自治区 | 2 | 8 | 10 | 西部地区 |
| 6 | 辽宁省 | 22 | 9 | 31 | |
| 7 | 吉林省 | 12 | 8 | 20 | |
| 8 | 黑龙江省 | 12 | 6 | 18 | |
| 9 | 上海市 | 8 | 11 | 19 | 直辖市 |
| 10 | 江苏省 | 26 | 20 | 46 | |
| 11 | 浙江省 | 21 | 10 | 31 | |
| 12 | 安徽省 | 15 | 17 | 32 | 中部地区 |
| 13 | 福建省 | 16 | 20 | 36 | |
| 14 | 江西省 | 18 | 13 | 31 | 中部地区 |
| 15 | 山东省 | 25 | 17 | 42 | |
| 16 | 河南省 | 19 | 26 | 45 | 中部地区 |
| 17 | 湖北省 | 32 | 12 | 44 | 中部地区 |
| 18 | 湖南省 | 21 | 9 | 30 | 中部地区 |
| 19 | 广东省 | 25 | 26 | 51 | |
| 20 | 广西壮族自治区 | 12 | 14 | 26 | 西部地区 |
| 21 | 海南省 | 3 | 6 | 9 | 中部地区 |
| 22 | 重庆市 | 9 | 20 | 29 | 直辖市 |
| 23 | 四川省 | 18 | 34 | 52 | 西部地区 |
| 24 | 贵州省 | 8 | 7 | 15 | 西部地区 |

续 表

| 序号 | 所属地 | 民办本科 | 民办专科 | 总数 | 备注 |
|---|---|---|---|---|---|
| 25 | 云南省 | 9 | 12 | 21 | 西部地区 |
| 26 | 陕西省 | 23 | 10 | 33 | 西部地区 |
| 27 | 甘肃省 | 3 | 3 | 6 | 西部地区 |
| 28 | 青海省 | 1 | 0 | 1 | 西部地区 |
| 29 | 宁夏回族自治区 | 4 | 0 | 4 | 西部地区 |
| 30 | 新疆维吾尔自治区 | 2 | 4 | 6 | 西部地区 |

注：该统计仅限于大陆地区民办高校，数据截止至2021年9月30日。

从表10-1中可见，西藏自治区是唯一一个没有民办高校的行政区，其余各省（市/自治区）都有较多的民办高校。

与公办高校不同的是，民办高校的发展主要依托于举办者及其董事会（理事会）的支持，在政策指引上，政府给予的政策和资金的支撑以及其他各类因素也会影响民办高校的未来发展。就学生资助工作而言，所有民办高校都会按照《国务院关于建立健全普通本科高校高等职业学校和中等职业学校家庭经济困难学生资助政策体系的意见》（国发〔2007〕13号）执行，但在分类管理、资源分配、举办者态度的影响下，各地民办高校的资助工作各具特色。

## 一、分类管理的影响

经过长期的理论探讨与实践探索，根据《中华人民共和国民办教育促进法》制定的《中华人民共和国民办教育促进法实施条例》已于2021年9月1日起施行，并明确规定：各级人民政府应当依法支持和规范社会力量举办民办教育，保障民办学校依法办学、自主管理，鼓励、引导民办学校提高质量、办出特色，满足多样化教育需求。

但在实际过程中，营利性的民办高校学生资助工作会遇到诸多挑战。首先，法律规定营利性民办高校的举办者可以取得办学收益，学校的办学结余依照公司法等有关法律、行政法规的规定处理；其次，营利性民办高校在解散组织清算后，剩余财产按照公司法规定办理，即剩余财产可由投资者分配。由于投资者会以营利性为目的来兴办教育，那么政府就不会给予这种类别的高校直接的财政资助。按照现阶段民办高校资助资金以国家及政府投入为主的情况来看,由于无法获得财政资助,民办高校的学生资助工作就资金渠道而言呈现出单一性和薄弱性的困难。

以上海为例,上海的总体经济水平属于全国第一梯队,因此家庭经济困难学生不仅在民办高校要缴纳的学费普遍较高,日常生活费用也大大增加。上海的民办高校于2018年已完成营利性与非营利性的选择,这对民办高校的学生资助工作带来重大影响。

(一) 营利性选择下的民办高校学生资助工作特色

在2018年末,上海民办高校中有上海建桥学院、上海立达学院、上海工商外国语职业学院、上海震旦职业学院、上海思博职业技术学院等5所代表性民办高校在法人属性上选择了营利性,对于这5所民办高校来说,在学生资助工作中需要投入更多的自有资金来帮扶家庭经济困难学生成长成才。其中,上海建桥学院的学生资助工作在缓缴学费政策上有着鲜明的特点和示范性质。

上海建桥学院位于上海市浦东新区,是经上海市人民政府批准成立、国家教育部备案的一所以本科教育为主,培养生产、建设、管理、服务第一线应用型专门人才的民办大学。同时是上海第一家获得国家自然科学基金项目依托单位、教育部人文社会科学项目、上海市哲学社会科学规划课题的民办高校。学校2000年4月正式建校,2001年4月获批为民办上海建桥职业技术学院。2005年9月,经上海市人民政府审核批准,同意建立上海建桥学院,同时撤销上海建桥职业技术学院建制。上海建桥学院升格为本科层次民办普通高校。2015年秋,上海建桥学院整体搬迁至临港新校区。① 2018年12月,该学校已向上海市教委提交申请,决定登记成为营利性民办学校。

即便选择了营利性办学,但该校积极响应国家号召,高度重视帮困助学工作。对于营利性民办高校来说,大部分资金都取决于学生的学费收入,但如果遇到了家庭经济困难学生无法交齐学费的情况,该校采取了行之有效的学费缓交政策及措施,确保"不让一个学生因为家庭经济困难而失学"。

根据欠费原因的不同,该校缓交政策分为短期缓交、一学年缓交和中长期缓交。短期缓交针对的是由于临时性特殊情况(如银行卡补办、家庭资金临时性周转困难等)导致的缓交。缓交时间一般在2个月以内。一学年缓交针对的是一

---

① 上海建桥学院官网.[EB/OL]. https://www.gench.edu.cn/.

般性家庭经济困难的学生。由于家庭收入存有较大的季节性差异等原因,父母难以一次性支付全部学费,学生可以申请按月或按季度分期付款,在一学年内交清学费。这类学生约占在校生的2%,开学之初的缓交总金额达300万以上。

中长期缓交针对的则是一些家庭经济特殊困难的学生,且往往来自非健全家庭,家庭缺乏可靠的经济收入来源。这类学生约占在校学生的0.5%。他们中的有些学生在入学时只能象征性地交出部分学费,不少学生在一学年的开学报到时只能交500元、1000元,不足学费的10%。由于这类学生的家庭往往没有能力在一学年内交完全年学费,他们除申请国家助学贷款外,剩余学费压力只能通过办理中长期缓交手续来缓解。

对于申请中长期缓交的学生,学校重视对他们的诚信和励志教育,学生资助管理中心专门建立他们的诚信档案;优先为他们推荐安排校内外勤工助学岗位,为他们开展计算机操作技能方面的培训,帮助他们更快地胜任勤工助学岗位的工作;并将他们与学生处、教务处、校办等行政职能部门结对,一位老师联系2—3名家庭经济特殊困难学生,给予他们学习和生活上的关心与指导,增强他们学习的动力和对未来的信心;同时,通过结对,学生与学生处等职能部门的老师建立了良好的关系,也增强了相互之间的信任感。在一名特殊学生(玻璃女孩)入校后,学校为她和她母亲免费提供了一间宿舍,并为其母亲在校内安排了一份工作。

考虑到学生家庭经济状况是一个动态变化的过程,同时为了培养和增强学生的自强、独立及自我解困的意识,避免家庭经济困难学生或其家庭产生一种"等、靠、要"的思想,对于家庭经济特殊困难学生,该校引导他们首先通过申请办理缓交和国家助学贷款来缓解学费压力。确实极度困难、没有经济能力的学生,在毕业前的最后一个学期可以申请学费减免,学校视具体情况进行审批。

通过减免部分学费后,仍有欠费的学生,只要其在校期间的诚信记录为优,得到相关老师的推荐,还可以申请毕业后分期偿还在校期间欠交的学费,毕业后学校不收取任何利息,只需要学生与学校资助管理中心保持联系,诚实守信,按照还款计划按时偿还欠款。欠款学生成功办理了毕业后分期付款的相关手续后,可以和其他同学一样,毕业时正常领取毕业证、学位证等相关证书。[①]

---

[①] 资料来源于上海建桥学院资助工作典型成效报告《将学费缓交进行到底》。

## (二) 非营利性选择下的民办高校学生资助工作特色

上海大部分的民办高校在法人属性中选择了非营利性。在这些学校中上海杉达学院的家庭经济困难学生海外游学项目和上海中侨职业技术大学的励志社团启光社项目较有特色,具体如下:

上海杉达学院于1992年6月由上海交通大学、北京大学、清华大学部分教授发起创办,是上海市第一批民办本科高校。学校恪守公益性、非营利性办学原则,坚持"以诚信对待社会,以严谨的教育管理取信于社会,以较高的教育质量回报社会"的办学理念,坚持立德树人、以生为本、共建共享。[①] 学校始终重视教育公平、始终重视每一位杉达学生的健康成长。学校全面宣传、落实国家资助政策,扎实做好学生资助工作,为每一位家庭经济困难学生创造温暖向上的成长环境。

学校始终高举公益性办学旗帜,资助工作纳入《上海杉达学院改革和发展"十三五"规划》中,健全工作机构、完善工作制度、明晰工作流程,在落实国家、地方资助工作的基础上,学校每年从事业单位收入中提取至少5%比例的经费,除了做好校级层面常规荣誉称号、奖学金评审工作的同时,学校专项设立校级奖、助学金,切实有效地帮助更多困难学生缓解经济上的困难。

一是设立校级励志奖学金。作为对国家励志奖学金的补充,用以奖励未能获得国家励志奖学金但在校表现良好的二年级至四年级的家庭经济困难优秀学生,奖励比例为通过家庭经济困难认定学生数的10%,资助金额为每生每年2 500元。

二是设立校级新生助学金。在国家助学金评审、发放的基础上,学校针对新生中的家庭经济困难学生群体,分级资助通过家庭经济困难认定的新生,资助金额分别为5 000元/年、4 000元/年、2 000元/年,可与国家助学金兼得。

三是设立校级智瑾奖助学金。学校出资设立"智瑾奖助学金",该资助针对在校学生中的家庭经济特殊困难学生,资助人数为每年15人,资助金额为每生每年8 000元;

四是设立"资助优秀困难学生赴海外留(游)学"专项。学校坚持国际化办学目标中兼顾家庭经济困难学生的发展,学校从2012年4月起,建立"腾飞计划"——资助家庭经济困难优秀学生赴海外留(游)学项目,帮助其实现"出国学

---

① 上海杉达学院官网[EB/OL]. https://www.sandau.edu.cn/1950/list.htm.

习梦"。学校制定了关于资助家庭经济困难优秀学生参加海外留学项目的管理制度,对参与"腾飞计划"的资助对象与条件、资助名额、金额及经费来源、选拔程序等都给予了指导性意见。项目启动以来,已先后资助多名家庭经济困难的优秀学生参与不同的合作项目,资助内容包括学费、生活费、交通费、签证费等。

五是设立"资助困难学生走进高雅殿堂"专项。学校不仅注重对家庭经济困难学生物质经济上的资助,更将资助育人落到实处。为了帮助家庭经济困难学生不断自信、自强,学校在做好家庭经济困难学生物质资助的基础上,划拨资金,专项资助,结合上海文化艺术活动开展实际情况,不定期组织家庭经济困难学生走进上海大剧院、上海音乐厅、上海艺术中心、上海话剧中心、上海影城等场所,现场感受高雅艺术的魅力,接受经典艺术的熏陶。在学校组织开展的"高雅艺术进校园"活动中,校学生资助管理中心与相关部门积极协商,每次活动都将最好的座位区域预留给有需要的家庭经济困难学生。

上海杉达学院是一所坚持公益性办学方向的民办本科院校,始终坚持办学的非营利性。学校在办学的过程中,始终将学生的获得感作为学校办学绩效的评价指标之一。学校坚持"立德树人"和"人人成才"的工作理念,把"育人"主线贯穿于资助工作全过程,将社会主义核心价值观教育贯通资助育人全过程,将单一的帮扶解困转化为经济资助、精神培育、能力提升多元化的资助帮扶,教育引导学生化困难为动力,诚信感恩、励志进取,促进学生的健康成长和全面发展,推动资助育人在提高人才培养质量中发挥重要作用。[①]

上海中侨职业技术大学位于上海市金山区,创建于1993年,是经上海市教育委员会批准筹建的一所现代化、规范化、国际化的全日制民办高等院校。2002年经教育部批准纳入国家统一招生计划,2019年12月,经教育部批准升格为本科,2020年6月,更名为上海中侨职业技术大学。二十九年发展历程,该校在探索中形成"学校、企业、行业、政府"四位一体的联动育人模式。学校坚持以企业和社会用人标准为导向,集多方智慧协同制定人才培养方案,打造专业特色,形成了以食品专业群、老年护理、证券与期货为特色专业,以广告设计与制作、汽车运用技术为品牌专业,以物流管理为一流专业的专业建设格局。[②] 该校在2018年12月向市教委递交了成为非营利性民办高校的申请。

---

[①] 资料来源于上海杉达学院资助工作特色总结。
[②] 上海中侨职业技术大学官网[EB/OL]. http://www.shzq.edu.cn/3125/list.htm.

该校秉承公益性办学,历来大力支持家庭经济困难学生的资助工作,除前文中提到的"企业家结对"项目外,该校于2013年9月成立了大学生励志社团——启光社,该社团致力于帮助所有在校家庭经济困难学生打开心结,融入集体,学业上提高成绩,提升技能,就业上职业生涯重点指导,促进家庭经济困难学生相互鼓励,相互帮助,主动开展自我教育和励志教育,增强校园归属感,实现成长,早日成才。该社团在学生处、校团委、校学生资助管理中心共同指导下,实行学校和二级学院两级架构。由来自学生处、学生资助管理中心、就业创业中心、团委、心理咨询室的老师、辅导员担任指导教师。社团活动室设专属办公室和活动场地,配置基本办公设施。除了实体工作室外,还建有网络平台,实现成员线上线下互动、交流、展示。大学生励志社团——启光社的成立很大程度上帮助学生解决了入学后的学业、生活的迷茫问题,对社团的多角度,全方位的支持和指导,也使得社团能够较快成长起来,在学生中也有广泛影响。通过自我管理、自我教育等一系列社团活动,帮助社团成员更好融入社会,适应工作岗位,真正做到"资助育人"的初衷。①

## 二、资源分配的影响

从教育经济学的角度,教育公平主要体现在受教育者对公共教育资源占有的平等性。教育资源是投入教育活动中的一切人力、物力、财力的总称。作为公共高等教育不可缺少的新生力量,民办高校理应获得同样的公共资源以促进其可持续发展,但现实并非如此。② 根据国家法律制度安排,对民办教育的资助采取专项资金的方式。专项资金是有上级单位或财政部门拨给行政事业单位,用于完成特定任务而安排的资金,管理上需要单独报账结算。部分省(市、自治区)对民办高校专项资金的管理具有一定的创新性。但并非所有的省(市、自治区)能够做到公办高校学生资助资金和民办高校学生资助资金"一碗水端平"。上海、重庆、内蒙古等地的一些民办高校的学生资助资源分配参照公办高校标准,依据生均拨款并严格执行相关管理制度。以2021年上海市各类奖学金的名额为例③(见表10-2)。

---

① 资料来源于上海中侨职业技术大学资助工作特色项目结题报告《创建示范性大学生励志社团——启光社》。
② 桂丽. 实现民办高校在教育资源分配中的公平与政府资助[J]. 教育探索,2008(9):9-10.
③ 《上海市教育委员会关于下达2021年学生资助补助计划(高等教育)的通知》(沪教委学〔2021〕32号)[EB/OL]. http://edu.sh.gov.cn/xxgk2_zdgz_xxxsgz_03/20210903/abde7943bb334f54b811062cc5b72dd3.html.

表 10-2 2021年上海市普通本科高校、高等职业学校各类奖学金分配表

| 学校名称 | 类型 | 国家奖学金名额 | 上海市奖学金名额 | 国家励志奖学金名额 | 国家助学金名额（2021年秋季） |
|---|---|---|---|---|---|
| 复旦大学 | 公办 | — | 30 | — | — |
| 上海交通大学 | 公办 | — | 37 | — | — |
| 同济大学 | 公办 | — | 40 | — | — |
| 华东理工大学 | 公办 | — | 36 | — | — |
| 东华大学 | 公办 | — | 33 | — | — |
| 华东师范大学 | 公办 | — | 32 | — | — |
| 上海外国语大学 | 公办 | — | 14 | — | — |
| 上海财经大学 | 公办 | — | 18 | — | — |
| 上海海关学院 | 公办 | — | 5 | — | — |
| 上海民航职业技术学院 | 公办 | — | 5 | — | — |
| 上海大学 | 公办 | 32 | 51 | 709 | 2 439 |
| 上海理工大学 | 公办 | 27 | 42 | 581 | 2 001 |
| 上海海事大学 | 公办 | 26 | 42 | 783 | 2 684 |
| 华东政法大学 | 公办 | 17 | 28 | 414 | 1 439 |
| 上海工程技术大学 | 公办 | 28 | 43 | 719 | 2 469 |
| 上海应用技术大学 | 公办 | 25 | 35 | 641 | 2 205 |
| 上海海洋大学 | 公办 | 18 | 29 | 680 | 2 327 |
| 上海中医药大学 | 公办 | 6 | 9 | 204 | 714 |
| 上海师范大学 | 公办 | 31 | 51 | 524 | 1 828 |
| 上海对外经贸大学 | 公办 | 13 | 23 | 250 | 885 |
| 上海科技大学 | 公办 | 2 | 3 | 9 | 31 |
| 上海纽约大学 | 公办 | 1 | 1 | 11 | 36 |
| 上海电力大学 | 公办 | 16 | 26 | 468 | 1 615 |

续表

| 学校名称 | 类型 | 国家奖学金名额 | 上海市奖学金名额 | 国家励志奖学金名额 | 国家助学金名额（2021年秋季） |
|---|---|---|---|---|---|
| 上海健康医学院 | 公办 | 13 | 11 | 429 | 1 471 |
| 上海体育学院 | 公办 | 6 | 10 | 203 | 697 |
| 上海音乐学院 | 公办 | 3 | 4 | 8 | 29 |
| 上海戏剧学院 | 公办 | 3 | 4 | 36 | 143 |
| 上海立信会计金融学院 | 公办 | 30 | 48 | 511 | 1 787 |
| 上海电机学院 | 公办 | 17 | 27 | 556 | 1 910 |
| 上海政法学院 | 公办 | 14 | 23 | 362 | 1 251 |
| 上海第二工业大学 | 公办 | 17 | 26 | 526 | 1 813 |
| 上海商学院 | 公办 | 13 | 20 | 312 | 1 078 |
| 上海公安学院 | 公办 | 3 | 1 | 16 | 53 |
| 上海杉达学院 | 民办 | 22 | 32 | 345 | 1 158 |
| 上海建桥学院 | 民办 | 28 | 35 | 677 | 2 271 |
| 上海视觉艺术学院 | 民办 | 7 | 10 | 53 | 180 |
| 上海立达学院 | 民办 | 9 | 5 | 230 | 778 |
| 上海外国语大学贤达经济人文学院 | 民办 | 12 | 17 | 142 | 478 |
| 上海师范大学天华学院 | 民办 | 14 | 22 | 228 | 764 |
| 上海中侨职业技术大学 | 民办 | 7 | 4 | 257 | 868 |
| 上海旅游高等专科学校 | 公办 | 4 | 3 | 148 | 520 |
| 上海出版印刷高等专科学校 | 公办 | 6 | 4 | 229 | 793 |
| 上海行健职业学院 | 公办 | 4 | 3 | 138 | 466 |
| 上海城建职业学院 | 公办 | 12 | 7 | 466 | 1 577 |
| 上海交通职业技术学院 | 公办 | 5 | 3 | 184 | 620 |

续　表

| 学校名称 | 类型 | 国家奖学金名额 | 上海市奖学金名额 | 国家励志奖学金名额 | 国家助学金名额（2021年秋季） |
|---|---|---|---|---|---|
| 上海海事职业技术学院 | 公办 | 1 | 1 | 34 | 116 |
| 上海电子信息职业技术学院 | 公办 | 11 | 6 | 484 | 1 632 |
| 上海工艺美术职业学院 | 公办 | 5 | 3 | 229 | 770 |
| 上海科学技术职业学院 | 公办 | 5 | 3 | 231 | 781 |
| 上海农林职业技术学院 | 公办 | 4 | 3 | 191 | 645 |
| 上海东海职业技术学院 | 民办 | 8 | 4 | 178 | 600 |
| 上海工商职业技术学院 | 民办 | 7 | 4 | 185 | 625 |
| 上海震旦职业学院 | 民办 | 6 | 3 | 215 | 726 |
| 上海民远职业技术学院 | 民办 | 1 | 1 | 47 | 158 |
| 上海思博职业技术学院 | 民办 | 8 | 5 | 216 | 731 |
| 上海济光职业技术学院 | 民办 | 7 | 4 | 199 | 673 |
| 上海工商外国语职业学院 | 民办 | 10 | 6 | 492 | 1 659 |
| 上海邦德职业技术学院 | 民办 | 4 | 3 | 116 | 393 |
| 上海电影艺术职业学院 | 民办 | 2 | 2 | 98 | 330 |

由此可见，按照国家奖学金、上海市奖学金 8 000 元/人/年，国家励志奖学金 5 000 元/人/年，国家助学金 1 650 元/人/学期计算，仅 2021 年 9 月国家及上海市政府拨付的奖助资金就达 1.7 亿元，其中有 0.4 亿元给予了民办高校。可见上海对于民办高校的资助力度很大，资金分配办法透明，资助方式组合运用，易操作，公平公正、透明度高，对民办高校学生资助工作起到了很好的推动作用。

### 三、举办者态度的影响

在 20 世纪 90 年代初，一些教育者从举办业余培训或开展自学考试培训开始逐步过渡到学历教育。从 90 年代中后期开始，一些有大量资金的民营企业甚至上市公司用一次性投资的方式进入民办教育领域。原本资金投入较少的民办高校,也开始利用各种融资手段,加大投资力度。因此,在改革开放的推进过程中,投资办学成为民办教育的基本特征。[①]

民办高校的举办者一般是指通过出资、筹资等方式,发起、倡议并具体负责创办民办学校的社会组织或者公民个人。他们的观念、决策和决定在很大程度上影响着学生资助工作的政策、经费来源等。如果举办者的办学理念是公益性的,则会付出巨大资金进行学校运转,当然会关心支持家庭经济困难学生的资助工作,反之,举办者的办学理念若是期待投资需回报的,那么用于学生资助工作的帮困资金则是以精简为主。

上海中侨职业技术大学的举办投资方是全国制造业500强企业——致达集团,该集团以"教育兴邦,产业报国"为己任,为学校发展提供坚实后盾。同时,致达集团秉承"致爱扬善,达济天下"的理念,于2010年5月14日成立上海市慈善基金会致达慈善公益基金。致达慈善公益基金以慈善助学为主,参与安老、扶幼、济困、环保、医疗、救灾等公益活动。在致达集团的支持鼓励下,上海中侨职业技术大学的学生资助工作始终能不断创新,用心为家庭经济困难学生送去最温暖的服务。[②]

广西培贤国际职业学院是广西壮族自治区人民政府批准成立,国家教育部备案的具有独立颁发国家承认学历文凭资格的全日制普通高等职业院校。学院是由香港人士何厚煌博士和区寿本博士依托英、美丰富的教育资源创办起来的。该校秉承"诚实、勤奋、创新"的校训,明确培养"专业＋英语"双技能人才的办学定位,以"立足广西,面向全国,走向世界"为发展思路,坚持"按国际标准建校,用世界眼光办学"。目前,该校与英国、加拿大、泰国、越南等地的多所名校签署协议开展"3+1"专本连读合作项目,如英国安格利亚鲁斯金大学、泰国商会大学、越南河内大学、香港公开大学等。

该校设置的资助体系种类多,覆盖面广,对于家庭经济困难学生已建立比较完善的奖、贷、勤、助、补、减免、缓交的资助体系。培贤学院资助政策以激励学生学习为主,该校自设的奖学金为500—20 000元/生/年,获奖人数约占在校生35%(见表10-3)[③]。

---

[①] 潘懋元,邬大光,别敦荣. 我国民办高等教育发展的第三条道路[J]. 高等教育研究,2012,33(4):1-8.
[②] 致达集团官网. [EB/OL]. http://www.zetagroup.cn/shzr.
[③] 广西培贤国际职业学院官网[EB/OL]. http://www.peixianedu.cn/scholarships.html.

表 10-3　广西培贤国际职业学院奖学金情况

| 奖项名称 | 奖项金额 | 奖项数量 | 申请条件 |
|---|---|---|---|
| 培贤一等奖学金 | 10 000 元 | 20 | 家庭经济困难,生活简朴,勤奋学习,积极上进,当年高考成绩优异 |
| 培贤二等奖学金 | 8 000 元 | 100 | 家庭经济困难,生活简朴,勤奋学习,积极上进,当年高考成绩达本科线以上 |
| 文体特长专项奖学金 | 5 000 元 | 15 | 有一定的音乐、舞蹈、体育等特长,悟性高,身体条件佳,通过专项技能考核 |
| 外语特长奖学金 | 5 000 元 | 15 | 高考英语单科达 130 分(含)以上,勤奋学习,积极上进 |
| ABE 学科奖学金 | 全球统考 A 等 2 000 元/科(最高可获 40 000 元) | 不限名额 | ABE 每科考试通过后先奖励 1 000 元/500 元/250 元;通过 20 科考试后每科再奖励 1 000 元/500 元/250 元;合计每科 2 000 元/1 000 元/500 元 |
| ABE 学科奖学金 | 全球统考 B 等 1 000 元/科(最高可获 20 000 元) | 不限名额 | |
| ABE 学科奖学金 | 全球统考 C 等 500 元/科(最高可获 10 000 元) | 不限名额 | |

该校投资方为香港培贤集团有限公司,该公司热衷于祖国的教育事业,在兴办教育的同时,也热衷于各项公益事业和慈善事业。近些年先后为五位品学兼优的学生分别奖励 20 万元人民币,送他们赴英国留学深造并安排工作。公司仍计划每年为学院设置不等额度的奖学金,鼓励学生发愤图强,进取向上。

武汉学院于 2003 年经教育部批准成立,面向全国统一招生,实施全日制本、专科学历教育,由湖北省教育厅主管。武汉学院定位于"建设一流大学、培养行业领军人才",实施全人教育、跨学科发展、校企合作、国际化的特色培养模式。学校创办人陈一丹先生是腾讯主要创始人之一,以"办学不取回报"的方式,开启国内非营利性公益大学的先河。武汉学院公益办学,依靠社会力量发展。2016 年 12 月,"湖北一丹大学教育发展基金会"完成首轮共建基金募集,该基金专项致力于支持武汉学院的持续建设和发展。[①]

---

① 武汉学院官网[EB/OL]. http://www.whxy.edu.cn/xxgk/xxjj.htm.

## 第四节　民办高校资助工作的案例分析

### 一、民办高校资助工作成功典型

如何将资助工作做得更加精准,更加适合学生未来发展?这一直是学生资助工作者所思考的问题。在资助政策系统逐步发展健全的十五年中,也有十分成功的典型案例值得学习和借鉴。

A校是一所于20世纪90年代初成立的民办培训机构,在进入到21世纪后转型成为民办高等职业教育学校并于2005年成为本科民办高校。该校目前在校生人数1万余人,本专科共有52个专业和方向分布在8个二级学院中。在学生资助工作方面,从建校以来实现资助工作零投诉,2018年学校在学生奖、助、勤、贷、补、免等方面学校自身投入了750万余元,该校家庭经济困难学生在学校的培养中积极向上,毕业后大有作为,其中也不乏感恩母校,积极为母校投资建设的案例出现。该校多年来行之有效的资助特色工作汇总成为经典案例,曾荣获全国学生资助工作"优秀单位案例典型"的殊荣。

（一）组织保障

该校从上至下建立完整的组织体系确保资助资金使用公平、公开、公正、透明。首先,由校长和党委书记分别成为学生资助领导小组的组长和副组长,由纪委书记、财务处长、人事处长、学生处长、教务处长等相关部门负责人担任组员,负责审批审核每一项资助结果。其次,设立由学生资助中心主任担任组长,二级学院党总支书记为组员的校级资助工作小组,负责各项资助事务的初审工作,对学校资助领导小组负责。再次,成立二级学院内部的资助工作小组,由二级学院院长为组长,党总支书记为副组长,所在学院辅导员和部分学生代表为组员的院级资助工作小组,负责落实具体资助项目。最后,辅导员以所带班级为单位成立资助工作团队,每个班级有固定的2—3名学生作为学生助理做好资助政策的宣传、项目申请的告知和汇总等具体工作。四个工作层级形成了资助工作的组织保障,逐步递进,每一层级均对上一层级负责,并受其监督,做到守土有责、守土尽责,层层传导压力,夯实管理责任,确保将党和国家的关怀、将学校的爱心落到实处。

（二）制度健全

为确保资助工作有理有据,该校建立起一系列覆盖所有资助项目的制度措施：针对国家政策层面的有《A校国家奖学金申请办法》《A校大学生征兵资助政策》《A校国家助学金管理办法》等；针对学校政策层面的有《A校起航助学金管理办法》《A校领军奖学金管理办法》《A校勤工助学管理办法》等；面向社会等机构的资助的有《优秀校友爱心捐赠管理办法》《杨氏奖助学金管理规定》等，将社会资助的资金公开透明地展现给捐赠人和全校师生。在制度的保障下，每一笔资助资金的发放都严格按照程序进行，规范资助工作的每一个细节。

（三）宣传到位

该校资助宣传工作贯穿全年，甚至是在寒暑假，资助工作者仍在岗位上坚持工作。每年寒暑假期间，校学生资助管理中心的工作人员及二级学院辅导员会分别奔赴老少边穷地区看望家庭经济困难学生，对受助学生进行家访，将学校的关心送到家中，也将国家和学校的资助政策宣传到田间地头，让学生家长更加安心和放心。同时，在学校的官网和微信公众号上，积极宣传国家的助学政策，发布每一项启动奖助学项目的通知，为更多的人做好政策解读。

同时，在校内开展各类资助宣传活动，通过资助育人颁奖晚会表彰在征文、绘画、海报设计、宣传大使、演讲等活动中具有突出表现的单位和个人，在全校范围内掀起感恩国家、感谢党和政府、感激父母的热潮。

（四）精准目标

该校设有独立的学生资助工作系统，可以将全校学生的数据涵盖在内，不仅可以从校园一卡通消费数据中发现隐形家庭经济困难学生，还可以在资金发放后明确学生的受助情况。遇到家庭经济困难学生及其父母出现突发情况，该校的"特殊绿色通道"即刻开启，为学生排忧解难。在外在的家访、内在的系统数据等多种维度观察之下，确保受助对象精准，并可根据其所需制定精准的帮扶政策。

（五）心理疏导

A校在完善经济资助体系的同时，从学生未来的发展角度出发，加大心理疏导的力度，加强受助学生的心理健康教育。从入校的心理普测结果中显示，家庭经济困难学生存在心理问题的比例比普通同学高出15%，在一定程度上阻碍了学生的健康成长。在实际生活中，有学生存在自卑、焦虑、虚荣、敏感、妒忌、懒惰等负面心理状态。为帮助学生调整心态，自立自强，该校建立了家庭经济困难学生心理档案，以便跟踪关注；辅导员和资助学生助理定期与受助学生访谈，以便解决当下发生的实际困难；学校与心理咨询中心配合，开展积极的健康教育，进行团体心理辅导；学校与思政教学中心配合，帮助家庭经济困难学生树立科学的世界观、人生观、价值观。学校通过上述种种措施，致力于培养受助学生吃苦耐劳的精神和服务社会、回报社会的自觉性和责任感。

（六）学业指导

在校的许多家庭经济困难学生来自偏远地区，因英语、计算机等科目的基础薄弱，往往影响着学生的自信心。为此，A校依托勤工助学平台，设立勤工助学岗位——学业指导助教。学业指导助教围绕受助学生学业困难情况进行了解，明确影响学习的原因，按照"学业问题诊断""帮扶方案制定""学习状态监督""学习效果反馈"等环节，全面开展对家庭经济困难学生的"学业精准帮扶"。"学业精准帮扶"有效提高了学业发展滞后家庭经济困难学生的学习成绩，增强了他们学习的自信与动力。

（七）就业帮扶

"授人以鱼不如授人以渔"，学校从家庭经济困难学生入学开始，就将其纳入勤工助学的范围中，通过各类专业性分类别的岗前培训，如办公设备使用实操、公文写作培训、摄影拍照技能训练、专业办公软件学习、职场礼仪辅导等，教会家庭经济困难学生基本的办公技能，有效减轻了他们初入职场的压力。另外，学校积极落实国家给予的各项困难学生就业帮扶政策，如求职补贴、创业补贴等，给予其相应的经济支持。此外，学校鼓励受助学生参军入伍、参加"三支一扶""西部志愿者"等，到基层接受锻炼，将个人理想和国家未来紧密相连。

（八）社团组织

A校的家庭经济困难学生组建了自己的励志社团，通过朋辈教育树立自信自强的信念。该社团积极组织参加各类志愿者服务活动，如"敬老院慰问演出团""爱心暑托班""交通协助员""美化自住街"等社区类服务，同时在各大型赛事中协助开展引导观众入场、售卖门票、路线指引等工作。通过对励志、感恩、诚信等教育活动的培养，A校的家庭经济困难学生阳光向上，多名受助学生在毕业后创业成功并回馈母校，将自身的奋斗故事讲给后来的学弟学妹们，使得社团发展传承有序。

（九）大力奖助

A校设有20余项奖助学金，设置了100余个固定勤工助学岗位和80个临时岗位，开发了300余个校外勤工助学机会，部分单项奖助金额为每人每学年2万元。值得一提的是，就读农学、园林、环保等专业的学生，在校期间可以每学年按应交学费的20%给予学费补助，毕业后在涉农涉林等艰苦行业创业就业连续工作满 3 年(含 3 年)的毕业生,还可以申请并获得 4 年应缴费用 20% 的奖励,以此转变学生就业观念,倡导学生进入基层工作,为社会服务。

此外,为了切实解决家庭经济困难学生学习问题,不让家庭经济困难问题影响学生学习,学校每年从学费、住宿费、代办费等方面对需要帮助的学生尤其是建档立卡的学生进行减免,每年减免各种费用多达 70 万元。

(十)视野拓展

为了开拓家庭经济困难学生视野,提升格局,A 校学生资助管理中心与国际交流部合作,每年送 3 名家庭经济困难学生赴英国、美国、西班牙、日本等地进行短期交流访学,学习费用和交通费用全包,并给予部分生活费用。2012 届毕业生小叶是第一批选送赴美访学的家庭经济困难学生,在他回国完成学业后,用在国外学到的知识创立了信息科技公司,经过几年发展,每年为政府缴税 10 余万元,他积极主动回馈学校,自 2017 年起,他每年资助一名家庭经济困难优秀学生 4 年的全部学费以帮助其顺利完成学业。

(十一)科学建档

"抓铁有痕、踏石留印",为使资助工作长留痕迹,促进资助工作更加完善,A 校每学期都会总结经验得失,拟定资助系列材料建档目录,按照上级文件、本校制度、内部通知、申报情况、评审公示、发放签收、工作总结等分门别类,科学建档,规范装订,实行专人负责制,做好材料收集和信息安全管理工作。

## 二、学习、借鉴和启示

成功的案例值得被推广和学习,以 A 校为例,该校的学生资助工作就有许多可以总结的经验可以借鉴。

(一)注重队伍建设

A 校在校生数 1 万余人,学生资助管理中心作为独立机构有 5 名专职的资助工作人员,其中主任享受处级待遇已经在资助岗位上工作 10 年,副主任也做了 5 年的资助工作,其余 3 名工作人员也在岗位上工作了 2—3 年。资助工作队伍的稳定才有利于政策的制定、落地和实施。

此外,该工作团队成员每年都会轮流外出培训学习,走出去和其他高校进行交流以便于学习其他高校的资助工作方式方法,不落后于时代。在成员学习回校后,及时召开内部会议,交流学习到的心得和经验,促使该校的资助工作始终走在其他民办高校的前列。

### （二）用足计提资金

多年的发展使得A校具有很好的口碑,毕业生在工作岗位上能够独当一面,校企合作建设完善,因此,学校发展蒸蒸日上。A校的学生资助工作得到校各级党政领导的大力支持,不仅足额提取资助帮困基金,而且将5%的学校事业收入足额用到家庭经济困难学生身上。

为了避免资助资金滥用,A校设立了双重审计制度,严格做好年度的预算和决算。财务部门对各项资助款项严格管理监督,坚持严谨公开的原则,保证专款专用,严格遵守财务纪律,坚决执行收支两条线,切实做好各项资助款的发放工作。

### （三）做好信息化建设

"谁掌握了互联网,谁就把握住了时代主动权。"当今世界,信息技术革命日新月异,互联网已经融入社会生活方方面面,深刻改变了人们的生产和生活方式。在此背景下,A校学生资助管理中心引进了单独的学生资助工作系统,并与系统开发商不断交流沟通,逐步开发形成适合本校的资助平台。通过资助系统的运用,使得以往繁琐的人力劳动得到解放,大大节约了管理成本,提高了学生资助工作的效率。受助学生只需要登录学生界面即可进行资助项目的申请,上传各类证明材料即可完成无纸化材料上报,学生资助管理中心可在流程中进行审批和退回。学校的财务系统与学生资助工作系统对接,可以将补助直接打入已经审批学生的银行账户。学生资助管理中心后期也可以直接了解有哪些学生获得了哪些资助。对于学生家庭经济情况的变化也有了跟踪的依据。

此外,A校学生资助管理中心注重经验的总结和凝练,鼓励工作人员和辅导员进行资助育人研究,编著资助典型案例合集等,以此促进资助工作的良好发展和经验共享。

作为高等教育的重要组成部分,民办高校承担着发挥高等教育职能、为经济社会发展服务的责任。民办高校对家庭经济困难学生的资助力度在一定程度上能够反映和代表党和国家或教育职能部门对家庭经济困难学生的关心关怀情况。民办高校依照全国学生资助管理中心的要求,经过十几年的学生资助管理工作的改进和完善,帮助了许许多多家庭经济困难学生摆脱经济压力和困扰,开展了多种形式的专项帮扶,实行全方位的教育资助管理,增强了学生的自信心,改善了学生自立、自强的生活态度。民办高校同时加强对学生的价值观教育和心理健康教育,帮助他们走出自卑的心理状态,使其在大学生活学习中得到综合提升和全面发展,为以后走向社会打下良好的基础。

民办高校学生资助工作是一项艰巨、重要又复杂的工作,也是一项动态发展、与时俱进的工作,要科学、有效地完成资助工作系统内的每一项具体事务。民办高校学生资助工作需要政府和社会的大力支持,也需要国内外的先进经验和来自举办者的积极的、公益性的办学态度,更需要学校各级领导的高度重视。

# 第十一章
# 立德树人,发挥资助育人实效

党的十九大提出"在发展中补齐民生短板、促进社会公平正义"的战略要求。① 当前的教育改革推进要着眼于国家转型发展战略的新形势、新任务、新要求,要把资助和育人有机融合,以精准资助和资助育人为重点,以人才培养为核心,转变观念,创新方式,不断优化高校资助育人工作。"学生资助的最终目的在于帮助家庭经济困难学生成长成才,使他们共同享有人生出彩的机会,共同享有梦想成真的机会,共同享有同祖国和时代一起成长和进步的机会。学生资助必须坚持育人导向,将育人作为资助工作的出发点和落脚点,构建物质帮助、道德浸润、能力拓展、精神激励有效融合的长效机制,形成'解困—育人—成才—回馈'的良性循环。资助育人是立德树人工作的重要组成部分。各地各校要形成全员参与、各部门配合、各个教育教学环节统筹协调的资助育人机制。要在育人的各个环节、各个方面给予家庭经济困难学生更多的关注和倾斜,给予他们生活和学习上更多的关心和帮助,为他们的兴趣培养、能力提升、视野开阔创造更多的机会和条件。要把社会主义核心价值观融入资助育人全过程。在奖学金评选发放环节,培养学生争先创优的奋斗精神;在国家助学金申请发放环节,深入开展励志教育和感恩教育;在国家助学贷款办理过程中,深入开展诚信教育和金融常识教育;在勤工助学活动开展环节,着力培养学生的劳动意识和自强自立精神;在基层就业、应征入伍学费补偿贷款代偿等工作环节中,培育学生树立正确的成才观、就业观和价值观。"② "'资助育人'实践以学生资助为载体,以社会主

---

① 习近平在中国共产党第十九次全国代表大会上的报告[EB/OL]. http://cpc.people.com.cn/n1/2017/1028/c64094-29613660.html.
② 陈宝生.进一步加强学生资助工作[EB/OL]. http://www.moe.gov.cn/jyb_xwfb/moe_176/201803/t20180301_328193.html.

义核心价值观为引领,培育受助学生的科学精神、思想品德、实践能力和人文素养,实现了从经济型资助到发展型资助的重大创新发展。"①

## 第一节 高校资助育人工作的现状分析

资助育人工作的政策"不是一成不变的,始终按照目标导向、问题导向的要求,根据经济社会形势的变化、根据人民群众对美好生活需求的变化和国家的财力可能,与时俱进,不断完善,推动了我国学生资助工作高质量发展。"②对高校资助育人工作的现状进行分析,总结成效,发现不足,从而改进资助育人工作,对于促进教育公平和推进社会和谐,实现高校人才培养目标,帮助家庭经济困难学生成长成才,具有非常重要的现实意义。

### 一、高校资助育人的主要成效

近年来,我国学生资助政策体系逐步完善,经费投入大幅增加,学生资助规模不断扩大,学生资助工作成效显著,极大地促进了教育公平,为教育事业健康发展提供了有力保障。③ 在多年的实践探索基础上,高校资助育人在制度建设、内涵形式、机构管理以及经费保障能力等方面取得了明显成效。

(一)资助育人的制度建设不断完善

多年以来,特别是党的十八大以来,按照党中央、国务院的决策部署,在各方面的共同努力下,我国已建立起覆盖学前教育至研究生教育的、具有中国特色的学生资助体系。随着学生资助政策和措施的出台,逐步形成了以国家奖助学金、国家助学贷款、勤工助学、困难补助、学费减免、学费补偿国家助学贷款代偿、新生入学资助、"绿色通道"等多元混合资助政策体系。出台了完善的研究生资助制度,提高了国家助学贷款额度、延长了国家助学贷款期限,提高了高等学校国家助学金标准,统一了城乡"两免一补"政策。修订印发的《高等学校勤工助学管

---

① 赵建军.2017年学生资助新闻发布会发言稿.[EB/OL]. http://www.moe.gov.cn/jyb_xwfb/xw_fbh/moe_2069/xwfbh_2017n/xwfb_20170906/sfcl_20170906/201709/t20170906_313504.html.
② 教育部.介绍2018年秋季开学前全国学生资助工作有关情况[EB/OL]. http://www.moe.cn/jyb_xwfb/xw_fbh/moe_2069/xwfbh_2018n/xwfb_20180906/wzsl/.
③ 教育部等六部门.教育部等六部门关于做好家庭经济困难学生认定工作的指导意见[EB/OL]. http://www.moe.gov.cn/srcsite/A05/s7505/201811/t20181106_353764.html.

理办法》,进一步明确了勤工助学管理责任、强化了勤工助学的育人导向、提高了资助报酬标准。[①]各高校在资助政策的设计上也更为合理,国家奖学金直面表现特别优秀的学生,发挥了有效的激励作用;国家助学金主要是为了解决家庭经济困难学生经济上的窘境,为其提供了基本生活保障;国家励志奖学金则奖励资助了品学兼优的家庭经济困难学生。建立健全了有关勤工助学的制度,使家庭经济困难学生通过自己的劳动获得生活补助,从而助力完善了社会资助制度。科学合理的资助政策使我国的学生资助工作做到了"三个全覆盖",即各个教育阶段全覆盖、公办民办学校全覆盖、家庭经济困难学生全覆盖,基本做到了"应助尽助",在我国基本实现了"不让一个学生因家庭经济困难而失学"的目标。

(二)资助育人的内涵形式不断丰富

教育的根本任务是立德树人。在给予家庭经济困难学生经济帮助的同时,须更重视发挥资助工作的育人功能,将思想政治教育贯穿于资助育人的全过程。坚持以人为本的资助理念,在资助工作中融入社会主义核心价值观教育,通过多种方式,教育和引导家庭经济困难学生正确面对困难,培育学生"自立自强、诚实守信、爱国奉献"的品德,培养受助学生的实践能力、创新能力和社会责任感,促进学生全面发展。现阶段的育人内涵注重人文关怀,越来越关注家庭经济困难学生的内在需求和个性自由解放,辅之以理想信念教育、感恩教育、励志教育等育人活动,内涵和形式不断创新丰富,为全体家庭经济困难学生描绘了身心自由、全面发展的蓝图。

(三)资助育人的机构管理更加规范

建立起了中央、省、市、县、校五级学生资助管理机构和队伍;坚持以人为本,不断优化资助工作流程,不断改进服务方式,为受助学生提供更多便利;规范管理要求,保护受助学生隐私和尊严;加强资助资金监管,确保资金安全和及时足额发放;推进精准资助,不断提高经费使用效益。高校以设置专门机构、专职人员、专项经费、专业服务为基本要求,在机构建设、机构职能确定、办公条件完善等方面不断改进,资助育人机构队伍逐渐完善并趋于科学化。目前各高校基本形成了学校、学院、班级三级联动工作机构队伍,分工明确,各司其职,不断夯实资助工作组织保障,取得了相对明显的成效。校级层面成立资助工作领导小组,

---

① 教育部. 国家学生资助政策体系有关情况介绍[EB/OL]. http://www.moe.gov.cn/jyb_xwfb/xw_fbh/moe_2069/xwfbh_2018n/xwfb_20180906/sfcl/201809/t20180906_347463.html.

由校领导担任组长,涵盖各职能部门,专项研究和开展学生资助系列工作。各学院也成立资助工作班子,由学院分管学生工作的党委副书记担任组长,负责本学院学生资助初评工作。各班级成立家庭经济困难学生认定评议小组,负责家庭经济困难学生初步资格认定和审核。实现学校、学院和班级层层递进的资助工作队伍。在坚持政府为主导的资助同时,各高校开拓多种资助渠道,得到了社会的广泛关注和参与,鼓励各界仁人志士伸出援助之手,充实社会资助渠道,产生了良好的社会效益。高校资助育人的工作队伍逐渐壮大,权责明确,分工合理,不断趋于科学化。

(四)资助育人的经费保障能力显著提升

2020年,全国累计资助学前教育、义务教育、中等职业教育、普通高中教育和普通高等教育学生(幼儿)14 617.50万人次(不包括义务教育免除学杂费和免费教科书),累计资助金额2 408.20亿元(不包括义务教育免除学杂费和免费教科书)。资助资金、资助人数均持续增长。其中资助普通高等教育学生3 678.22万人次,资助金额1 243.79亿元。2020年,财政投入共计1 796.88亿元,比上年增加347.33亿元,增幅23.96%,占当年资助资金总额的74.62%,是国家学生资助经费的主要来源,发挥了主导作用。①

## 二、高校资助育人存在的不足

高校资助育人虽然在政府机关、社会各界、高校等各方的努力下,取得了明显成效,但由于时代的变迁、经济社会发展、人的个性发展需求变化等因素的作用,高校资助育人还存在一些不足,主要表现在工作成效有待进一步提高,学生物质资助和精神资助不平衡,以及资助育人工作对综合能力的提升有限等方面。

(一)高校资助育人工作成效有待进一步提高

在资助基本目标实现后,高校学生资助工作的视角发生了变化,工作方向也从单纯的经济资助开始转向资助中对人的培育。高校学生资助育人虽取得了成效,但在关键环节上还有待进一步提高,主要表现在以下几个方面:首先,资助育人工作"重形式、轻内涵"的问题需进一步改善。近年来,资助政策不断完善的

---

① 全国学生资助管理中心.2020年中国学生资助发展报告[EB/OL]. http://www.moe.gov.cn/s78/A01/s4561/jgfwzx_zcwj/202109/t20210916_563598.html.

同时,学生资助工作的难度也随之增大。高校学生资助工作一直都存在着时间短、工作量大的问题,以助学金为例,通常每年都集中在开学后的第一个月内,在新生刚入校不到一个月的时间内需要完成家庭经济困难学生的认定工作,并且以班级和学院为单位上报家庭经济困难学生名单。学校为了能够顺利的完成学生资助的工作任务,更多的是按照流程来走,根据上级有关部门的指示来制订相关的资助评选计划,二级学院则根据校学生资助工作管理部门分配的名额开展评选工作,对评选出的名单在公示后报送到学校有关部门,最后一个环节就是资助金的发放,对学生助学金的使用也缺乏后期的监督和监管。在整个过程中,从学校到分管学院、从分管学院领导到辅导员几乎都没有展开与之相匹配的诚信、感恩、责任心的教育和以吃苦耐劳精神为主的励志教育,更多的就是从形式上完成资助工作任务。其次,资助育人工作"重资助、轻自助"的现象需进一步消除。有些获助大学生不懂感恩,不仅从未向资助人、老师、学校和国家表达自己的感激之情,在获得资助后也未能将获得的助学金精打细算用于学习,却将其用于购买电脑、手机等一些价格高昂且超过自身家庭承受范围的生活非必需品。更有甚者把"家庭经济困难"当作自身的资本,心安理得维持现状,当得知自己没有获助后十分不解,甚至怀疑同学,质问老师。最后,资助工作针对性需进一步加强。我国高校对家庭经济困难学生的界定主要是从经济意义上来讲,但是高校学生的贫困不仅仅体现在经济上的困难,还有学习、心理、能力等方面的问题,采用单一的给钱帮助学生很容易导致助困的针对性不强,这样不但不能改善他们的困境,还有可能恶化问题。在实际工作中,部分辅导员在引导家庭经济困难学生积极向上的时候,通常采用召开年级大会的形式,用强势的语言开展教育,这种教育方式很难照顾到这些学生的特殊情况。[①]

(二)高校学生物质资助和精神资助不平衡

随着我国高等院校"奖、贷、助、勤、补、减、免"全方位学生资助体系的逐步完善,大学生的经济困难相对容易解决,而困扰多年的"精神贫困"问题依旧有待破解。"精神贫困"指大学生长期因家庭经济困难产生的思想和心理问题,主要包括强烈的自卑意识、疏离的人际关系、淡薄的诚信意识和感恩意识等。家庭经济困难大学生普遍存在自卑倾向,内心焦虑,思想较狭隘,对周围正常事物往往表现出过分的敏感。家庭经济困难学生敏感的特点阻碍了他们良好人际关系的形

---

① 徐子欣.高校学生资助育人功能研究[D].成都:四川师范大学,2016:23.

成,与舍友关系相对紧张。某些同学诚信意识不强,毕业后迟迟不愿偿还国家助学贷款,最终自食其果。当前高校资助育人工作缺少对家庭经济困难学生的精神资助,忽视他们心理的关注、引导与帮扶。许多困难学生即使获取物质支持,精神却依旧"贫困"。① 在资助覆盖面不断扩大的时候,极少数家庭经济困难学生开始放弃通过自己的努力改变自身的困境,更多的是"等、靠、要"助学金这些无偿性的资助来解决自己所遇到的暂时性困难。长期以来,我国高校资助育人工作受到"重物质、轻精神"影响,导致了高校学生资助育人活动对学生的精神资助力度不足,忽视了对他们心理的关注和引导,从而使得许多同学即使获得物质资助之后,精神上的"贫困"依旧没有得到解决。

(三)高校资助育人工作对综合能力的提升有限

高校资助育人工作在对于家庭经济困难学生的综合能力培养方面本可以取得更好的效果,但是目前高校资助育人工作在提升家庭经济困难学生的综合能力方面的作用却相对有限。首先,高校资助育人工作忽略了家庭经济困难学生的个性化需求,尽管高校家庭经济困难学生与其他学生在学校都能平等参与各项综合能力提升的活动,但组织发动者忽略了其个性化的需求。其次,开展主题教育的时候,各类型的教育活动和大学生所学的专业联系不够密切,导致资助育人工作和教学无法有效结合,对提升学生学习能力所起的作用非常有限。与此同时,我国高校家庭经济困难学生主要来自"老、少、边、穷"等地区,由于长期受到生存环境的影响,他们在思想观念上有一定局限性,在遇到困难时的个人解困能力不足,但资助育人工作对家庭经济困难学生自我解困能力提升的作用非常有限。② 家庭经济困难学生除承受着巨大的学业压力外,毕业时因为社会资源相对匮乏,社会支持网络较窄等,在求职竞争中必须具备更强的综合实力才能脱颖而出。因此,高校开展资助育人工作须转变工作理念,将"授人以鱼"转变为"授人以渔"。③ 高校资助育人工作应当注重提升家庭经济困难学生的解困能力。在资助育人过程中应千方百计培养受资助学生的专业素养,提升其综合能力,从根本上帮助其破解心理制约,实现自立自强,促进成长成才。

---

① 王思华."中国梦"视角下的高校资助育人工作研究[J].学校党建与思想教育,2015(24):42-43.
② 徐子欣.高校学生资助育人功能研究[D].成都:四川师范大学,2016:23.
③ 李义波.新时代高校发展型资助育人工作体系探析[J].学校党建与思想教育,2019(2):68-70.

## 第二节　各类奖助学金育人功能分析

当前,我国已逐步形成以国家奖助学金、国家助学贷款、勤工助学、困难补助、学费减免、学费补偿国家助学贷款代偿、新生入学资助、"绿色通道"等多元混合资助政策体系。坚持以立德树人为中心环节,推进全员全过程全方位育人,充分发挥各类资助政策的育人功能的关键,注重发掘助学金育人中的励志感恩要素、奖学金育人中的自强自立要素、助学贷款育人中的诚信要素,以及补代偿育人中的成才观就业观要素。

### 一、以励志感恩为要素的助学金育人现状

（一）助学金育人内涵

研究生、本科生国家助学金,以及各高校设立的由社会公益机构、公益人士、校友等提供的社会类助学金等各类助学金,以励志感恩为要素实现育人功能,在申请中将"勤奋学习、积极上进"作为各类助学金的基本申请条件之一,要求受助学生递交助学金使用计划,举办助学金发放仪式等。开展励志感恩主题教育活动,充分发挥各类助学金的激励导向作用,树立一批励志成才、自立自强的典型,激励学生积极进取、刻苦学习、立志成才。持续开展"助学·筑梦·铸人"征文比赛、写感谢信等活动,教育学生满怀感激之情、感恩之心和社会责任感,用实际行动和优异成绩回报国家和社会的关爱。

（二）助学金育人功能

利用经济资助和精神鼓励,从受助学生的自身体验入手,树立其正确的人生观、价值观和世界观,能够帮助其重拾自信心,激励自我不断努力,追求上进,在自我激励中奋勇当先,实现人生价值。结合具体的表彰方式和宣传活动,通过感恩教育营造关注家庭经济困难学生的资助氛围,让广大学生从中感受社会责任感,特别是对于家庭经济困难学生,能够从生活上养成积极的态度,从学习上树立必要的信心。[①] 社会、集体、个人对家庭经济困难学生给予的资助,不仅能够

---

① 刘慧丽.高校奖、助学金育人功能挖掘及实现路径[J].天津中德应用技术大学学报,2016(1):75-77.

帮助其解决学习和生活中的一些实际问题,更是国家和社会给予他们的一份人文关怀和精神激励。当代大学生整体上都能够对帮助自己的党和国家以及每一位乐施好善者心怀感恩,用实际行动对帮助过自己的人表达感激之情,在自己生活改善了之后也能力所能及地帮助他人,传递爱心,回报社会。但近年来大学生感恩意识缺失的事例也屡见不鲜,部分受助学生对父母的养育之恩、对学校老师的关心、对国家和社会的支持都缺乏感恩之意。部分受助学生甚至怨天尤人,埋怨父母提供不了优质的生活,认为自己理所应当享有政府、学校的帮助,已经对他人的帮助产生了严重的依赖思想,而不去思考如何回报社会。

(三)助学金育人典型案例

北京化工大学不断强化学生励志成才和感恩意识,增强助学金育人实效,建立家庭经济困难学生价值观引导和能力提升体系,打造了"送故事下乡""爱心宿舍""走出黔山"等多元化公益实践项目,增强了学生感恩情怀和责任意识,取得了良好效果。

选树榜样典型,引领感恩之行。北京化工大学注重品德塑造,充分发挥校园榜样的示范作用。开展"公益之星"和"自强之星"评选活动,深挖人物典型,选树感恩自强优秀学生代表。依托学校网站、微信公众号、微博等新媒体平台进行事迹联动宣传,展现学生甘于奉献的先进事迹,在校园内营造了良好的感恩教育氛围。

加强校友共建,接力感恩之梦。北京化工大学始终倡导自立自强,着力培养学生感恩回馈意识。通过经济资助、能力提升、就业帮扶等形式,帮助家庭经济困难学生开展学业生涯和职业规划,有力提升了学生专业素养,助力了学生成长成才。

拓宽实践平台,落实感恩之言。北京化工大学通过开展"送故事下乡""走出黔山""爱心宿舍"等多项公益活动,与内蒙古通辽市科尔沁左翼中旗等国家级贫困县建立定点帮扶关系,实现了从"受助"到"助他"的转变。进一步增强了学生感恩意识,使学生把个人成长成才融入到奉献祖国和服务人民的伟大事业之中。①

## 二、以自强自立为要素的奖学金育人现状

(一)奖学金育人内涵

国家奖学金、国家励志奖学金、社会捐赠类奖学金、学校自设奖学金以及其

---

① 北京化工大学.北京化工大学强化学生感恩意识,增强资助育人实效.[EB/OL]. http://www.xsaz.cee.edu.cn/n38/n52/c6272/content.html.

他各类奖学金的评选,注重自强自立教育,激励广大学生勤奋学习,努力进取,全面发展。一些高校在奖学金评选前组织公开评审会,学生进行集中现场展示和评委打分,让学生站上讲台,分享属于自己的大学故事,互学互看,营造争先氛围。在评比过程中做到以评促建,以评促学,真正做好围绕学生、关照学生、服务学生,在关心人、帮助人中教育人、引导人,努力培养学生成为德才兼备、全面发展的人才。采用"互联网+资助"模式,树立典型和榜样。充分利用宣传手段,开展国家奖学金获奖学生事迹展示,以新媒体为抓手,组织新生对国家奖学金及国家励志奖学金获奖学生开展专访,通过网络平台发布,打造易于学生接受的新模式新方法,营造资助育人文化氛围,树立学习典范,发挥榜样引领作用。召开"身边的榜样"专题分享报告会,以他们的成长故事、典型事迹感动感染更多学生,让更多学生通过倾听身边榜样人物的事迹吸取经验,成长进步。

(二)奖学金育人功能

各高校实行的奖学金制度,不仅是对品学兼优学生的肯定,更能让其体验到取得优异成绩的愉悦,进一步激发学习的动力。奖学金的获得对学习成绩有严格的要求,能够获得奖学金的学生都是靠他们认真学习、勤奋踏实、不断努力得来的,这对他们在学校期间的学习和表现是一种精神上的激励和表扬,是一份殊荣,充分地调动学生认真学习和钻研的主动性和积极性。这种精神上的激励远大于物质上的帮助,让家庭经济困难且品学兼优的学生得到精神上的认同和满足,从而激发他们对知识学习的渴望,帮助他们树立远大的人生目标。

(三)奖学金育人典型案例

天津大学多举措加强奖学金育人功能,激励学生自立自强,在奖学金评选过程中,科学设计评选制度、认真优化评选过程、不断完善监督机制,及时弘扬先进典型,把奖学金评审过程,打造成学生自我管理、自我教育和自我服务的育人过程。

建立学生成长档案,追踪学生成长轨迹。学校各学院根据本院学生培养特点,制定个性化综合素质测评办法,以导向为目的,以量化为手段,通过对学生的综合素质评价,将其结果作为学生评奖评优的重要依据记入学生个人成长电子档案。建立学生个人成长电子档案系统,以综合评价体系中各评价维度为基础,引导学生及时记录成长足迹,并围绕学生成长成才经历、能力培养、荣誉获得和个人感悟等,多方面进行及时总结和自我归纳。

优化奖励教育模式,集中展示互学互看。奖学金评选前组织公开评审会,学生进行集中现场展示和评委打分,让学生站上讲台,分享属于自己的大学故事,互学互看,营造"比、学、赶、帮、超"的争先氛围。在评比过程中做到以评促建,以评促学,真正做好围绕学生、关照学生、服务学生,在关心人、帮助人中教育人、引导人,努力培养学生成为德才兼备、全面发展的人才。

创新榜样教育载体,激励学生追求卓越。采用"互联网＋资助"模式,树立典型,榜样引领。充分利用书院宣传长廊,制作国家奖学金获奖学生事迹画框海报展示,以新媒体为抓手,组织新生对国家奖学金及国家励志奖学金获奖学生开展专访,通过微信公众平台发布,打造易于学生接受的新模式新方法,营造资助育人文化氛围,树立学习典范,发挥榜样引领作用。召开"身边的榜样"专题分享报告会,以他们的成长故事、典型事迹感动感染更多学生,让更多学生通过聆听身边榜样人物的事迹吸取经验、成长进步。[1]

### 三、以诚信为要素的国家助学贷款育人现状

(一)国家助学贷款育人内涵

国家助学贷款由国家主导、财政贴息,教育行政部门、学校、银行共同参与,政府和学校共同承担风险,从而帮助家庭经济困难学生解决完成学习期间所需费用问题的商业性贷款。贷款利率按中国人民银行公布的利率政策执行[2],实行借款学生在校期间的贷款利息全部由财政补贴,毕业后全部自付的办法。目前的助学贷款形式分为生源地信用助学贷款和校园地国家助学贷款两种。多年来,在各级财政、教育、有关金融机构的大力推动下,生源地信用助学贷款建立起了财政贴息和风险补偿机制、特困生还款救助机制、风险补偿金结余奖励和亏空分担机制以及四级机构队伍体系,体制机制的不断完善和受理工作的管理制度化、操作规范化、档案电子化、场所标准化,保障了助学贷款业务的可持续发展。

(二)国家助学贷款育人功能

申请国家助学贷款是家庭经济困难学生预支未来收入和财富完成大学学业的一种方式,也是世界各国运用金融手段支持教育的通行做法。相比助学金等无偿形式的资助,国家助学贷款更有利于发挥公共财政经费的效用,也更有利于

---

[1] 天津大学.天津大学多举措加强奖学金评选育人功能.[EB/OL]. http://www.xsszz.cee.edu.cn/n38/n52/c6386/content.html.
[2] 《教育部财政部中国人民银行银保监会关于调整完善国家助学贷款有关政策的通知》(教财〔2020〕4号):从2020年1月1日起,新签订合同的助学贷款利率按照同期同档次贷款市场报价利率(LPR)减30个基点执行。

调动学生学习和发展的积极性。我国的助学贷款开始于1987年,自1999年全面开始试行国家助学贷款政策以来,这一惠及千万家庭经济困难学生的措施就始终是社会关注的焦点。从2002年的"四定、三考核"到2004年的政策大调整,国家助学贷款的资助力度不断加大,覆盖面不断扩大。① 在办理助学贷款过程中,开展诚信教育,向学生讲清贷款违约后果,培养学生诚实守信的"契约"精神;开展金融常识教育,向学生讲清楚基本的金融常识,避免学生因个人"无知"而造成不必要的违约行为;开展警示教育,增强学生的风险防范和法律意识,以防止其陷入不良"校园贷""回租贷"等陷阱,从而避免部分信用意识淡薄的学生出现不诚信行为,不在规定期限内偿还贷款,造成违约。②

(三)国家助学贷款育人典型案例

吉林大学在全校范围内集中开展诚信主题教育宣传活动,进一步构建了以诚信为荣的校园文化氛围,形成了诚信明礼、勤俭节约的良好风气。

将诚信教育与学生履约还款相结合。为引导学生按期履约,帮助学生明晰国家助学贷款还款及征信相关知识,学校学生资助中心工作人员分别到各校区,召开2018届毕业生国家助学贷款现场办公会,参会学生1700余人。办公会上播放了由中国人民银行征信中心拍摄的以"珍爱信用记录,享受幸福人生"为主题的微电影《信用名片》。同时,还为每位学生发放《吉林大学国家助学贷款还款指南》等政策宣传手册。会上,学生资助中心工作人员对因贷款逾期给学生本人造成严重后果的具体事例进行通报,提醒学生要珍惜个人信用记录,按照还款协议要求,及时足额还款,维护好"信用"这张名片。在地学部、农学部等基层就业学费补偿和国家助学贷款代偿申请人数较多的校区,工作人员针对政策限定的行政区域、基层单位种类、代偿金额等内容进行重点解读。

将诚信教育与征信知识宣传相结合。学生资助中心联合国家助学贷款经办银行,共同举办"征信知识进校园"系列征信知识讲座,围绕"普及征信知识"、"信用的重要性"和"不良记录的严重性"等多个主题,结合实际案例,重点为学生解答了关于隐私保护、查询记录,以及不良记录的消除等热点问题。针对校园小额贷款问题,提醒同学们要提高警惕、抵制诱惑,提高风险意识,尽量从正规商业银

---

① 武立勋,胡象明.高校家庭经济困难学生资助政策实施效果研究——基于对北京部分高校本科毕业生的调查分析[J].国家教育行政学院学报,2016(2):72-78.

② 学生资助管理中心.2018年全国生源地信用助学贷款受理工作启动会在长沙召开[EB/OL].http://xszzzx.hnedu.gov.cn/c/2018-07-18/922895.shtml.

行贷款,防止个人财产受损。通过"两微一端",发布征信知识小贴士等系列文章,讲述诚信认知、分享诚信故事;编印《吉林大学助学贷款还款常识汇编》,发放至每一名贷款毕业生手中,让他们清楚了解还款相关事项;举办线上诚信知识问答活动,引导学生遵守诚实守信的道德规范,切实提高贷款学生的契约精神和诚信履约意识。

将诚信教育与校园文化活动相结合。发挥"学校—校区—学院"三级资助管理体系作用,强化"学校—校区""校区—学院""学院—班级"的联动,结合校区特点和学院特色,开展丰富多彩的宣传活动。举办诚信海报设计大赛、诚信主题征文、摄影大赛等一批具有示范引领作用的校园诚信文化品牌活动,彰显诚实守信的良好风尚;通过社会实践、志愿服务、社团活动、捐赠衣物、爱心义卖等形式多样的实践教育,让学生在实践中不断将诚信道德规范内化为行动准则;通过演讲分享会、事迹报告会、学习座谈会、名家讲坛等形式,充分发挥先进典型的示范引领作用,以点带面,不断加强活动的创新性、可行性、实效性。①

## 四、以成才观就业观为要素的补代偿育人现状

### (一)补代偿育人内涵

近年来,为引导和鼓励高校毕业生面向中西部地区和艰苦边远地区基层单位就业,财政部、教育部研究制定了高校毕业生赴基层就业学费补偿和国家助学贷款代偿的相关政策和办法,对在中西部地区和艰苦边远地区基层单位就业的应届毕业生实施学费补偿和国家助学贷款代偿;为鼓励高等学校学生积极应征入伍服义务兵役,提高兵员征集质量,财政部、教育部、总参谋部先后制定了若干个有关高校学生应征入伍服义务兵役的国家资助政策,对应征入伍服义务兵役的高校学生,在入伍时对其在校期间缴纳的学费实行一次性补偿或对其获得的国家助学贷款实行代偿;应征入伍服义务兵役前正在高等学校就读的学生(含按国家招生规定录取的高等学校新生),服役期间按国家有关规定保留学籍或入学资格,退役后自愿复学或入学的,国家对其实行学费减免。各省市也相应制定了配套政策和措施,如上海市在《上海市普通高等学校学生资助资金管理实施办法》(沪教委规〔2020〕2号)中对"服兵役国家教育资助"进行了明确的规定。

---

① 吉林大学. 吉林大学通过"三个结合",让诚信之风吹遍校园. [EB/OL]. http://www.xszz.cee.edu.cn/n38/n52/c6339/content.html.

(二)补代偿育人功能

补代偿政策旨在激发学生的爱国主义情怀、集体主义意识,在感受关爱的同时,潜移默化地引发学生的感恩意识和情怀,树立社会责任感,促使他们刻苦学习、艰苦奋斗,努力学好本领,将来能够奉献社会、回报国家,将自己所受到的资助传递下去,将爱心和感恩意识传递下去。补代偿政策号召和吸引了一批批学生在毕业后毅然决然选择去艰苦偏远地区,走入基层去实现自己的远大抱负,踏上实现人生目标的康庄大道。但也有一部分大学生认为到中西部和艰苦边远地区基层就业是退而求其次的无奈选择或权宜之计,并非受自身人生观、价值观的驱动,而是考虑到服务期间能够享受到国家学费补偿和国家助学贷款代偿等各项政策,能为自己将来的发展积累政治资本等,诸如此类的错误思想使到中西部和艰苦边远地区基层工作成为一部分大学毕业生暂时性的"实践场所"和"中转站"。[①]

(三)补代偿育人典型案例

中国矿业大学在长期的工作实践中,把资助和育人有机融合,将"以国家需要为导向,资助和育人相结合"作为工作理念,形成了基层就业代偿育人的典型做法。

坚持问题导向,思想引领到位。组织开展"家国情怀""学煤爱煤"主题教育活动,激发学生投身基层、服务煤炭能源事业的责任感、使命感;组织开展"杰出校友讲坛",邀请基层企业领导及校友"现身说法",为学生树立榜样;组织开展"互联网+"品牌活动,开展主题微电影制作展示,增强教育引导的实效性。

构建宣传体系,政策宣讲到位。学校构建了包含工作人员、企业、学生、学生家庭的四级宣传体系。面向工作人员举行补代偿工作专题培训;面向企业加强走访和政策宣传;面向学生通过宣讲活动、广播台、网络新媒体等加强政策宣讲;面向学生家庭开展"溪水行动"家庭经济困难学生走访活动,将国家学费补偿和国家助学贷款代偿政策宣传到位。

健全工作机制,政策落实到位。构建"校补代偿工作领导小组—校资助管理中心—院补代偿工作负责人"三级管理模式;采取学院初审、学生资助管理中心二审、补代偿资助工作领导小组三审的"三次审核"制度;设立"煤炭定向奖学金"、开展"志在四方"基层就业优秀先进个人评选表彰,鼓励毕业生到基层建功立业。

---

[①] 侯佛钢.学费补偿贷款代偿政策调查研究与对策分析——以西南大学为例[J].中国大学生就业,2013(18):28-32.

密切沟通合作,校企协同到位。组织开展补代偿学生工作单位走访,为补代偿学生争取配套资助政策,推进学生实习实践基地共建,组织学生到基层一线考察实习,为学生了解基层、投身基层打下良好基础。①

## 第三节 提升资助育人模式的有效性

中共教育部党组在《高校思想政治工作质量提升工程实施纲要》中,把资助育人列入"十大"育人体系之中,构建资助育人质量提升体系,共同推进立德树人的质量。把"扶困"与"扶智","扶困"与"扶志"结合起来,建立国家资助、学校奖助、社会捐助、学生自助"四位一体"的发展型资助体系,构建物质帮助、道德浸润、能力拓展、精神激励有效融合的资助育人长效机制,实现无偿资助与有偿资助、显性资助与隐性资助的有机融合,形成"解困—育人—成才—回馈"的良性循环,着力培养受助学生自立自强、诚实守信、知恩感恩、勇于担当的良好品质。②

### 一、"扶困"结合"扶志",强化人格品质的塑造

国家资助政策体系范围内的各类"奖、贷、助、勤、补、免"等措施,以及社会各界的各种物质和经济资助,实现了对学生物质上的"扶困",基本实现了"不让一个学生因家庭经济困难而失学"的目标。提升资助育人模式的有效性不仅要"扶困"更要"扶志",在物质资助的基础上引导学生树立远大的理想信念,积极面对暂时的经济困难,在大学的熔炉里不断的磨炼,通过自身的努力奋斗来实现人生目标。在着力解决好家庭经济困难学生的实际问题的"扶困"基础上,结合"扶志",强调"助学""筑梦""铸人"的和谐统一,培养受助学生自立自强、诚实守信、知恩感恩、勇于担当的良好品质。

"扶志"的实现,要注重家庭经济困难学生的励志教育、诚信教育和社会责任感"三项教育",培养其诚信、自强和自信的人格力量。在励志教育方面,要关注并重视家庭经济困难学生中的优秀代表,通过开展"成长榜样""自强之星"等活

---

① 中国矿业大学.中国矿业大学开展"基层就业代偿育人宣传活动月"活动[EB/OL]. http://www.xszz.edu.cn/n38/n52/c6326/content.html.
② 中共教育部党组.中共教育部党组关于印发《高校思想政治工作质量提升工程实施纲要》的通知[EB/OL]. http://www.moe.gov.cn/srcsite/A12/s7060/201712/t20171206_320698.html.

动,挖掘家庭经济困难学生的优秀人格品质和心理模式,通过网站、微信平台、励志报告、讲座等多种平台加大宣传以激励家庭经济困难学生,在家庭经济困难学生中形成积极努力、提升自我、学习超越的氛围,激发家庭经济困难学生对自我实现和美好生活的追求。在诚信教育方面,通过开展"诚信建设月"主题活动,以"诚信建设月"为契机集中开展系列教育,如主题报告、演讲比赛、征文比赛等;在学生中营造思考诚信、宣传诚信、践行诚信的氛围;开展树典型、立榜样的活动,对诚实守信的家庭经济困难学生代表进行表彰、宣传,带动更多的家庭经济困难学生进行学习和效仿。在感恩和社会责任感教育方面,重点开展认知教育。通过认知教育,让家庭经济困难学生感知他人之恩,领会他人帮助之情,进一步强化感恩意识和责任意识;加强情感教育,情感的投入程度决定着其道德知识最终能否转化为道德观念。情感教育中要重视两方面的工作,第一个方面是加强高校教师队伍及思政工作队伍的教育,特别是辅导员和班主任的教育,培养他们高尚的情操和意识。他们是跟学生联系最紧密也是对学生影响最大的人,他们的优秀品质、对家庭经济困难学生经济、学习、心理等全面的关心和关爱必将激发他们的感恩意识和责任意识;第二个方面,大学阶段是大学生世界观、人生观、价值观形成的关键阶段,辅导员、班主任等思政工作队伍要抓住"立德树人"的根本任务,注重对学生的思想引导,用对学生的关心、关爱来感化受助学生,教育和引导他们提升认识的层次与高度,让他们体悟国家和社会对他们的关心、关爱与帮助,让他们从心底树立感恩意识,并逐渐升华为一种责任意识。①

如兰州大学构建了"奖+榜样、助+感恩、贷+诚信、捐+社会责任感"的"四+"资助育人模式,将"扶困"与"扶志"紧密结合,全力推动资助育人工作。"奖学金+榜样",以榜样力量引领学生成长。组织国家奖学金获奖学生担任"学生资助宣传大使",通过各种形式宣传国家、学校资助政策,"现身说法"讲述个人成长故事,鼓励广大家庭经济困难学生自立自强。在校内外媒体宣传国家奖学金获奖学生优秀事迹,在广大学生中树立学习榜样,促进全体学生成长成才。

"助学金+感恩",以感恩情怀完善健康人格。通过个别谈话、家庭走访、在校消费数据分析等方式,准确认定家庭经济困难学生,做到精准资助。实施"成长加油站"系列培训计划,提高家庭经济困难学生综合素质。在全校范围内开展

---

① 王淑珍,符丹. 积极心理学视域下高校资助育人有效性提升路径探究[J]. 中国农业教育,2018(3):72-75+95-96.

资助诚信教育和"助学·筑梦·铸人"活动,组织学生"做一次义工""看一场电影""开一次班会""写一篇心得",引导学生在活动中收获,在感悟中成长。

"助学贷款+诚信",以诚信熏陶突显立德树人。举办征信知识讲座,邀请银行工作人员向贷款学生讲授征信知识,提高其对征信、信用记录的认识。举办金融知识竞赛,提升学生金融素养。举办诚信书画展,让学生通过书法、绘画加深对诚信的认识,增强学生诚信意识。

"社会捐助+社会责任感",以责任感教育塑造担当品质。对资助学生实行团队化管理,聘请专职学生工作人员担任团队指导教师,指导学生策划实施"让你好好过""善行一百"等公益活动,组织团队学生参加学校暑期社会实践和创新创业活动,提高学生的实践能力、创新能力和社会责任感。[①]

## 二、"扶困"结合"扶智",注重能力素养的培育

能力素养是个体实现自身价值的重要依据,也是社会用来衡量人才的重要标准。随着社会的发展、经济结构的调整,个体的综合素质和业务能力越来越被社会看重。家庭经济困难学生要想在社会发展中实现自我价值,就必须全面提升个人能力素养。[②] 在"扶困"基础上结合"扶智",提高学生综合能力素养,促进全面发展,为家庭经济困难学生未来选择更高质量的生活打下坚实的基础。

"扶智"的实现,可以突出人文素养教育,提高学生综合素质。目前高校中的家庭经济困难学生由于成长环境的制约,人文素养相对较低,对政治历史、艺术音乐等方面的人文知识尤为缺乏。为此,高校资助育人应该坚持在人文素养的培养上精准发力,着力提升其内在品质。在奖学金、助学金的评定中,探索将申请对象的人文素养作为一项考核指标。一方面,要协调学校相关部门为家庭经济困难学生开设人文素养课程,鼓励学生积极选修学习;另一方面,要不定期举办人文讲座、人文沙龙,组织人文知识竞赛,鼓励受助学生参与活动,以此来培养其思维能力、交往能力、应变能力。此外协调人文学科教师在网上开设人文教育论坛,为师生讨论学习开辟阵地。另外,也要鼓励受助学生积极参加学校的才艺大赛、联欢会、运动会等大型活动,为其搭建展示自我的舞台。[③]

---

① 兰州大学. 兰州大学"四+"模式推进资助育人[EB/OL]. http://www.moe.gov.cn/jyb_xwfb/s6192/s133/s220/201810/t20181023_352458.html.
② 丁绍家. 从"扶困"到"扶智"、"扶志":高校贫困生发展性资助创新实践研究——以 YZ 校为例[D]. 郑州:郑州大学,2018:22.
③ 谭亚男. 高校资助育人精准化研究[D]. 南宁:广西师范学院,2017:38.

"扶智"的实现形式,还可以突出技能培训,提高就业竞争能力。一方面,学校可以开展综合能力训练营,其中包括对学生英语能力、计算机能力、就业创业能力、口才能力等方面的培养,从而提升受助学生的综合素质。通过英语训练营,提升参训学生的英语口语、听力、阅读和写作能力,使参训学生的英语水平不仅仅停留在应对考试上,而是全方面的提高。针对家庭经济困难学生没有足够的经济能力去报考雅思、托福以及参加英语培训班这一问题,学校可以采取免费开办四六级、雅思、托福考试培训班的做法,提升学生考试的通过率,同时,对于雅思、托福考过优秀线标准的学生,报销考试费用,这对于家庭经济困难学生既是支持又是激励,提供给他们更丰富多元的发展机会。开展计算机训练营,由学校计算机教师开设免费培训,参加培训的学生可以免费使用学校配备的计算机设备进行练习。针对家庭经济困难学生计算机能力薄弱的特点,从最基础的知识讲起,因材施教,由浅及深,采用线上线下相结合的教学方法,配备专业老师及时解答学生相关问题,使这些学生能够顺利通过计算机等级考试,提升应用计算机能力。通过就业能力训练营,帮助学生树立正确的求职观念,认准自己的求职定位,学习相应的面试技巧,提高学生的适岗率和职业满意度。通过口才训练营,提高学生的表达能力,帮助学生树立自信从容心态,便于他们走入社会时能够更快适应。另一方面,开展专业教师点对点帮扶困难学生的专项行动。学校结合资助育人实际,把精准帮扶作为基本方略,结合研究生导师、本科生班主任和辅导员配备的实际情况,采取师生"一对一""一对多"和"多对一"等多种方式开展结对帮扶工作。资助育人工作不再只是一小部分资助工作者的事,而是发挥学校广大教师的力量,多接触学生,多了解学生,及时反馈学生的问题,充分发挥广大教师"学高为师、身正为范"的育人优势,在帮助家庭经济困难学生学习生活的基础上,关心他们的心智情感,激发他们的成才志向,提升他们的综合能力,有效推进高校资助育人的精准帮扶。①

如上海师范大学结合家庭经济困难生实际需求启动"学思激励计划"。"学思激励计划"按照自主申请、困难优先、择优录取原则,在经济资助、能力培养、学业提升等方面给予"按需施助",逐步实现资助与育人的深度融合。在学业帮扶方面,围绕大学英语四级、普通话、计算机、教师资格证等考级考证开展学业辅导;在技能培训方面,开设办公自动化、应用文写作、语言表达等技能培训。从学

---

① 康岳.我国高校资助育人实效性研究[D].西安:陕西师范大学,2018:44.

业帮扶到能力提升,项目落实点面结合,注重"帮扶"先"扶智",确保资助服务精准。在精英培育方面,推出"精英培育项目",选拔了优秀困难学子赴海外大学短期访学,支持他们加强学术研究和拓展国际视野。在文化教育方面,首创民族文化社,开展民族文化日活动,展现各民族的文化特色,促进各民族之间的交往和交融;组建民族舞蹈团,活跃于校内外各类舞台;组织新生看上海,旨在帮助他们尽快认识上海,融入上海;组织贫困生参观国际艺术节、博物馆等高雅艺术活动,提升学生人文素养。①

西安交通大学注重能力提升,指导学生完成阅读100本经典、参加100场活动、认识100位老师、聆听100场报告"四个一百"综合能力提升计划。为建档立卡的家庭经济困难学生专门设立"自强不息成长成才"项目,资助家庭经济困难学生赴陕西省十二地市政府实习、开展海外交流访学及赴国际组织实习,开展"国运交大"青年领导力公益实践项目,提升受助学生的实践能力和创新精神。②

吉林大学实施"蒲公英计划",设立成长助推基金、精英访学基金、圆梦工程基金。对家庭经济困难学生申请参加学科竞赛、专业认证考试等进行资助,鼓励学生参与社会实践和科技创新活动,对学生参加短期国(境)外研修等项目给予交通费和部分生活费资助。建立爱心书屋,为家庭经济困难学生免费提供各类书籍。举办暑期校外兼职岗位招聘会,建立"实习实训、就业创业、实践锻炼"一体化助学实践基地,拓展校外助学资源。③

### 三、统筹推动协同育人,形成资助育人的合力

全员育人、全过程育人、全方位育人是高校贯彻落实党和国家教育方针政策的重要内容。高校资助育人工作是长期而复杂的工程,要想达到资助育人的最佳效果,不仅需要统筹安排和有效整合资源,也需要学生工作部门和其他部门的协同配合,更需要社会、学校、家庭的协同教育,形成资助育人合力。

资助育人不仅仅是资助中心的责任,也不仅仅是辅导员的责任,需要全校各

---

① 上海师范大学.我校首获教育部思想政治工作精品项目[EB/OL]. http://www.sohu.com/a/281639593_660110.
② 教育部.西安交通大学学生资助工作有关情况介绍[EB/OL]. http://www.moe.gov.cn/jyb_xwfb/xw_fbh/moe_2069/xwfbh_2018n/xwfb_20180906/sfcl/201809/t20180906_347472.html.
③ 吉林大学.吉林大学以资助育人助力学生成长成才[EB/OL]. http://www.moe.gov.cn/jyb_xwfb/s6192/s133/s161/201810/t20181025_352678.html.

级管理部门联动,承担自己的育人职责。① 全体教职员工,包括高校专任教师、资助工作者和后勤服务人员,都应该自觉树立起育人的责任感、使命感,都要主动参与高校资助育人工作,发掘各自工作中的育人资源,形成"人人育人"的思想政治教育新格局,坚持资助过程育人与合力育人相结合,切实提高资助育人的实效性。

高校应加强与家庭联系,通过家访、电话等多种途径方式建立与家庭之间的联系。通过实地考察、实地走访的方式,可以更加直观地感受学生的家庭经济情况,更加贴切地了解学生的需求。② 也让家长更多地了解学生在校期间的一系列情况,有利于家长、教师对该生有更为全面的了解,为家庭和学校一同帮助学生健康成长提供依据。

加强与社会的联系,营造良好育人风气。社会教育,作为学校正式教育之外的一类教育形式,可以弥补学校教育、家庭教育的部分不足,并成为学生终身学习、全方面学习的重要场合。一方面,加强学生与社会的联系,鼓励大学生"走出去",多认识社会,提前做好进入社会的准备。作为学生与社会的中介,高校在倡导社会更加关注家庭经济困难学生群体的同时,应将社会对家庭经济困难学生的预期要求传达给学生,让学生更加努力地朝着这一目标奋斗,并从理论和现实角度探索社会到底需要大学生具备哪些能力和素质。另一方面,高校在加强学生与社会联系的过程中,应加强自身教育与社会教育的融合,旨在培养全面发展的大学生。高校可以与社会建立紧密联系,充分挖掘社会教育资源,共建教育实践基地,拓宽教育渠道。通过高校人才培养、定向就业、实习合作等方式实现对在校大学生的教育培训。鼓励社会团体、组织、机构通过设立基金会、各项奖学金帮助家庭经济困难学生顺利完成学业,营造一种良好的助人风气。注重学校、家庭、社会横向相衔接,在保持方向准确一致的基础上,将三者有机结合起来,发挥各自优势。在促进大学生全面发展的目标下,充分凝聚社会、学校、家庭各方面教育力量,积极发挥各自的优势,促进各方面教育的整合和融合,形成互补态势,推动"全员育人、全程育人、全方位育人"格局的形成,达到育人的理想效果。

如东北师范大学搭建"就业齐飞"平台,实施"UGEM 结对助学计划",学校、

---

① 张涛. 应用技术型高校资助育人体系的构建研究[J]. 太原城市职业技术学院学报,2018(4):102-104.

② 韦鸣. 我国高校资助育人研究——以南京高校为例[D]. 南京:南京师范大学,2017:51.

政府、企业、媒体四方协同联动,提高学生职业发展竞争力;坚持资助工作与思想教育工作、就业创业工作、团组织建设工作等协调互动、齐头并进,营造"大资助""大思政"育人格局。①

中国计量大学坚持育人导向,全员共同参与,邀请退休老教师、知名校友等开展"励志、感恩、成才"主题校园文化讲座,组织各类企业奖助学金评选与颁奖仪式,组织家庭经济困难学生走进企业调研、开展"代言中量大,感恩母校行"社会实践活动等,开展理想信念教育、社会主义核心价值观教育。开展教工党员"三联系"、学生党员与家庭经济困难学生"一帮一"活动,教工党员、学生党员分别与家庭经济困难学生结对子,定期交流,在学习、生活、思想等方面进行帮扶。校领导率先垂范,各学院组织广大教师联系家庭经济困难生,老师们通过寝室走访、专业辅导和就业帮扶等多种方式为学生们带去关爱。②

推进构建资助育人质量提升体系,发挥资助育人功能实效,挖掘育人要素,需要在政府、社会各界、高校等各方面共同努力统筹下好"一盘棋",打好"组合拳",聚焦整体格局、关键少数、关键环节和关键领域,坚持育人导向,突出价值引领;坚持遵循规律,勇于改革创新;坚持问题导向,注重精准施策;坚持协同联动,强化责任落实,切实提升资助育人工作的"广度""深度""效度"和"信度",推动形成合力育人、协同育人的长效机制,着力培养德智体美劳全面发展的社会主义建设者和接班人,着力培养担当民族复兴大任的时代新人。③

---

① 教育部. 紧紧围绕"立德树人"根本任务创建新时代"四维驱动"资助育人新模式[EB/OL]. http://www.moe.gov.cn/jyb_xwfb/xw_fbh/moe_2069/xwfbh_2018n/xwfb_20180301/sfcl/201803/t20180301_328206.html.
② 浙江省教育厅. 中国计量大学"三全"机制提升资助育人水平[EB/OL]. http://www.moe.gov.cn/jyb_xwfb/s6192/s222/moe_1742/201811/t20181106_353776.html.
③ 中共教育部党组. 中共教育部党组关于印发《高校思想政治工作质量提升工程实施纲要》的通知[EB/OL]. http://www.moe.gov.cn/srcsite/A12/s7060/201712/t20171206_320698.html.

# 第十二章
# 高校学生资助法治化研究

党的十九大提出"健全学生资助制度,使绝大多数城乡新增劳动力接受高中阶段教育、更多接受高等教育",党的二十大进一步提出"办好人民满意的教育",可见随着时代的进步和社会的发展,我国对高校学生资助工作的要求也在不断更新。而随着《关于进一步落实高等教育学生资助政策的通知》《关于进一步加强和规范高校家庭经济困难学生认定工作的通知》等政策文件的印发和实施,学生资助的范围不断扩大,资助更加精准有效,资助育人成果显著。

## 第一节 我国高校学生资助法律制度体系

### 一、高校学生资助法律理念

随着社会形态的公民权利发生了从无到有,从不尊重到被保护的转变,高校学生资助法律理念的更新与人类社会的前进同步,这是历史的选择。通过前文的论述,已经说明了在当前高等教育规模化进展中,高校学生资助作为一类重要制度,其目标在于实现教育资源的合理配置、提高资源利用效率、维护各群体间的教育公平,等等。因此,结合高校学生资助工作现状,当代中国高校学生资助的法律理念选择应该包括以下内容:

(一)体现教育公平

公平是任何法律的基本理念,体现在高等教育学生资助法律上就是维护教育公平,这个理念是学生资助制度中的最根本理念,体现学生资助的社会性。究其原因:一是学生资助制度的设计源起就是解决家庭经济困难群体的教育公平问题,无论是最初的无偿资助(助学金)还是后来发展出的有偿资助(助学贷款),

任何制度都是提高低收入阶层的高等教育购买力,以解决高等教育学费开支与经济困难的矛盾,确保任何收入阶层的学生都有公平的受教育机会。二是教育机会的扩大使更多家庭经济困难学生进入高等教育体系内,通过受教育的途径摆脱经济困难的代际传递,迅速地改善自身和家庭经济情况,从教育结果上实现了公平。三是作为高等教育中的重要环节,学生资助本身的公平维护了教育公平,不仅仅是有所需者皆有所得,而且是所得之物皆为应得之物,学生资助是一项补偿性制度,而非营利性的,任何个体不可能也不应该通过受助获得超出教育成本的资金,学生资助本身追求的是公平而非均等,因此资助公平就确保了教育公平。①

（二）优化资源配置

优化资源配置的理念体现了学生资助的经济性,作为国家配置高等教育资源的重要财政手段,在实现教育公平的政府责任前提下,其资源的有效配置是评估政府财政绩效的主要标准。各类财政法案的主要功能就是在市场条件下,通过法律赋权的形式,给予政府行政干预的权力,以"有形之手"调控市场资源配置,以期达到最大效益。因此,学生资助的相关法律制度也应遵循效率的理念,一方面是针对高等教育资源的配置的媒介作用,另一方面是针对学生资助本身的资金使用。前者是学生资助通过法律的手段,明确国家加大资助力度的政府责任,提升整体教育资源,同时通过社会财富的再分配,引导教育资源流向弱势群体;后者则是需要正视学生资助整体资金和教育成本补偿需求的差距,无论政府如何加大财政投入,在很长的时间里,经济困难阶层不可能都获得充分的补偿。因此,有必要从法律上确定资金的使用规则,一方面监督资金的合法使用,避免浪费、贪污或挪用,另一方面更要发挥资金的最大效益。

（三）实现资助法治化

法治经济要求通过法律的手段实现有效的资源配置和社会经济的可持续发展。体现在高校学生资助的法律理念上,就是旨在通过法律实现高等教育的可持续发展,原因在于学生资助所维护利益的社会性,它指向的不是个体利益,也不是国家利益,而是社会利益。这与经济法体系所保护的利益性质相同,经济法是一国实现经济可持续发展的法律保障,而学生资助的相关法律法规就是实现教育可持续发展的法律保障。在高校学生资助法律理念上,可持续发展主要体现在两个方面,一是从法律保障角度确定资助资金来源可持续性,使得用于资助

---

① 柯心.高等教育学生资助法律研究[M].北京:中国法制出版社,2018:174-175.

的资金不至于拮据,鉴于资助的主体资金依靠财政投入,因此只有规定资助主体的财政预算制度、财政支付制度、财政法律责任等,才能确保资金来源从政策保证到法律保障,从"人定"到"法定";二是确保学生资助的自我发展,既包括资助资金的增益,也包括通过学生资助加强教育市场的正外部性,为确保资助财政的公共性,多数国家建立"防火墙"避免财政专款发生意外,比如贬值、挪用等不良现象,但也限制了财政资金的增益,在资本市场逐步成熟的当今社会,从法律层面确定安全的增益途径,也未尝不是一种新的思路。

## 二、高校学生资助的制度体系

（一）从政策体系到法律体系的转变

我国对于高校学生资助的政策关注度是足够的,相应的政策体系已逐步建立起来,但这距离国家提出的法治教育还有一定差距,学生资助仅在《中华人民共和国教育法》《中华人民共和国高等教育法》中做了概括性的规定,政策体系向法律体系转变有待努力。在法治社会中,这种上升是客观必须的。其原因在于：第一,法律是最高层面的治理手段,较政策更加稳定也更有预见性,学生资助政策的法制化能让家庭经济困难学生敢于预期所能获得的补助,敢于规划自己的人生目标;第二,政策决策过程与法律制定往往相反,政策一般是行政部门自上而下的命令,而法律的制定颁布则需要自下而上的过程,所以政策往往由于行政部门的利益异同而发生冲突,而法律因其制定过程的严谨与规范,将极大程度降低冲突的可能;第三,如果没有确立相应的法律责任,权利的实现与义务的履行将缺乏法律保障,一切只能是空谈,学生资助所涉及的社会利益将无法实现;第四,也是最为重要的,法律具有精神,而政策只是命令的执行。具体法律在法律部门的归属决定了其独特的精神,比如民法崇尚平等、刑法强调惩戒、经济法则追求社会和谐等,在不同的法律部门将会呈现出不同的立法取向,而每一种法律精神则能够统领具体法条的制定以达到相同的目标。① 这相比政策而言,是极大优势,也是法律稳定、严谨和规范的根源所在。

目前我国高校学生资助的政策体系从国家层面到地方层面,概括性政策到操作性政策,皆有涉及,较为完备,为学生资助政策的法治化提供了基础。

（二）制度结构的安排

以"纯粹法理论"著称的法学家凯尔森(Hans Kelsen)提出了法律制度中各

---

① 柯心.高等教育学生资助法律研究[M].北京：中国法制出版社,2018：181.

个规范相互关系的重要性,为法学研究者分析法律的制度结构创新了思路①。对法律制度结构的安排应该明确法律不是彼此孤立的"命令"的集合,而是一个统一的体系,并且具有一致的逻辑②。制度结构既有形式上的结构,也有实质上的结构。分析法学力图抽象出各种法律共同的结构安排,而凯尔森也承认这只能是形式上的,往往体现在等级结构的安排上;而实质上的制度结构安排则需要一致性原则,因此同一法律体系内的全部规范应以基本法律的最终效力为准③。

学生资助从政策体系向法律体系转变,正是要通过法律制度的结构安排,用一种更高层次的治理方式推动学生资助事业的发展。高校学生资助制度结构的安排又可分为形式上的制度结构安排和实质上的制度结构安排。

1. 形式上的制度结构安排

这种安排应该体现在法律等级的规范上。首先必须明确政策体系的等级逻辑不能直接适用于法律体系,制度等级的结构安排并不是简单复制行政级别,而是由上位法决定下位法制定部门、制定程序以及所涉及的主要内容,因此高校学生资助法律的制度结构应该在对现有政策体系的梳理上,由学生资助基本法律统领部门规章、地方性法规和规章内关于学生资助的相关规范,同时也规范这些下位法的创设,除此之外学生资助基本法律也应该遵守《中华人民共和国宪法》《中华人民共和国教育法》《中华人民共和国高等教育法》中的相关规定,由此形成的等级结构是高校学生资助法律体系进行自体创造和适应变化的能动机制(图12-1)。

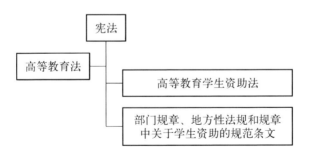

**图 12-1 高校学生资助法律等级结构示意图**④

---

① [奥地利]凯尔森.法与国家的一般理论[M].北京:中国大百科全书出版社,1996:3.
② Jeseph Raz. The concept of a legal system: an introduction to the theory of legal system[M], Oxford: Clarendon Press 1980, p.317.
③ Hans Kelsen. What is Justice? [M], Berkeley: University of California Press, 1961, p.205.
④ 柯心.高等教育学生资助法律研究[M].北京:中国法制出版社,2018:182.

## 2. 实质上的制度结构安排

现有的高校学生资助法律极其简略,可以确保一致性,然而当政策体系整体上升为法律体系时,在实质上的制度结构安排上应该注意使一致性原则发挥作用。即学生资助的理念、原则和目的应作为学生资助中需要遵循的统领性内容,其他规范则在其指导下展开(图12-2)。

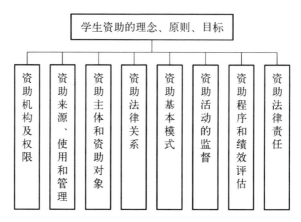

**图 12-2 高校学生资助法律制度结构示意图**①

## 三、高等教育学生资助规范梳理

法律关系的构成旨在明确关系发生在哪些人之间、他们之间关系的载体以及法律规则所要保护的关系内容。从法理上说,主体、客体和内容是法律关系的基本构成,也是法律关系的决定因子,任何一元的变化都将带来整体关系的转变。以下是对高校学生资助法律规范的梳理,详见表12-1。

**表 12-1 高校学生资助法律规范梳理**

| 序号 | 法律规范 | 规 定 内 容 | 备注 |
| --- | --- | --- | --- |
| 1 | 《中华人民共和国宪法》 | 第十九条 国家发展社会主义的教育事业,提高全国人民的科学文化水平。国家举办各种学校,普及初等义务教育,发展中等教育、职业教育和高等教育,并且发展学前教育。国家发展各种教育设施,扫除文盲,对工人、农民、国家工作人员和其他劳动者 | 根本大法 |

---

① 柯心.高等教育学生资助法律研究[M].北京:中国法制出版社,2018:183.

续 表

| 序号 | 法律规范 | 规　定　内　容 | 备　注 |
|---|---|---|---|
| | | 进行政治、文化、科学、技术、业务的教育,鼓励自学成才。国家鼓励集体经济组织、国家企业事业组织和其他社会力量依照法律规定举办各种教育事业。国家推广全国通用的普通话。<br>第四十六条　中华人民共和国公民有受教育的权利和义务。国家培养青年、少年、儿童在品德、智力、体质等方面全面发展。 | |
| 2 | 《中华人民共和国教育法》 | 第四十三条　受教育者享有下列权利:……(二)按照国家有关规定获得奖学金、贷学金、助学金。 | |
| 3 | 《中华人民共和国高等教育法》 | 第九条　公民依法享有接受高等教育的权利。国家采取措施,帮助少数民族学生和经济困难的学生接受高等教育。高等学校必须招收符合国家规定的录取标准的残疾学生入学,不得因其残疾而拒绝招收。<br>第五十四条　高等学校的学生应当按照国家规定缴纳学费。家庭经济困难的学生,可以申请补助或者减免学费。<br>第五十五条　国家设立奖学金,并鼓励高等学校、企业事业组织、社会团体以及其他社会组织和个人按照国家有关规定设立各种形式的奖学金,对品学兼优的学生、国家规定的专业的学生以及到国家规定的地区工作的学生给予奖励。国家设立高等学校学生勤工助学基金和贷学金,并鼓励高等学校、企业事业组织、社会团体以及其他社会组织和个人设立各种形式的助学金,对家庭经济困难的学生提供帮助。获得贷学金及助学金的学生,应当履行相应的义务。 | 基本法律 |
| 4 | 《教育部 财政部 中国人民银行 银保监会关于调整完善国家助学贷款有关政策的通知》(教财〔2020〕4号) | 为加大对家庭经济困难学生的支持力度,进一步减轻贷款学生经济负担,经国务院同意,决定调整完善助学贷款有关政策。现将有关事项通知如下:<br>一、助学贷款还本宽限期。助学贷款还本宽限期从3年延长至5年。<br>二、助学贷款期限。助学贷款期限从学制加13年、最长不超过20年调整为学制加15年、最长不超过22年。<br>三、助学贷款利率。2020年1月1日起,新签订合同的助学贷款利率按照同期同档次贷款市场报价利率(LPR)减30个基点执行。 | 国家助学贷款相关政策规定 |

续表

| 序号 | 法律规范 | 规定内容 | 备注 |
|---|---|---|---|
| 5 | 《教育部等六部门关于做好家庭经济困难学生认定工作的指导意见》（教财〔2018〕16号） | 为深入贯彻党的十九大精神，不断健全学生资助制度，进一步提高学生资助精准度，现就家庭经济困难学生认定工作提出以下意见：<br>……<br>二、认定对象<br>家庭经济困难学生认定工作的对象是指本人及其家庭的经济能力难以满足在校期间的学习、生活基本支出的学生。本意见中的学生包括……根据国家有关规定批准设立、实施学历教育的全日制普通本科高等学校、高等职业学校和高等专科学校招收的本专科学生（含第二学士学位和预科生），纳入全国研究生招生计划的全日制研究生。 | 家庭经济困难学生资助专项政策 |
| 6 | 《教育部 财政部关于印发〈高等学校勤工助学管理办法（2018年修订）〉的通知》（教财〔2018〕12号） | 第一条 为规范管理高等学校学生勤工助学工作，促进勤工助学活动健康、有序开展，保障学生合法权益，帮助学生顺利完成学业，发挥勤工助学育人功能，培养学生自立自强、创新创业精神，增强学生社会实践能力，特制定本办法。<br>第二条 本办法所称高等学校是指根据国家有关规定批准设立、实施高等学历教育的全日制普通本科高等学校、高等职业学校和高等专科学校（以下简称学校）。<br>第三条 本办法所称学生是指学校招收的本专科生和研究生。<br>第四条 本办法所称勤工助学活动是指学生在学校的组织下利用课余时间，通过劳动取得合法报酬，用于改善学习和生活条件的实践活动。<br>第五条 勤工助学是学校学生资助工作的重要组成部分，是提高学生综合素质和资助家庭经济困难学生的有效途径，是实现全程育人、全方位育人的有效平台。勤工助学活动应坚持"立足校园、服务社会"的宗旨，按照学有余力、自愿申请、信息公开、扶困优先、竞争上岗、遵纪守法的原则，由学校在不影响正常教学秩序和学生正常学习的前提下有组织地开展。 | 勤工助学专门规定 |
| 7 | 《财政部 教育部 中国人民银行 银监会关于进一步落实高等教育学生资助政策的通知》（财科教〔2017〕21号） | 为进一步加强和规范高等教育学生（含全日制普通本专科生、研究生、预科生）资助工作，确保学生资助政策落实到位，现将有关事项通知如下：<br>一、进一步完善高等教育学生资助政策<br>二、进一步提高资助精准度<br>三、进一步优化高等教育学生资助工作机制<br>四、进一步加强资助育人工作 | 综合资助政策规定 |

续表

| 序号 | 法律规范 | 规定内容 | 备注 |
|---|---|---|---|
| 8 | 《财政部 教育部关于进一步提高博士生国家助学金资助标准的通知》（财科教〔2017〕5号） | 为进一步支持博士生培养工作，调动青年高端人才积极性，经国务院同意，从2017年春季学期起，提高全国研究生招生计划内的全日制博士生（有固定工资收入的除外）国家助学金资助标准，其中：中央高校博士生从每生每年12 000元提高到15 000元，地方高校博士生从每生每年不低于10 000元提高到不低于13 000元（具体标准由省级财政部门、教育部门确定）；科研院所等其他研究生培养机构依照执行。提高博士生国家助学金资助标准所需资金，继续按照现行渠道和承担办法解决。中央高校和中央级科研院所所需资金全部由中央财政承担，按照预算管理程序列入年度部门预算。地方高校所需资金由中央财政和地方财政共同承担，中央财政按照每生每年13 000元的标准以及现行分担办法分担所需资金。其他研究生培养机构所需资金通过现行渠道解决。 | 普通高等学校研究生资助的相关专项政策 |
| 9 | 《关于对直接招收为士官的高等学校学生施行国家资助的通知》（财教〔2015〕462号） | 一、资助对象、范围及标准<br>从2015年起，国家对直接招收为士官的高等学校学生施行国家资助，入伍时对其在校期间缴纳的学费实行一次性补偿或获得的国家助学贷款（包括校园地国家助学贷款和生源地信用助学贷款，下同）实行代偿。<br>学费补偿或国家助学贷款代偿金额，按学生实际缴纳的学费或获得的国家助学贷款（包括本金及其全部偿还之前产生的利息，下同）两者金额较高者执行，据实补偿或者代偿，但本专科学生每人每年最高不超过8 000元，研究生每人每年最高不超过12 000元。获学费补偿学生在校期间获得国家助学贷款的，补偿资金必须首先用于偿还国家助学贷款；如补偿金额高于国家助学贷款金额，高出部分退还学生。<br>国家资助直接招收为士官的高等学校学生（以下简称高校学生），是指直接从非军事部门招收为部队士官的全日制普通本专科（含高职）、研究生、第二学士学位的应（往）届毕业生，以及成人高校的普通本专科（高职）应（往）届毕业生；纳入全国高等学校招生统一考试、直接招录或选拔补充为部队士官的定向生。<br>本通知所称高等学校是指根据国家有关规定批准设立、实施高等学历教育的全日制公办普通高等学校、民办普通高等学校和独立学院（以下简称高校）。<br>直接招收为士官的高校学生国家资助资金，全部由中央财政安排。 | 高等学校学生应征入伍服义务兵役相关资助政策 |

续表

| 序号 | 法律规范 | 规定内容 | 备注 |
|---|---|---|---|
| 10 | 《教育部 财政部 中国人民银行 银监会关于完善国家助学贷款政策的若干意见》（教财〔2015〕7号） | 目前，我国普通高等学校家庭经济困难学生资助政策体系已基本建立。作为高校学生资助体系的重要组成部分，国家助学贷款经过多年探索和完善，逐步形成了符合中国国情和高校特点的发展模式，取得了显著成效，对确保高校家庭经济困难学生顺利完成学业发挥了重要作用。为进一步提升国家助学贷款政策实施效果，经国务院同意，现就完善国家助学贷款政策提出如下意见：<br>一、完善贷款政策，切实减轻借款学生经济负担<br>二、健全运行机制，促进国家助学贷款持续健康发展<br>三、加强组织领导，不断提升国家助学贷款管理水平 | 国家助学贷款相关政策规定 |
| 11 | 《财政部 教育部 中国人民银行 银监会关于调整完善国家助学贷款相关政策措施的通知》（财教〔2014〕180号） | 为进一步健全普通高等学校家庭经济困难学生资助政策体系，更好地满足学生国家助学贷款需求，根据《国家中长期教育改革和发展规划纲要（2010—2020年）》、《国务院关于建立健全普通本科高校 高等职业学校和中等职业学校家庭经济困难学生资助政策体系的意见》（国发〔2007〕13号）和《财政部 国家发展改革委 教育部关于完善研究生教育投入机制的意见》（财教〔2013〕19号）等有关文件，经研究并商民政部、总参谋部、总政治部，决定调整国家助学贷款（含校园地国家助学贷款和生源地信用助学贷款，下同）资助标准和资助比例。现将有关事项通知如下：<br>一、国家助学贷款资助标准<br>二、国家助学贷款资助比例<br>三、工作要求 | |
| 12 | 《教育部 财政部关于印发〈普通高等学校研究生国家奖学金评审办法〉的通知》（教财〔2014〕1号） | 第一条 为规范普通高等学校（以下简称高校）研究生国家奖学金评审行为，保证评审工作公开、公平、公正、依法依章开展，确保评审质量和评审结果的权威性，根据《研究生国家奖学金管理暂行办法》（财教〔2012〕342号），制定本办法。<br>第二条 高校应根据本校组织机构设置状况，建立健全与本校研究生规模和现有管理机构设置相适应的研究生国家奖学金评审组织机制，加强研究生国家奖学金管理工作。 | 普通高等学校研究生资助的相关专项政策 |

续 表

| 序号 | 法律规范 | 规定内容 | 备注 |
|---|---|---|---|
| 13 | 《关于印发〈高等学校学生应征入伍服义务兵役国家资助办法〉的通知》（财教〔2013〕236号） | 第一条 为推进国防和军队现代化建设,鼓励高等学校学生积极应征入伍服义务兵役,提高兵员征集质量,对应征入伍服义务兵役及退役后自愿回校复学的高等学校学生,国家给予资助。现根据有关规定,制定本办法。<br>第二条 高等学校学生应征入伍服义务兵役国家资助,是指国家对应征入伍服义务兵役的高校学生,在入伍时对其在校期间缴纳的学费实行一次性补偿或获得的国家助学贷款（国家助学贷款包括校园地国家助学贷款和生源地信用助学贷款,下同）实行代偿;应征入伍服义务兵役前正在高等学校就读的学生（含按国家招生规定录取的高等学校新生）,服役期间按国家有关规定保留学籍或入学资格,退役后自愿复学或入学的,国家实行学费减免。 | 高等学校学生应征入伍服义务兵役相关资助政策 |
| 14 | 《财政部 教育部关于印发〈研究生国家助学金管理暂行办法〉的通知》（财教〔2013〕220号） | 第一条 为完善研究生奖助政策体系,提高研究生待遇水平,根据《财政部 国家发展改革委 教育部关于完善研究生教育投入机制的意见》（财教〔2013〕19号）精神,自2014年秋季学期起,研究生普通奖学金调整为研究生国家助学金。为做好研究生国家助学金工作,制定本办法。<br>第二条 研究生国家助学金用于资助全国普通高等学校纳入全国研究生招生计划的所有全日制研究生（有固定工资收入的除外）,补助研究生基本生活支出。获得资助的研究生须具有中华人民共和国国籍。 | 普通高等学校研究生资助的相关专项政策 |
| 15 | 《财政部 教育部关于印发〈研究生学业奖学金管理暂行办法〉的通知》（财教〔2013〕219号） | 第一条 为激励研究生勤奋学习、潜心科研、勇于创新、积极进取,在全面实行研究生教育收费制度的情况下更好地支持研究生顺利完成学业,根据《财政部 国家发展改革委 教育部关于完善研究生教育投入机制的意见》（财教〔2013〕19号）精神,从2014年秋季学期起,设立研究生学业奖学金。为做好中央部门所属普通高等学校（以下简称中央高校）研究生学业奖学金工作,特制定本办法。<br>第二条 本办法所称研究生是指中央高校纳入全国研究生招生计划的全日制研究生。获得奖励的研究生须具有中华人民共和国国籍。<br>第三条 中央高校研究生学业奖学金由中央高校负责组织实施。中央高校应按规定统筹利用财政拨款、学费收入、社会捐助等,奖励支持表现良好的研究生更好地完成学业。 | |

续 表

| 序号 | 法律规范 | 规定内容 | 备注 |
|---|---|---|---|
| | | 第四条 从2014年秋季学期起,中央财政对中央高校研究生学业奖学金所需资金,按照博士研究生每生每年10 000元、硕士研究生每生每年8 000元的标准以及在校生人数的一定比例给予支持,所需资金按照预算管理程序列入年度部门预算。 | |
| 16 | 《教育部 总参谋部关于印发〈应征入伍普通高等学校录取新生保留入学资格及退役后入学办法(试行)〉的通知》(教学〔2013〕8号) | 第一条 为了做好应征入伍普通高等学校录取新生保留入学资格及退役后入学工作,根据《中华人民共和国兵役法》和其他有关规定,制定本办法。<br>第二条 应征入伍普通高等学校录取新生,是指通过全国普通高等学校统一考试或研究生招生考试、已被普通高等学校或研究生招生单位(以下简称高校)录取但因同时依法应征入伍未到录取高校报到入学的学生(以下简称入伍高校新生)。 | 高等学校学生应征入伍服义务兵役相关资助政策 |
| 17 | 《财政部 教育部关于印发〈研究生国家奖学金管理暂行办法〉的通知》(财教〔2012〕342号) | 第一条 为发展中国特色研究生教育,促进研究生培养机制改革,提高研究生培养质量,根据《国家中长期教育改革和发展规划纲要(2010—2020年)》,设立研究生国家奖学金。为做好研究生国家奖学金工作,制定本办法。<br>第二条 研究生国家奖学金由中央财政出资设立,用于奖励普通高等学校(以下简称高等学校)中表现优异的全日制研究生。<br>第三条 研究生国家奖学金每年奖励4.5万名在读研究生。其中,博士研究生1万名,硕士研究生3.5万名。 | 普通高等学校研究生资助的相关专项政策 |
| 18 | 《关于印发〈普通高校家庭经济困难新生入学资助项目暂行管理办法〉的通知》(教基金会〔2012〕10号) | 第一条 为规范普通高校家庭经济困难新生入学资助项目(以下简称入学资助项目)的管理和实施,确保资金使用安全高效,根据国家有关法律法规和《中央专项彩票公益金润雨计划管理和实施暂行办法》有关规定,制定本办法。 | 家庭经济困难学生资助专项政策 |
| 19 | 《财政部 教育部 民政部 总参谋部 总政治部关于实施退役士兵教育资助政策的意见》(财教〔2011〕538号) | 二、基本原则和主要内容<br>(二)主要内容。<br>从2011年秋季学期开始,对退役一年以上,考入全日制普通高等学校(包括全日制普通本科学校、全日制普通高等专科学校和全日制普通高等职业学校)的自主就业退役士兵,根据本人申请,由政府给予教育资助,具体内容如下: | 高等学校学生应征入伍服义务兵役相关资助政策 |

续 表

| 序号 | 法律规范 | 规　定　内　容 | 备注 |
|---|---|---|---|
|  |  | 1. 资助内容：一是学费资助；二是家庭经济困难退役士兵学生生活费资助；三是其他奖助学金资助。<br>2. 资助标准：学费资助标准，按省级人民政府制定的学费标准，原则上退役士兵学生应交多少学费中央财政就资助多少，最高不超过年人均6 000元，高于6 000元部分自行负担。生活费及其他奖助学金资助标准，按国家现行高校学生资助政策的有关规定执行。 |  |
| 20 | 《财政部 教育部 总参谋部关于印发〈应征入伍服义务兵役高等学校在校生学费补偿国家助学贷款代偿及退役复学后学费资助暂行办法〉的通知》（财教〔2011〕510号） | 第一条　为鼓励高等学校在校学生积极应征入伍服义务兵役，提高兵员征集质量，推进国防和军队现代化建设，现根据国家有关规定，制定本办法。<br>第二条　从2011年秋季学期起，国家对应征入伍服义务兵役的高等学校在校生在校期间缴纳的学费实行补偿，退役后复学的原高校在校生实行学费资助。在校期间获得国家助学贷款（含高校国家助学贷款和生源地信用助学贷款，下同）的，学费补偿必须首先用于偿还国家助学贷款。<br>第三条　本办法中高等学校指根据国家有关规定批准设立、实施高等学历教育的中央部门和地方所属全日制公办普通高等学校、民办普通高等学校和独立学院（以下简称高校）。<br>第四条　本办法中高等学校在校生指上述高校中全日制普通本专科（含高职）、研究生、第二学士学位在读生，以及成人高校招收的普通本专科（高职）在读生（以下简称高校在校生）。<br>在校期间已享受免除全部学费政策的学生，定向生、委培生，国防生以及其他不属于服义务兵役到部队参军的高校在校生不包括在内。 | 高等学校学生应征入伍服义务兵役相关资助政策 |
| 21 | 《财政部 教育部 总参谋部关于印发〈应征入伍服义务兵役高等学校毕业生学费补偿国家助学贷款代偿暂行办法〉的通知》（财教〔2009〕35号） | 第一条　为鼓励大学生积极应征入伍服役，提高兵员征集质量，推进国防和军队现代化建设，根据《国务院办公厅关于加强普通高等学校毕业生就业的通知》（国办发〔2009〕3号）、《财政部 教育部 总参谋部关于印发高等学校学生应征入伍服义务兵役国家资助办法》的通知（财教〔2013〕236号）和《财政部 教育部 总参谋部关于对直接招收为士官的高等学校学生施行国家资助的通知》（财教〔2015〕462号）有关精神，制定本办法。<br>第二条　国家对应征入伍的高等学校学生在校期间缴纳的学费实行补偿。通过国家助学贷款缴纳学费的，对其贷款进行代偿。 |  |

续表

| 序号 | 法律规范 | 规定内容 | 备注 |
|---|---|---|---|
| 22 | 《财政部 教育部关于印发〈高等学校毕业生学费和国家助学贷款代偿暂行办法〉的通知》（财教〔2009〕15号） | 第一条 为引导和鼓励高校毕业生面向中西部地区和艰苦边远地区基层单位就业，根据《中共中央关于推进农村改革发展若干重大问题的决定》（中发〔2008〕16号）和《国务院办公厅关于加强普通高等学校毕业生就业工作的通知》（国办发〔2009〕3号）有关精神，制定本办法。<br>第二条 高校毕业生到中西部地区和艰苦边远地区基层单位就业、服务期在3年以上（含3年）的，其学费由国家实行代偿。在校学习期间获得国家助学贷款（含高校国家助学贷款和生源地信用助学贷款，下同）的，代偿的学费优先用于偿还国家助学贷款本金及其全部偿还之前产生的利息。 | |
| 23 | 《财政部、教育部、银监会关于大力开展生源地信用助学贷款的通知》（财教〔2008〕196号） | 三、贷款性质与条件<br>（一）生源地信用助学贷款是指国家开发银行等金融机构向符合条件的家庭经济困难的普通高校新生和在校生（以下简称"学生"）发放的、在学生入学前户籍所在县（市、区）办理的助学贷款。生源地贷款为信用贷款，学生和家长（或其他法定监护人）为共同借款人，共同承担还款责任。<br>（二）申请生源地信用助学贷款的学生必须同时符合以下条件：<br>1. 具有中华人民共和国国籍；<br>2. 诚实守信，遵纪守法；<br>3. 已被根据国家有关规定批准设立、实施高等学历教育的全日制普通本科高校、高等职业学校和高等专科学校（含民办高校和独立学院，学校名单以教育部公布的为准）正式录取，取得真实、合法、有效的录取通知书的新生或高校在读的本专科学生、研究生和第二学士学生；<br>4. 学生本人入学前户籍、其父母（或其他法定监护人）户籍均在本县（市、区）；<br>5. 家庭经济困难，所能获得的收入不足以支付在校期间完成学业所需的基本费用。 | 国家助学贷款相关政策规定 |
| 24 | 《教育部关于认真做好2008年高等学校新生资助有关工作的通知》（教财〔2008〕11号） | 一、统一思想认识，精心组织实施<br>认真贯彻落实新资助政策体系，切实做好高校家庭经济困难学生资助工作，是维护党和政府形象、维护广大学生和家长切身利益的具体体现；是贯彻落实科学发展观，促进教育公平，办好人民满意的教育的基本要求；是保证我国高等教育持续、协调、健康发 | 高等学校新生资助专项规定 |

续 表

| 序号 | 法律规范 | 规 定 内 容 | 备注 |
|---|---|---|---|
|  |  | 展,维护高校乃至社会稳定大局的重要措施。2008年是全面实施高校家庭经济困难学生资助政策体系的关键一年。汶川大地震使许多学生出现了经济困难,高校资助工作面临新的任务。北京奥运会日益临近,也给高校资助工作和高校稳定带来新的挑战。各地区、各部门、各高校在思想上要高度重视,在行动上要周密安排、精心组织、认真落实,切实把新资助体系的各项政策和措施落到实处。 |  |
| 25 | 《财政部 教育部 国家开发银行关于在部分地区开展生源地信用助学贷款试点的通知》(财教〔2007〕135号) | 为贯彻落实《国务院关于建立健全普通本科高校、高等职业学校和中等职业学校家庭经济困难学生资助政策体系的意见》(国发〔2007〕13号)精神,帮助家庭经济困难学生顺利完成学业,财政部、教育部和国家开发银行决定,在江苏、湖北、重庆、陕西、甘肃5省市(以下简称试点省份)开展生源地信用助学贷款试点。生源地信用助学贷款是国家助学贷款的重要组成部分。开展生源地信用助学贷款试点工作,是进一步完善国家助学贷款运行机制、推动国家助学贷款工作的重要步骤,是利用财政、金融手段,创新金融服务体系,解决家庭经济困难学生就学问题的重要探索和实践,对进一步完善我国家经济困难学生资助政策体系、充分发挥政策整体效应、确保实现国家资助政策既定目标等具有十分重要的意义。 | 国家助学贷款相关政策规定 |
| 26 | 《财政部 教育部 关于印发〈普通本科高校、高等职业学校国家助学金管理暂行办法〉的通知》(财教〔2007〕92号) | 第一条 为体现党和政府对普通本科高校、高等职业学校家庭经济困难学生的关怀,帮助他们顺利完成学业,根据《国务院关于建立健全普通本科高校、高等职业学校和中等职业学校家庭经济困难学生资助政策体系的意见》(国发〔2007〕13号),制定本办法。<br>第二条 本办法所称普通本科高校、高等职业学校是指根据国家有关规定批准设立、实施高等学历教育的全日制普通本科高等学校、高等职业学校和高等专科学校(以下简称高校)。<br>第三条 国家助学金用于资助高校全日制本专科(含高职、第二学士学位)在校生中的家庭经济困难学生。 | 国家助学金专项规定 |

续　表

| 序号 | 法律规范 | 规　定　内　容 | 备注 |
| --- | --- | --- | --- |
| 27 | 《财政部 教育部关于印发〈普通本科高校、高等职业学校国家励志奖学金管理暂行办法〉的通知》（财教〔2007〕91号） | 第一条　为激励普通本科高校、高等职业学校家庭经济困难学生勤奋学习、努力进取，在德、智、体、美等方面得到全面发展，根据《国务院关于建立健全普通本科高校、高等职业学校和中等职业学校家庭经济困难学生资助政策体系的意见》（国发〔2007〕13号），制定本办法。 | 家庭经济困难学生资助专项政策 |
| 28 | 《财政部 教育部关于印发〈普通本科高校、高等职业学校国家奖学金管理暂行办法〉的通知》（财教〔2007〕90号） | 第一条　为激励普通本科高校、高等职业学校学生勤奋学习、努力进取，在德、智、体、美等方面得到全面发展，根据《国务院关于建立健全普通本科高校、高等职业学校和中等职业学校家庭经济困难学生资助政策体系的意见》（国发〔2007〕13号），制定本办法。<br>第二条　本办法所称普通本科高校、高等职业学校是指根据国家有关规定批准设立、实施高等学历教育的全日制普通本科高等学校、高等职业学校和高等专科学校（以下简称高校）。<br>第三条　国家奖学金由中央政府出资设立，用于奖励高校全日制本专科（含高职、第二学士学位）学生（以下简称学生）中特别优秀的学生。 | 国家奖学金专项规定 |
| 29 | 《国务院关于建立健全普通本科高校高等职业学校和中等职业学校家庭经济困难学生资助政策体系的意见》（国发〔2007〕13号） | 三、建立健全家庭经济困难学生资助政策体系的主要内容<br>（一）完善国家奖学金制度。中央继续设立国家奖学金，用于奖励普通本科高校和高等职业学校全日制本专科在校生中特别优秀的学生，每年奖励5万名，奖励标准为每生每年8 000元，所需资金由中央负担。<br>（二）完善国家助学金制度。中央与地方共同设立国家助学金，用于资助普通本科高校、高等职业学校全日制本专科在校生中家庭经济困难学生和中等职业学校所有全日制在校农村学生及城市家庭经济困难学生。<br>（三）进一步完善和落实国家助学贷款政策。大力开展生源地信用助学贷款。生源地信用助学贷款是国家助学贷款的重要组成部分，与国家助学贷款享有同等优惠政策。地方政府要高度重视，积极推动和鼓励金融机构开展相关工作。要进一步完善和落实现行国家助学贷款政策，制订与贷款风险和管理成本挂钩的国家助学贷款风险补偿金使用管理办法。 | 家庭经济困难学生资助专项政策 |

续 表

| 序号 | 法律规范 | 规定内容 | 备注 |
|---|---|---|---|
|  |  | 相关金融机构要完善内部考核体系,采取更加积极有效措施,调动各级经办机构的积极性,确保应贷尽贷。<br>(四)从2007年起,对教育部直属师范大学新招收的师范生,实行免费教育。<br>(五)学校要按照国家有关规定从事业收入中足额提取一定比例的经费,用于学费减免、国家助学贷款风险补偿、勤工助学、校内无息借款、校内奖助学金和特殊困难补助等。 | 家庭经济困难学生资助专项政策 |
| 30 | 《教育部 财政部关于认真做好高等学校家庭经济困难学生认定工作的指导意见》(教财〔2007〕8号) | 为认真做好高等学校家庭经济困难学生认定工作,公平、公正、合理地分配资助资源,切实保证国家制定的各项高等学校资助政策和措施真正落实到家庭经济困难学生身上,现就高等学校家庭经济困难学生认定工作提出如下指导意见:<br>…… |  |
| 31 | 《财政部 教育部关于印发〈国家助学奖学金管理办法〉的通知》(财教〔2005〕75号) | 第一条 为进一步做好资助高校贫困家庭学生工作,帮助他们顺利完成学业,激励他们勤奋学习、努力进取,并在德、智、体、美等方面得到全面发展,特设立国家助学奖学金。<br>第二条 国家助学奖学金由中央政府出资设立,面向全国公办全日制普通高等学校(以下简称"高校")在校本专科学生中的贫困家庭学生。分为国家奖学金和国家助学金两种形式。<br>国家奖学金的资助对象为高校中家庭经济困难、品学兼优的全日制本专科学生。国家奖学金额度为每人每年4 000元,每年资助5万名学生。<br>国家助学金的资助对象为高校中家庭经济特别困难的全日制本专科学生。国家助学金以资助家庭经济特别困难学生的生活费为目的,标准为每人每月150元,每年按10个月发放,每年资助约53.3万名学生。 | 国家助学金专项规定 |
| 32 | 《国务院办公厅转发教育部财政部人民银行银监会关于进一步完善国家助学贷款工作若干意见的通知》(国办发〔2004〕51号) | 国家助学贷款是党中央、国务院在社会主义市场经济条件下,利用金融手段完善我国普通高校资助政策体系,加大对普通高校经济困难学生资助力度所采取的一项重大措施。这项工作取得了明显成效,受到广大经济困难学生和社会有关方面的普遍欢迎。但由于多种原因,国家助学贷款工作还没有达到预定目标,存在一些突出问题,需要切实加以改进和完善。 | 国家助学贷款相关政策规定 |

续 表

| 序号 | 法律规范 | 规定内容 | 备注 |
|---|---|---|---|
| | | 推进并加强国家助学贷款工作,应坚持"方便贷款、防范风险"的原则,进一步理顺国家、高校、学生、银行之间的经济关系,健全国家助学贷款管理体制,改革贷款审批和发放办法,强化普通高校和银行的管理职责,完善还贷约束机制和风险防范机制,确保国家助学贷款工作持续、健康发展,基本满足普通高校经济困难学生的需要,最大限度地降低国家助学贷款风险。 | 国家助学贷款相关政策规定 |
| 33 | 《中国人民银行、教育部、财政部关于切实推进国家助学贷款工作有关问题的通知》(银发〔2002〕38号) | 二、实行"四定"、"三考核",确保经济困难学生能够及时得到国家助学贷款<br>……<br>(二)定范围。国家助学贷款范围限于申请贷款学校经济困难的全日制本专科生(含高职生)、研究生和第二学位学生的学费、住宿费和生活费。 | |
| 34 | 《财政部、教育部关于印发〈国家奖学金管理办法〉的通知》(财教〔2002〕33号) | 第一条 为帮助家庭经济困难的普通高等学校学生顺利完成学业,激励家庭经济困难的普通高等学校学生勤奋学习、努力进取,促进学生在德、智、体、美等方面得到全面发展,特设立国家奖学金,并制定本办法。<br>第二条 国家奖学金是中央政府对家庭经济困难、品学兼优的全国普通高等学校全日制在校本专科生提供的无偿资助。 | 国家奖学金专项规定 |
| 35 | 《教育部办公厅关于高等学校切实配合经办银行做好国家助学贷款工作的通知》(教财厅〔2002〕2号) | 一、要从落实"三个代表"重要思想的高度,充分认识开展国家助学贷款工作的重要性和紧迫性<br>开展国家助学贷款,是实施科教兴国战略,确保我国高等教育持续、健康发展的一项重大措施,是我国社会主义制度优越性的具体体现,是社会主义市场经济体制下助学方式的一种新探索,符合广大人民群众的根本利益。各高等学校领导要认真学习和领会李岚清副总理重要批示,学习国务院办公厅、有关部门关于国家助学贷款工作的文件,从教育事业改革、发展、稳定的大局出发,从实施科教兴国的高度着眼,充分认识国家助学贷款工作的重要意义,切实增强做好这项工作的责任感和紧迫感。 | 国家助学贷款相关政策规定 |

续　表

| 序号 | 法律规范 | 规　定　内　容 | 备注 |
|---|---|---|---|
| 36 | 《中国人民银行、财政部、教育部、国家税务总局关于进一步推进国家助学贷款业务发展的通知》(银发〔2001〕245号) | 一、统一思想,提高认识,全面做好国家助学贷款工作<br>关于国家助学贷款工作,国务院办公厅已先后发出了三个文件,中国人民银行也下发了配套措施。因此,各银行、教育、财政、地方政府部门和有关高等学校一定要以"三个代表"重要思想为指导,从科教兴国战略的高度出发,进一步全面落实已出台的相关政策,重点抓好抓实国家助学贷款工作,努力使国家助学贷款工作取得决定性进展。 | 国家助学贷款相关政策规定 |

注：2000年及之前的我国高等教育资助相关法律规范暂未列入表内。

由表12-1可以看出,我国高校学生资助相关法制规范的基本现状：

1. 宪法提供根本法依据

《中华人民共和国宪法》(以下简称宪法)以国家根本大法的形式为教育公平、家庭经济困难学生受教育、受资助确立了上位法依据。

2. 教育领域部门法依据

《中华人民共和国高等教育法》(以下简称高等教育法)开始实行,该法作为高校教育的基本法,是在中国高等教育学费改革和整体扩招的背景下出台的,既体现了法律对教育经济变革的适应,也是法律对公民受教育权的一如既往的保护。

3. 部门规章、地方规范性文件

教育部、财政部等中央部委以部门规章的形式具体落实宪法、教育法和高等教育法的相关条文内容,其中包括关于综合资助的政策规定、关于勤工助学的专门规定、关于家庭经济困难学生资助的专项规定、关于国家助学贷款的相关政策规定10项、关于国家助学金的专项规定,等等。这些部门规章是各中央部委在具体学生资助管理过程中的法律依据,也是各地方政府除了基本法之外所要参照的重要规范和文本。

## 第二节　高校学生资助中几类主要问题的相关规定释义

### 一、受助学生的相关权利和义务

（一）受助学生的相关权利

1. 学生的受教育权

《中华人民共和国教育法》第九条规定："中华人民共和国公民有受教育的权利和义务。公民不分民族、种族、性别、职业、财产状况、宗教信仰等，依法享有平等的受教育机会。"《中华人民共和国高等教育法》第九条规定："公民依法享有接受高等教育的权利。国家采取措施，帮助少数民族学生和经济困难的学生接受高等教育。高等学校必须招收符合国家规定的录取标准的残疾学生入学，不得因其残疾而拒绝招收。"《国务院关于建立健全普通本科高校高等职业学校和中等职业学校家庭经济困难学生资助政策体系的意见》（国发〔2007〕13号）中指出："建立健全家庭经济困难学生资助政策体系的主要目标是：按照《中共中央关于构建社会主义和谐社会若干重大问题的决定》的有关要求，加大财政投入，落实各项助学政策，扩大受助学生比例，提高自主水平，从制度上基本解决家庭经济困难学生的就学问题。同时，进一步优化教育结构，维护教育公平，促进教育持续健康发展。"

2. 学生的隐私权

《教育部等六部门关于做好家庭经济困难学生认定工作的指导意见》（教财〔2018〕16号）规定："坚持公开透明与保护隐私相结合。既要做到认定内容、程序、方法等透明，确保认定公正，也要尊重和保护学生隐私，严禁让学生当众诉苦、互相比困。"

3. 学生的知情权

《教育部 财政部关于开展"全国学生资助规范管理年"活动的通知》（教财函〔2017〕27号）规定："加强资助政策和资助工作流程的宣传，确保符合条件学生申请资助的权利；加强受助资格审查，坚决杜绝把明显不符合国家奖助资格条件的学生纳入资助范围；加强家庭经济困难学生认定工作，明确认定标准和资助档次，重点解决轮流坐庄、平均资助等现象，确保资助对象、资助力度更加精准；合理确定公示方式与内容,既要防止暗箱操作、人情资助等现象,又要保护受助学生尊严;明确奖助学金发放时限、标准与方式,重点解决资助资金晚发、扣发、不按照规定方式发放等问题。"《教育部等六部门关于做好家庭经济困难学生认定工作的指导意见》(教财〔2018〕16号)规定:"学校要将家庭经济困难学生认定的名单及档次,在适当范围内、以适当方式予以公示。公示时,严禁涉及学生个人敏感信息及隐私。学校应建立家庭经济困难学生认定结果复核和动态调整机制,及时回应有关认定结果的异议。"

4. 学生的财产权

《关于印发〈学生资助资金管理办法〉的通知》(财科教〔2019〕19号)第四条规定:"学生资助资金由财政部、教育部、人力资源社会保障部按职责共同管理。财政部负责学生资助资金分配和预算下达,组织教育部、人力资源社会保障部等部门编制学生资助资金中期财政规划和年度预算草案。教育部、人力资源社会保障部负责完善学生信息管理系统,加强学生学籍和资助信息管理,组织各地审核上报基础数据,提出预算分配建议方案,会同财政部等部门对资金使用和政策执行情况进行监督管理。学校是学生资助资金使用的责任主体,应当切实履行法人责任,健全内部管理机制,具体组织预算执行。退役军人事务部负责组织各地做好自主就业退役士兵的身份认证工作。中央军委国防动员部负责组织各地兵役机关做好申请学费资助学生入伍和退役的相关认证工作。"第二十条规定:"各级财政、教育、人力资源社会保障等部门(单位)及其工作人员在学生资助资金分配和使用过程中滥用职权、玩忽职守、徇私舞弊以及违反规定分配或挤占、挪用、虚列、套取学生资助资金的,按照《中华人民共和国预算法》《中华人民共和国公务员法》《中华人民共和国监察法》《财政违法行为处罚处分条例》等国家有关法律法规规定追究责任;涉嫌犯罪的,依法移送司法机关处理。财政部驻各地财政监察专员办事处应当按照财政部要求,开展学生资助资金监管工作。"

(二)受助学生的相关义务

受助学生应对申请材料真实性负责并积极偿还银行贷款。《国务院办公厅转发教育部财政部人民银行银监会关于进一步完善国家助学贷款工作若干意见的通知》(国办发〔2004〕51号)规定:"借款学生要如实填写公民身份证号码,保证申请材料的真实和完整;严格按规定用途使用贷款资金;认真履行与银行签订的还款协议,直接向银行还款,承担偿还贷款的全部责任。"

## 二、各级学生资助管理机构权力的规范化行使

（一）政府职责

《教育部等六部门关于做好家庭经济困难学生认定工作的指导意见》（教财〔2018〕16号）规定："教育部、财政部、民政部、人力资源社会保障部、国务院扶贫办、中国残联根据工作职责指导全国各级各类学校家庭经济困难学生认定工作。"《财政部 教育部 人民银行 银监会关于进一步落实高等教育学生资助政策的通知》（财科教〔2017〕21号）规定："加强家庭经济困难学生认定工作。各省级教育、财政部门要根据经济社会发展水平、城市居民最低生活保障标准以及财力状况等因素，确定本地区家庭经济困难学生的认定指导标准。高校等培养单位要根据指导标准，结合收费水平、学生家庭经济状况等因素，制（修）订具体的认定标准和资助档次。高校等培养单位要逐步建立学生资助数据平台，融合校园卡等信息，为家庭经济困难学生认定提供支撑。各省级财政、教育部门要严格按照规定的时间节点，分解国家奖助学金等名额并下达所属培养单位。"《教育部 财政部关于进一步加强学生资助政策宣传工作的通知》（教财〔2015〕8号）规定："各级教育行政部门、财政部门要将学生资助宣传工作纳入重要议事日程，加强组织领导、沟通协调，有序开展宣传报道、信息发布、政策解读、舆情处置等工作。各级教育行政部门要建立学生资助工作绩效考核机制，把资助政策宣传情况作为重要指标，纳入学生资助工作绩效考核体系。"

（二）资助管理机构职责

《教育部等六部门关于做好家庭经济困难学生认定工作的指导意见》（教财〔2018〕16号）规定："各地要建立联动机制，加强相关部门间的工作协同，进一步整合家庭经济困难学生数据资源，将全国学生资助管理信息系统、技工院校学生管理信息系统与民政、扶贫、残联等部门有关信息系统对接，确保建档立卡贫困家庭学生、最低生活保障家庭学生、特困供养学生、孤残学生、烈士子女、家庭经济困难残疾学生及残疾人子女等学生信息全部纳入家庭经济困难学生数据库。"

（三）学校职责

《财政部 教育部 人民银行 银监会关于进一步落实高等教育学生资助政策的通知》（财科教〔2017〕21号）规定："进一步完善高等教育学生资助政策。（一）确保研究生奖助政策不留死角。科研院所、党校、行政学院、会计学院等研究生培养单位要按照《财政部 国家发展改革委 教育部关于完善研究生教育投入机制的意

见》(财教〔2013〕19号)等要求,全面落实研究生奖助政策,确保符合条件的研究生都能享受到相应的资助,做到不留死角。所需资金按照现行规定和渠道解决,科研院所等培养单位要按照预算管理程序编列预算,并统筹利用事业收入、社会捐助等资金加大对家庭经济困难学生的资助力度。(二)做好预科生资助相关工作。预科生可按照规定享受相应教育阶段的国家助学金、国家助学贷款政策。国家助学金、国家助学贷款贴息及风险补偿金所需资金,比照相应教育阶段资金筹集办法解决。(三)推动国家助学贷款全覆盖。进一步拓展国家助学贷款业务覆盖范围,实现高校、科研院所、党校、行政学院、会计学院等培养单位全覆盖,实现全日制普通本专科生、研究生、预科生全覆盖。科研院所、党校、行政学院、会计学院等目前尚未开办国家助学贷款业务的培养单位,从2017年秋季学期起全面开办,其家庭经济困难的全日制在校学生可根据实际情况,自主选择申请办理校园地国家助学贷款或生源地信用助学贷款。(四)完善基层就业学费补偿贷款代偿等政策。尚未出台高校毕业生赴基层就业学费补偿贷款代偿政策的省份,应当于2017年4月30日前出台相关政策。生源地、就读高校所在地、就业所在地不在同一省份的毕业生,按照'谁用人谁资助'的原则,由就业所在地区给予学费补偿贷款代偿。(五)落实民办高校同等资助政策。民办高校学生与公办高校学生按照规定同等享受助学贷款、奖助学金等国家资助政策。各地区应当建立健全民办高校助学贷款业务扶持制度,提高民办高校家庭经济困难学生获得资助的比例。加强学生资助工作机构建设。尚未建立学生资助工作机构的高校等培养单位,要尽快建立机构或配备专门人员,做好学生资助服务保障工作。进一步加强县级学生资助管理机构和人员队伍建设,按照规定落实人员工资福利、职称评聘等方面待遇。"

《教育部等六部门关于做好家庭经济困难学生认定工作的指导意见》(教财〔2018〕16号)规定:"各高校要健全认定工作机制,成立学校学生资助工作领导小组,领导、监督家庭经济困难学生认定工作;学生资助管理机构具体负责组织、管理全校家庭经济困难学生认定工作;院(系)成立以分管学生资助工作的领导为组长,班主任、辅导员代表等相关人员参加的认定工作组,负责认定的具体组织和审核工作;年级(专业或班级)成立认定评议小组,成员应包括班主任、辅导员、学生代表等,开展民主评议工作。"

(四)银行职责

《国务院办公厅转发教育部财政部人民银行银监会关于进一步完善国家助

学贷款工作若干意见的通知》(国办发〔2004〕51号)规定："改革经办银行确定办法。改变目前由国家指定商业银行办理国家助学贷款业务的做法，实行由政府按隶属关系委托全国和省级国家助学贷款管理中心通过招投标方式确定国家助学贷款经办银行。参与竞标的银行必须是经银监会批准、有条件经办国家助学贷款业务的银行。经办银行一经确定，由国家助学贷款管理中心与银行签订具有法律效力的贷款合作协议。中标银行要按照协议约定提供贷款服务并及时足额地发放国家助学贷款；要简化贷款程序，制定统一的贷款合同文本，规范办理贷款的周期；及时向普通高校提供学生还款情况。国家助学贷款管理中心要按协议约定及时足额支付贴息和风险补偿资金，配合银行做好催收还款工作，努力降低金融风险。经办银行在审批贷款时，要按照中标协议的约定满足普通高校借款人数和额度需求，并在中标协议规定的工作日内，批准贷款并与学生签订贷款合同，向学生发放贷款。"

### 三、资助评定人员的法律权益和自我保护

（一）资助评定人员的法律权益

通过梳理当前的法律法规及资助政策文件发现，并没有直接针对高校资助人员的法律权益等方面的规定，存在相对的法律法规和政策规范的空白，需要在进一步完善高校学生工作的法律法规。

（二）资助评定人员的自我保护

虽然现行的高校学生资助法律法规和政策文件尚未对资助评定人员的法律权益进行规制，但是资助评定人员在具体的实践操作时，可以通过做好以下方面，减少资助工作的风险问题。

1. 加强宣传，传达政策准确全面

把政策宣传作为国家资助工作的主要内容，采用各种形式，加大宣传力度，既要把握好申请、续放、毕业等几个重要节点开展面上的宣传，也要把工作做在平时，通过开设课堂、咨询室、网络交流平台等答疑解惑，把国家资助的性质、申请、偿还、贴息、风险补偿等内容客观、准确、不失偏颇地进行宣传，澄清学生对政策不准确的认识，打消部分家庭经济困难学生"不敢贷"、投机者"搭便车"等观念，为国家助学贷款的良性运作打下基础。

2. 建立科学的认定办法，提高资助工作效率

目前，我国多数高校家庭经济困难学生的认定程序是学生本人申请(需要提

交当地出具的证明)、民主评议、院(系)认定、公示,最终由资助评定人员审核确定。这样的模式具有一定的现实意义,但也存在困难证明过于核心、认定标准比较单一、认定依据有些模糊、客观调查反映不实、资格审查流于形式等弊端,这受制于制度层面、社会环境、操作层面等因素,在短时间内难以改变和消除。因此在资助工作时,应立足现实改进工作,在开展认定工作中加强调研以缩小误差,细化标准,建立起科学细化可行的认定工作机制,提高资助工作的效率。

3. 工作认真负责,杜绝学生的个人信息和隐私泄露

资助评定人员掌握着学校所有申请国家相关资助政策的人员信息及其家庭成员的信息和具体情况,在资助工作中,要提高风险,规范工作流程,杜绝学生个人信息和隐私的泄露。

4. 做到廉洁工作,增强资助评定人员的责任意识和服务意识

要不断提升业务能力和工作质量,严格按照规定的时间、标准、方式发放资助资金,特别强调对于应当按月发放的资助资金,要确保全年发放金额达到规定的资助标准。

### 四、高校学生资助资金规范化管理和使用

2018年,政府、高校及社会设立的各项高校学生资助政策共资助全国普通高等学校学生4 387.89万人次,资助资金1 150.30亿元。其中:财政资金530.31亿元,占2018年度高校资助资金总额的46.10%。其中,中央财政325.66亿元,占高校资助资金总额的28.31%;地方财政204.65亿元,占高校资助资金总额的17.79%。银行发放国家助学贷款325.54亿元,占高校资助资金总额的28.30%。高校从事业收入中提取并支出的资助资金278.55亿元,占高校资助资金总额的24.22%。社会团体、企事业单位及个人捐助资助资金(以下简称社会资金)15.90亿元,占高校资助资金总额的1.38%。(详见图12-3)①

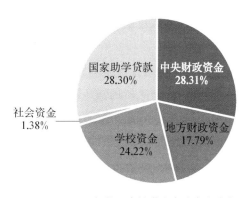

图12-3 2018年普通高校学生资助资金分布

---

① 全国学生资助管理中心. 2018年中国学生资助发展报告[EB/OL]. http://www.xszz.edu.cn/n85/n167/c7520/content.html.

鉴于涉及学生群体如此庞大，资助金额如此之多，需要严格规范资金管理和使用，即严格落实各级政府资助资金分担责任，优化资金拨付流程，规范结转结余资金处理机制。对此，高校必须加强资助经费监管，保障学生资助资金的提供、分配、发放等环节涉及利益的分配，确保政府资助经费公正、规范发放，提高资金使用效益，真正实现资助育人的目的。在监督体系的设计上，应明确监督主体、监督对象、监督事项以及具体监督方式。第一，应明确监督主体。鉴于资助经费监管的专业性、纪律性，监督主体应包括财政、审计、纪检监察、上级主管机关等部门。第二，针对不同的监督对象进行分类监督。[①] 第三，创新监督方式。各地以规范管理为导向，把解决当前问题和健全长效机制相结合，建立由纪检、审计、媒体和社会共同参与的监管机制，定期组织开展监督检查，推动学生资助监管工作提档升级。[②]

## 第三节　构建高校学生资助法治化的实现路径展望

### 一、完善高等教育学生资助立法

（一）基本法律

借鉴美国的高等教育学生资助立法，其由《联邦高等教育法》及系列修正案构成学生资助的基本法律，并以其为统领由国会授权联邦政府或州政府出台各项法案解决更为专业具体的问题。因此美国没有单独的学生资助基本法律，但是《联邦高等教育法》对学生资助的系统性规定，足以为下位法提供实践性强的法律依据。

基于高等教育学生资助的重要性，可以在借鉴美国模式的基础上，制定我国的《高等教育学生资助法》，既能够更系统全面地发挥法律解决资助利益矛盾的功能，也能更清断地规范学生资助的未来发展方向，发挥法律的预见引导功能。但是在高等教育学生资助的立法过程中，要厘清以下内容：

1. 学生资助法与教育法、经济法的关系

基于前几章对学生资助在高等教育领域的市场行为描述、政府干预属性的

---

① 隋世锋. 我国高校学生资助立法研究[D]. 安徽大学，2016：26.
② 全国学生资助管理中心 2017 年中国学生资助发展报告[EB/OL]. http://www.xszz.edu.cn/n85/n167/c7519/content.html.

界定和其所采用的本质方式国家对社会财富的再分配,都表达了在市场改革的前提下,学生资助法与经济法体系一脉相承的关系,若仅凭学生资助的目标实现教育公平,就将相关法律与教育法联系起来则不免单薄,而且对于实际问题的解决并无益处。事实上,学生资助法的本质应该是教育领域的经济法。

2. 学生资助本身的复杂性

首先,资助范围有待厘清:学生资助是以弥补经济差距的方式实现教育实质公平,以家庭困难学生为主的资助范围正受到越来越多的关注,促成美国《中等收入学生资助法案》出台的正是因为中等收入家庭承担了更多的社会教育成本,而只获得了较少的政府资助,造成教育资源分配的实质不公平,因此中国相关法律的完善应该对公众扩大资助范围的期望有一定预见性。其次,资助对象的认定有待科学化:与大多数发达国家利用税收体系通过公式计算得出资助需求的方式不同,我国的税收体系本身还十分不健全,学生资助对象的经济情况只能通过层层盖章、层层审批的方式,甚至还发展出有失科学性和规范性的学生评议方式,对学生个体的受助需求研究却相对不足。因此,在其他技术手段尚未达到要求之前,至少应该在认定条件、标准、方式以及程序上制定基本的参照,以期实现有限的资助经费用于每个真正需要的学生。最后,资助模式的多样:国家建立的高等教育学生资助体系包含了多种资助模式,每种模式都具有不同的关注群体,采用不同的经济补偿方式,这决定了必须有专门规约这些经济活动的法律,而基于这些经济活动实现教育公平目标的特殊性,使其无法直接适用散落在各个法律条文中的规则。

因此,从预期上看,由《高等教育学生资助法》担任学生资助的基本法角色有助于该项工作的开展。但是,无论以何种路径,出台学生资助的基本法律,都是当务之急。确定资助法律关系的权利义务内容,规范各类学生资助活动,加强法律监督,明确资助管理主体和受助者的法律责任等,是高等教育学生资助事业发展的关键所在。基本法律的制定不仅能为学生资助活动提供上位法依据,更能对下一步制定专项法规,指导下位法完善学生资助法律体系的多元化和层次化奠定基础。

(二)专项法规

另一方面,随着国家经济内容的丰富,越来越多新兴的资助模式在社会经济中出现,比如教育信托、公益捐助等,原先主流的资助模式也在经济发展的浪潮中产生越来越多的问题,这些都急切地需要科学而有效的管理。在教育的基本法中对所有的资助模式一一详细规定实属困难,这必然带来基本法体例不清、重点不明的问题,因此针对重要资助模式的专项法规显得非常必要。

其中尤其以助学贷款这一模式为代表,与其他资助方式有所不同,因为除了政府、学生和高校外,还加入了金融机构这特殊的商业主体,因此这种资助模式的商业性和资本性是不容回避的,这也正是国家助学贷款当前许多问题的根源所在。如果不从法律层面明确利益的关注点,制定强制力并加以约束则难以推动助学贷款的可持续发展。反观美国在这一领域的专项法规制定,几乎历届政府都要改革助学贷款制度,出台新的贷款项目法案,使助学贷款这一重要模式能够与国家财政和社会经济的发展相适应。因此,国内众多学者强烈呼吁尽快出台《学生助学贷款条例》以代替现行中国人民银行颁布的部门规范性文件。

现有的资助模式应该以高等教育学生资助专项法规、条例等形式予以制定,而新兴的资助模式也应该在成熟运作以后以专项法规的形式推出,而不是政府单独出台办法或通知等行政命令。这些法规应包含的内容主要有:专项资助模式中的理念和原则,受助对象的范围和条件,资助管理主体的权力界线、资助资金的来源和使用规范,以及相关程序和法律责任等。

## 二、规范高等教育学生资助程序

学生资助是对高等教育资源的配置利用,是对社会财富的再分配,涉及全社会的公共利益。个体对私益的处分自然遵照意思自治原则,而政府作为公共利益的代表者,对公共利益的处分应该严格遵循法定程序,这是对政府行为的法律监督,也是对社会财富的法律保护。从表12-1可以看出,当前有关学生资助的拨款、申领、发放等程序虽有规定,却不是"法定",规范性文件更多地从政府管理角度出发,以管理的便捷、有效为直接目标,因此在程序设置时要么受制于已有的管理框架,要么忽略学生资助的远期目标。比如在助学金的地方财政拨款方面,兼顾在校生和家庭经济困难学生比例的拨款公式尚未"法定",对学生资助的财政稳定性有很大影响。此外,管理主体的"自由裁量"也无"法"约束,尤其在中国征信体系、税收制度尚不完善的当下,仅靠书面文件和部分人证来认定家庭经济困难学生身份的做法,使资助管理权力被无限放大,没有法定程序就没有民主监督,资助行为的不规范与资助工作的重要性相悖。所以在考量各项资助政策时,应增设各类资助的绩效评估及法律责任追究程序。

1. 完善高校学生资助工作绩效评估

高等教育学生资助作为公共财政政策,其绩效结果如何当然受到纳税人,尤其是经济弱势群体的关注。我国自 2007 年起逐年发布《中国学生资助发展报告》,它既是政府对绩效的自我评估,又是对社会关注的回应。绩效结果影响公众对政府的信任度,符合公众预期的结果是维持社会长治久安的"定心剂"。绩效评估的评估主体、标准、程序等制度对结果的得出有着重要影响,应该具有客观性、中立性和预见性的基本要求。建立高等教育学生资助的政府绩效评估制度,就是要依法对一定时期内的资助政策从结果评估的角度判定财政投入成本与社会效益产出之间的比率,也就是学生资助财政是否促进了与之成比例的教育公平利益的实现。

2. 完善高校学生资助法律责任制度

高等教育学生资助法律关系主体违反法定或约定义务,或者因权利(力)不当行使而产生的不利后果,应受到法律的追究。这便是学生资助的法律责任制度。但我国高等教育学生资助法律制度尚不完善,相关法律责任制度也就无从谈起。《中华人民共和国高等教育法》这一基本法也未对法律责任有所涉及,这脱离不了教育基本还是政府所提供的公共产品这一因素,中国"大政府、小社会"的传统思维,使得法律在涉及政府管理的领域,责任的追究机制总是瞻前顾后。鉴于高等教育学生资助资金已超千亿元,受助学生数千万人,其资金数额大、影响面广,并且还肩负了实现教育公平的社会责任,我国有必要尽快完善相关法律责任制度,一种途径就是出台《高等教育学生资助法》做出专门规定,另一种途径则是在教育、财政相关法律制定或修订中予以关注。

### 三、优化高校学生个人信息管理制度

兼顾学生的知情权与隐私权。知情权保障与隐私权保护并不是无法调和的,而是一个硬币的两面,缺一不可。如果单独强调某一面,就会忽视对另一面的保护。高校学生资助工作中,为了资助评审工作的公平、公正,公开申请者的相关信息则是必要程序。若过度公开及公开方式不当,则可能暴露申请者个人信息,侵犯申请人的个人隐私。在这矛盾冲突之时,我国高校学生资助工作需要兼顾知情权与隐私权,以利益均衡、人格尊严为原则,合理处置相关事项,最大限度的化解二者之间的冲突。①

实践中已为化解二者冲突提供了许多有益的经验。如我国台湾地区尊重个

---

① 隋世锋. 我国高校学生资助立法研究[D]. 安徽大学,2016:23.

人隐私的申请审核程序①,中国科学技术大学已实施多年的"隐形资助"制度②,南京理工大学基于大数据分析的"暖心饭卡"项目③等,通过制度规范及技术运用,既达到了精准资助的目的,又保护了受资助者的个人隐私。

除以上几个方面之外,还应在资助对象的认定、保障资助的公平与效率方面加以规范化管理。对于资助对象的认定,需要一套相对比较系统的家庭经济困难学生科学化认定三级指标体系:一级指标主要考察困难生的家庭收入因素;二级指标主要考察困难生的家庭支出因素,以及突发性事件导致家庭经济损失;三级指标主要考察困难生的受资助情况因素。目前这一指标体系已经在诸多高校中应用,虽然还存在不足,但是可以为学生资助立法中的资助对象认定方式提供借鉴。国外通用的做法是采用复合型的公式测算学生经济困难水平,以美国为例,美国高等教育学生资助机构开展工作的基础是准确的资助需求量数据,计算路径就是依照学生家财务报表套用需求量公式得出个体高等教育成本④,其实也就是认定该生是否需要资助,这与我国的家庭经济困难学生认定性质是一样的,只是指标更为多样化。根据指标体系,我们可以判断哪些对象是实际上需要资助的,也可以推断其需要资助的具体形式和额度。

对于资助公平与效率,重点在于实现精准资助,如前点所述,认定资助对象是所有高校学生资助工作的基础,而实践操作中却面临缺乏法律依据的困难。因此,我国高校学生资助法治化至少应从三个方面进行规范化的完善:第一是根据权责相一致原则,从法律层面而非政策层面赋予高校制定认定资助对象细则的权利,目前有的高校直接援引政府机构的规范性文件,看似符合规范,但是忽略了地区之间甚至是高校学生结构之间的差异性;第二是依法划定认定依据

---

① 首先,资助申请由学生在网上提交,并附带相关证明材料,申请者需对申请材料的合法性、真实性负责;其次,由第三方专业机构严格审核;最后,审核通过后拨付奖助金给申请者。整个过程"充分考虑到了申请者的心理感受和自尊,尊重并保护个人隐私,同时也保证了各种奖助学金能真正资助到有需要的学生。"参见杨国洪等著. 大学生资助体系的国际比较与借鉴[M]. 广州:中山大学出版社,2013:165.

② 中科大对于家庭经济困难学生,从资格审查到认定再到资助方式,都遵循"科学而人性"的原则,让最需要接受资助的大学生体面地接受资助:学校"一卡通"中心按要求每月提供平均每餐费用处于基准线下的学生名单,学生资助管理中心将名单与学校的家庭经济困难学生数据库进行交叉对比,两者重合即被视为"隐形资助"对象。名单确定后,学生无需自己申请,学校会"偷偷地"地将生活补助打到其卡上。

③ 南京理工大学教育基金会通过大数据分析,把每个月在食堂吃饭超过60顿且一个月总消费不足420元的学生列为受资助对象。学校直接将补贴款打入学生饭卡,学生不需要填表申请,不用审核。

④ 一个学生的高等教育成本主要由五项因素组成,其计算公式是:高等教育成本=学杂费+书本文具费+食宿费+交通费+其他。预期家庭贡献是由学生家长根据家庭收入、财产积、家庭成员健康状况等因素综合决定的,其计算公式是:预期家庭贡献=(家庭收入+财产+学生个人积蓄)-(平均生活开支×人口)。

的范围,比如若法律规定将消费水平作为认定依据,那么高校就应该在该项下制定符合本校学生特点的认定细则,反之就不应该将消费水平作为评判标准,这样可以避免各个高校认定依据的不统一,有些紧盯学习成绩,有些抓住穿戴不放,还有些动辄用思想后进等因素影响认定结果;第三是要确保高校认定资助对象的程序规范,比如明确规定高校在颁布认定细则前应经过民主公开的评议程序,要充分听取学生的意见,另外,还应该对高校认定资助对象程序中的关键环节进行规范,如公示程序、提出异议的处理程序等。

2019年4月,财政部、教育部等五部门联合制定发布《关于印发〈学生资助资金管理办法〉的通知》(财科教〔2019〕19号),该行政规章着眼于规范和加强学生资助资金管理、提高资金使用效益,对涉及学生资助的中央层面管理机构和资金使用主体的学校界定了管理职责,明确了学生资助资金的基本概念、资金的分担、管理和监督等责任,梳理了原来分散的由中央出资的各类"国"字头奖助学金的管理办法,把它们统一归并为实施细则以该办法的附件形式进行了集中颁布,并明晰违规违法部门和工作人员的法律责任。无疑,该办法的出台是我国学生资助法治化建设进程中的一个鲜明信号,标志着学生资助工作法治化日益受到重视,显示了制度顶层设计、整体规划、系统整合的优势,提升了学生资助在资金管理方面的制度建设和治理能力水平。

# 后 记

《高校学生资助工作政策与实践》是立足新时期、新任务、新特点,为反映高等教育学生资助的发展变化、探索高等学校学生资助培养人才的规律而编写的一本普及读物。党的二十大强调要"完善覆盖全学段学生资助体系",为学生资助工作进一步指明了方向,提出了更新更高的要求。习近平总书记也向全国教育工作者提出了"办好人民满意的教育"的殷殷嘱托。这就要求在进一步加强学生资助工作理论学习的同时,抓住人民群众最为需要、最为关心的环节,深入研究,夯实理论基础,使得资助工作有章可循,稳步推进。

本团队在对长三角地区学生资助工作进行调查时发现,大部分高校在开展资助工作时普遍注重工作实践而忽视理论研究,整体理论研究水平亟待提高。鉴于以上现状并受此启发,决定就高校学生资助政策体系作为理论框架展开研究。

本研究在上海市学生事务中心领导下,正式开始于2018年12月,历经3年时间,到2020年初完成初稿,并在2021年暑假期间完成整个研究的完善与修改,上海市教育委员会倪闽景副主任主持了书稿的编写和审定工作,书稿各章分别由陈勇、郑欢、许凯凯、李帅南、吕强、于爱涛、程茵、胡飞宇、郑慧婧、王怡炯、孙励、傅瑾、关睿、陆祺和于腾云15位教师编写,陈勇审定了全部书稿。本研究团队由专门研究学生资助工作的专家和从事一线学生资助工作的教师骨干组成,研究内容和研究成果是自成体系、前后关联、多人合作的。总体而言,本书的写作思路、编排方式是科学、合理的,充分体现了合作过程中的团队精神和协商互助,也呈现出认真严谨的学术作风。本书共分为十二章,内容涵盖了我国高校学生资助政策的发展历史、国际借鉴、理论逻辑及特点;我国高校学生资助政策体系的架构、组成及其各组成部分的适用范围、具体内容和操作流程;我国高校学生资助工作的研究与发展、资助育人的探索及实践、高校学生资助法治化建设等。

  研究是无止境的，由于时间紧促等原因，本书仍有缺憾。在此，恳请各位专家、学者和同人批评指正。本书在编写和修改过程中，受到全国学生资助管理中心的关怀和指导，也得到了上海乃至长三角地区的诸多专家、学者和同行帮助，在此一并致谢。

  特别感谢上海市学生事务中心原主任陈华同志的指点和帮助。感谢上海市教育委员会学生处、上海市学生事务中心资助管理部的老师为书稿修订作出的无私奉献。

  真诚感谢本书引用文献的所有署名或未署名的作者，本书参考了许多资料、期刊和论著，引用了一些专家、学者的观点。

  本书是上海学生资助研究团队协作劳动的成果。感谢所有参与撰写的作者，没有大家的贡献就不可能有本书的出版，感谢大家的通力协作。

编　者<br>2022 年 11 月